Զապէլ Եսայեան՝ Սեմին Վրայ

Բանալի Գրութիւններ Օսմանահպատակ

Հայ եւ Թուրք Կեանքէ

Խմբագրութիւն եւ Ներածութիւն՝

Նանոր Գպրանեան

Կոմիտաս Հիմնարկ

Լոնտոն

CALOUSTE GULBENKIAN
FOUNDATION

Այս աշխատութիւնը ինչպէս նաեւ իր անգլերէն թարգմանութիւնը՝ Zabel Yessayan on the Threshold: Key Texts on Armenians and Turks as Ottoman Subjects (Gomidas Institute, 2023) հրատարակուած են Գալուստ Կիւլպէնկեան Հիմնարկութեան օժանդակութեամբ։

© 2025 by the Gomidas Institute

All Rights Reserved

ISBN978-1-909382-88-6

Gomidas Institute
42 Blythe Rd.
London W14 0HA
United Kingdom
www.gomidas.org
info@gomidas.org

Նուիրուած՝ մօրս Արփինէ Գպրանեանին

ԲՈՎԱՆԴԱԿՈՒԹԻՒՆ

Երախտիքի Խօսք 6
Յառաջաբան 7
Խորքին Մէջ՝ Ներածութիւն 9

Խաչմաքը (Արեւելքի կեանքէ) 47
Իր Ատելութիւնը 53
Անէծքը 59
Սաֆիյէ 89
Նոր Հարսը 99
Փառքը 105
Թուրք Կնոջ Ազատագրութեան Հարցը 113
Թուրք Կնոջ Կեանքէն՝ Նամէհրամը 119
Սպասումը 125
Քօղը (Հարէմական կեանքէ) 129
Մանկան մը Մահը 177
Սեմին Վրայ (Պատկերներ Թրքական կեանքէ) 183
Մելիհա Նուրի Հանըմ 205
Մատենագիտութիւն 229

Երախտիքի Խօսք

Պէտք է սկսիմ նախ եւ առաջ շնորհակալութիւն յայտնելով Փիթըր Մակկէրսքիին, Գրադարանապետը՝ Գոլումպիա Համալսարանի Միջին Արեւելեան եւ Մահմետականութեան Ուսումնասիրութիւններու հաւագածոյին, առանց որուն արխիւային օգնութեան այս գիրքը պատրաստելը պարզապէս անկարելի պիտի ըլլար: Բազմաթիւ շնորհակալութիւններս նաեւ Գալուստ Կիւլպէնկեան Հիմնարկութեան Գայանէ Մածունեանին՝ որուն օգնութեամբ այս ծրագիրը իրականացաւ: Շնորհակալութիւն Արա Սարաֆեանին, որ ընդունեց Կոմիտաս Հիմնարկի միջոցաւ հրատարակել այս գիրքը: Անշուշտ՝ երբեք բաւարար շնորհակալութիւն չեմ կրնար յայտնել Գալուստ Կիւլպէնկեան Հիմնարկութեան՝ այս ծրագրին նիւթական օժանդակութեան համար:

Յաճախ ընտանիքի անդամներ պէտք եղած գնահատանքը չեն ստանար: Ուրեմն՝ անհամար շնորհակալութիւն անոնց որոնք իրենց բարոյական եւ իմացական ներդրումները ամենայն խճմտանքով տրամադրեցին:

Շնորհակալութիւն նաեւ ամուսինիս՝ Րաֆֆին որուն տարիներու քաջալերանքն ու խորհրդակցութիւնը հարթեցին շատ մը խոչընդոտային վիճակներ. եւ մանչուկիս՝ Էլիօթին մեր կեանքին իր անզսպելի ցնծութիւնն եւ ազնուութիւնը շնորհելուն համար:

Յառաջաբան

Այս հատորը սկզբունքով 2023ին պէտք է հրատարկուէր, գրեթէ զուգընթաց իր անգլերէն թարգմանութեան հետ: Թէեւ անգլերէն տարբերակը կը նշէ թէ՝ նոյն տարին պիտի երեւէր հայերէնը՝ *Բագին* (Մոնդրէալ/Պէյրութ) հանդէսի խմբագրութեամբ, բայց այդ կարծեցեալ զոյգին երկրորդ մասը լոյս տեսաւ երկու տարի ետք՝ 2025ի սկիզբը Ջապէլ Եսայեան՝ Սեմին Վրայ վերնագրով: Ուշացման պատճառը պարզապէս սփիւռքի մէջ մասնագիտական արեւմտահայերէն հրատարակիչներու բացակայութեան տագնապն է: Իսկ վերջապէս մէջտեղ եկած գործը պէտք է սեպել կարծեցեալ, որովհետեւ խորքին մէջ՝ ծրագրուած աշխատութիւնը չէ: *Բագին*ին հրատարակածը կը ներառնէ երկու այլ գրութիւններ – Եսայեանին «Վէպը» եւ «Բաւական է» պատմուածքները – որոնք նախապէս փոխանցուած եւ համաձայնուած բովանդակութեան ցանկին վրայ երբեք չէին երեւցած իսկ ներածութեանս մէջ՝ ոչ թուուած, ոչ ալ յիշուած են: Իսկապէս կապ չունին ուսումնասիրուածօրէն յղացուած ծրագրին հետ:

Անհասկացողութեա՞ն կամ անզգուշութեան պատճառաւ կատարուած սխալմունքը չէի կրնար տպագրութենէն առաջ կանխել, որովհետեւ ինծի երբեք չէր ղրկուած գիրքին սեւագիրը վերատեսութեան համար: Այնպէս որ՝ կատարեալ «անակնկալ» էր երբ տպուելէն ամիս մը ետք օրինակները ձեռքս անցան եւ վերջապէս տեսայ այս լուրջ վրիպանքը: *Բագին*ի խմբագրութիւնը պնդեց թէ այլեւս ուշ էր կացութիւնը փրկելու: Հետեւաբար՝ ստիպուեցայ այլ հրատարակիչ գտնել բուն հաւագածոյին համար: Եւ աՀաւասիկ՝ Կոմիտաս Հիմնարկի յօժարութեամբ կարելի եղաւ ներկայ սրբագրութիւնը, որ հրատարակիչին համար ալ նոր քայլ մըն է իբրեւ իր առաջին հայերէն հրատարակութիւնը: Այս սրբագրութիւնը անհրաժեշտ էր նուազագոյնը՝ առ ի յարգանք ծրագրին եւ զայն իրականացնողներուն առաւել եւ ամենակարեւորը՝ ընթերցողներուն: Ծրագրին յղացումն ու անգլերէն թարգմանութիւնները – թէեւ ոչ գիրքերուն պատրաստութիւնները – անկարելի կ՚ըլլային առանց

Գալուստ Կիւլպէնկեան Հիմնարկութեան նիւթական օժանդակութեան: Այնպէս որ սրբագրութիւնը անպայման պէտք է կատարուէր՝ առ նուազն ծրագիրը ուղղամտաբար լրացուած յայտարարելու:

Նոր հրատարակութիւն մը անհրաժեշտ եղաւ նաեւ մի քանի ուրիշ լուրջ վրիպանքներու պատճառաւ: Ասոնցմէ առաջինը՝ պատմուածքներուն էջադրութիւնն է, որ չի համապատասխանիր բովանդակութեան ցանկին վրայ տրուած էջերուն. իսկ երկրորդը՝ պատմուածքներուն յաջորդականութիւնը, որ չի հետեւիր բուն բովանդակութեան ցանկին շարուածքին: 1914ի «Քօղը» պէտք է տրամաբանօրէն հետեւէր աշխատութիւններուն ժամանակագրութեան՝ երեւելով 1914ի «Սպասումը»էն մի քանի ամիս ետք: Իսկ *Բագին*ի տպածը զայն դրած է 1927ին հրատարակուած «Մելիհա Նուրի Հանըմ»էն ետք: Մատենագիտութիւնը նոյնպէս չի համապատասխանիր թէ՛ *Բագին*ին ղրկուած մատենագիտութեան, թէ՛ ալ իրենց սեփական բովանդակութեան ցանկին. հոն աւելցուած է «Վէպը» բայց չէ նշուած խմբագրութենէն սխալմամբ ներառնուած «Բաւական է»ն: Իսկ Եսայեանին հրատարակածներուն բազմաթիւ ուղղագրական եւ կէտադրական սխալները կամ անհամապատասխանութիւնները միայն մասամբ սրբագրուած են: Եսայեան՝ ինչպէս նաեւ ընթերցողը արժանի է աւելի նուրբ եւ խղճամիտ պատրաստութեան մը, որ յոյսով՝ ներկայ հատորը կ՚իրականցնէ:

Բոլորովին անկախ մնալու համար *Բագին*ին հրատարակածէն, իմ անգլերէն ներածութիւնս լիովին անձամբ վերստին թարգմանած եմ: Այս տարբերակը կը ջանայ աւելի սահուն, պարզ եւ ընթեռնելի ըլլալ ոչ-մասնագէտներու համար: Առաւել՝ ան նաեւ հարազատ կը մնայ սեփական ոճիս եւ բառամթերքիս:

—Նանոր Գպըանեան

Վիեննա, Նոյեմբեր 12, 2025

Խորքին Մէջ՝ Ներածութիւն

Այս գիրքը կը վերցնէ անյայտութեան խիտ վարագոյր մը, որ գրեթէ մէկ դար ծածկած էր Զապէլ Եսայեանի (1878–1943?) մտքի և աշխատանքի ընկալումը: Սա թերեւս զարմանալի թուի, նկատի ունենալով թէ վերջին քսան տարիներու ընթացքին Եսայեանի նկատմամբ հետաքրքրութիւնը շարունակ աճած է, մասնաւորապէս Թուրքիոյ մէջ: Ան ուէ ուրիշ Հայ գրողէ աւելի յաճախակի հրատարակուած, թարգմանուած, ուսումնասիրուած, նոյնիսկ բեմադրուած է: Իսկ ուշագրաւ է՝ թէ իբրեւ անցեալ դարաշրջանի «փոքր» (minor) հեղինակ, առաւել վտանգուած լեզուով գրող մը,[1] անոր համբաւը թափանցած է նոյնիսկ միջազգային գրականութեան եզրերը:[2] Իր կենսագրութեան թուային և տպագիր տարբերակները -ներառեալ ինքնակենսագրութիւնը- և գրութիւնները, այժմ դիւրաւ գտնելի են թէ՛ բնօրինակ հայերէնով, թէ՛ թարգմանութեամբ:[3] Իսկ անոր կեանքի և աշխատանքի մասին առատ մեկնաբանութիւններ կատարուած են:[4]

Այդ գրախօսականներուն մեծ մասը կը շրջի երկու հանգոյցներու շուրջ, որոնցմէ մէկը կը կեդրոնանայ Եսայեանի՝ որպէս ազգային աղէտներու գրող, իսկ միւսը՝ անոր ֆեմինիստական պայքարներուն վրայ: Ֆեմինիստական մեկնաբանութիւնը գրգռած է այժմու խանդավառութիւնը Եսայեանի հանդէպ, յատկապէս որպէս կին, մանաւանդ Թուրքիոյ և Միացեալ Նահանգներու մէջ: Ան դիտուած է որպէս ֆեմինիզմի դրօշակակիր և յաճախ ազատագրական մտքի և գործողութեան չափանիշ կը համարուի: Սակայն Եսայեանի հանդէպ որպէս «աղէտներու գրող»[5] հոգեվերլուծական մօտեցումն է որ տակաւին կը գերիշխէ անոր միջազգային գրական ընկալման մէջ: Այժմ ճնշող մեծամասնութեամբ կը դիտուի և կը դասաւանդուի անոր ստեղծագործութիւնը որպէս վիրական (traumatic) լռութեան և սուգի արտայայտութիւն, անասելի հաւաքական բռնութեան և անուղղելի անարդարութեան տարեգրութիւն:

Եսայեանին ընթերցողներու շրջանակը մեծնալով հանդերձ, երկու մօտեցումներն ալ յանգած են որոշ նշանակալից սխալ պատկերացումներու: Ֆեմինիստական մօտեցումը խուսափած է

Եսայեանի կանանց ազատագրութեան վերաբերեալ ընկալումի բարդութիւններէն՝ առանց անդրադառնալու անոր ֆեմինիզմի գաղափարախօսութեան հանդէպ բացայայտ երկդիմիութեան։ Սակայն Եսայեանի ամենահետաքրքրական եւ յաճախ վրդովեցուցիչ կողմերը կապուած են անոր սեռի, սեռատեսակի (gender) եւ ան/հաւասարութեան մասին պատկերացումներուն։ Թէեւ ան կը յայտարարէ թէ «այր մարդուն կնոջ վրայ գործած դարաւոր բռնապետութեան»[6] պատճառաւ ստեղծուած են անհաւասարութեան կառուցուածքներ, որոնք խոչընդոտած են կիներու զարգացումը, այնուամենայնիւ, եւ առանց խնդրայարոյցի կը պաշտպանէ մայրութիւնը որպէս կնոջ «ամենակարող»ութեան[7] գագաթնակէտը։ Այսինքն՝ առանց հաշուի առնելով այն հայրիշխանական եղանակները որոնք ընտանեկան կեանքը իտէալացնելով սրած են կիներու լուսանցքայնացումը։ Նմանապէս, Եսայեան բազմաթիւ անգամներ պնդած է թէ աշխատանքի, անձնական եւ հասարակական կեանքի բոլոր ոլորտներուն մէջ կիները հաստատած են իրենց ազատ կամքի դրսեւորումը, տղամարդոց հաւասար ըլլալու անժխտելի իրաւունքը։ Բայց ինք նաեւ կը հաւատար սեռերու միջեւ առկայ ներքին եւ անհաշտելի ֆիզիքական եւ մտաւոր տարբերութիւններուն, որոնք որոշակի ոլորտներ «այրերու յատուկ գործունէութեան դաշտին մէջ» կնոջ «խառնուածքին անյարմար» կը դարձնեն։ «Կինը մարդուն համարժէք է, այո՛», կ'ըսէ ան, «բայց ոչ հաւասար կամ նման...»։ «Ընկերութիւն մը կրնայ միմիայն տեւել այն ատեն երբ ան կնոջ ու մարդերուն հասկացողութիւնը կ'ունենայ»։[8] Եսայեանի պատկերացումները երկուքին մասին ալ բաւական աւանդական էին։ Ինչ որ կը վերաբերի ֆեմինիզմին, Եսայեան մեծ զգուշաւորութիւն յայտնած է անոր արեւմտեան կերպին նկատմամբ այն ինչպէս որ մշակուած եւ կիրարկուած էր Ֆրանսայի մէջ։ Եւրոպացի քաղքենի ֆեմինիստներու հետ իր շփումները շատ արագ լուսաբանած էին զինք՝ թէ անխորտակելի անդունդ մը կը տիրէ իրենց եւ խոնարհ կամ աշխատաւոր դասակարգի կիներու կարիքներուն եւ առաջնահերթութիւններուն միջեւ։[9] Ան ընդհանրապէս Եւրոպայի մէջ հանդիպած ֆեմինիստական «պայքար»ով չէր համոզուած։ Եւ անոր նման շրջանակներու մէջ իր շփումները զինք առաջնորդեցին այն պարտուողական եզրակացութեան, թէ նման շարժումները պարզապէս ձեւակերպութիւն են եւ վերջին հաշուով իսկապէս անկարող՝ հիմնական ընկերային փոփոխութիւններ նախաձեռնելու:[10]

Եսայեանի ֆեմինիզմը դիրքաւորուած ֆեմինիզմ էր: Ան խորապէս արմատաւորուած էր տեղական և ազգային մտահոգութիւններու մէջ: Կանանց իրաւունքներու, մասնաւորապէս աշխատանքի իրաւունքի պաշտպանութիւնը միայն մէկ երեսը կը ներկայացնէր իր աւելի մեծ մտահոգութեան՝ ամրապնդելու պայքարի մատնուած օսմանահպատակ հայ բնակչութեան ընկերային, տնտեսական եւ քաղաքական կացութիւնը:[11] Անոր շեշտումը կանանց անփոխարինելի արժէքին վրայ որպէս մանկավարժներ, յատկապէս իրենց մայրական եւ ուսուցչական դիրքերուն մէջ, ուղղակիօրէն կապուած էր անոր աւելի լայն նպատակին հետ՝ զօրացնելու հայկական հասարակութիւնը եւ ընկերականութիւնը (sociality) կրթութեան միջոցաւ:[12] Հայերէն լեզուի հմտացումը, պահպանումը և գրագիտութիւնը մշտական մտահոգութիւններ էին, մանաւանդ հայկական գաւառներու բնակչութիւններուն համար, ուր, ինչպէս ան կը գրէր 1911 Թուականին, "«թշնամիին լեզուով»" կը խօսէին (բնագրին մէջ չակերտուած):[13] Եսայեանի աջակցութիւնը աշխատող հայ կանանց, մասնաւորապէս՝ ուսուցչուհիներու աճող թիւին հետ ռազմագիտական լուծում մըն էր մշակութային և լեզուական ձուլման սպառնալիքին դէմ:[14]

Էական է յիշել՝ թէ Եսայեանի ֆեմինիստական ձեւաւորումը տեղի ունեցած է Օսմանեան կայսերական ինքնակալութեան սպառնալից դրութեան ընթացքին և հայ ազգային-ազատագրական շարժումներու վերելքի շրջանին: Իր կեանքի առաջին 30 տարիները համընկնած են Սուլթան Ապտիւլհամիտ Բ.-ի (կառ. 1876-1909) բռնապետութեան հետ: 1895ին, երբ Եսայեանի հայրը կը կազմակերպէ անոր մեկնումը Փարիզի Սորպոն համալսարանը ուսանելու համար, այդ դասաւորումը կը կատարէ իր դուստրը հետզհետէ աւելի թշնամական կառավարութենէն հեռացնելու (այս գիրքին «Սեմին Վրայ» վերնագրով նախավերջի պատմուածքին մէջ Եսայեան անուղղակիօրէն կ՚անդրադառնայ այդ ինքնակենսագրական մանրամասնութեան, զայն վերագրելով Ֆէյզի այր Թուրք կերպարին): Արդէն իսկ չարահամբաւ ըլլալով իր հսկողութեան և գրաքննութեան համակարգին, ենթադրեալ հակառակորդներու դաժան ճնշումին և խլամիտղական օրակարգին պատճառաւ՝ մինչեւ 1895 Թուականը այս կառավարութիւնը նաև յայտնած էր իր պատրաստակամութիւնը կիրառելու նախա-ցեղասպանական մարտավարութիւն: Պետութիւնը սկսած էր ցեղապաշտական լեզու գործածել Հայերուն դէմ[15] ինչպէս նաև այլ «պաշտօնական օտարացումի» միջոցներ:[16] Կոտորածներով սանձած էր չորթող Հարկերու և այլ տնտեսական զրկանքներու դէմ օրինական դիմադրութիւնները:[17] Հարկադիր կրօնափոխութիւնները գաւառներու մէջ Հայկական ներկայութիւնը ձուլելու եւ նօսրացնելու մեթոտ դարձան:[18] Արտադատ զանգուածային բանտարկութիւնները կ'աՀաբեկէին գաւառական Հայ բնակչութիւնը անՀամար, անգութ և անօրէն խոշտանգումներու և նողկալի բանտային պայմաններու միջոցներով:[19] Իսկ նման վերաբերմունքներ Հիմնականօրէն վերապաՀուած էին քրիստոնեայ, մասնաւորապէս Հայ, կալանաւորներու Համար, որոնք կ'անուանուէին յեղափոխականներ և կ'արգելափակուէին որպէս քաղաքական բանտարկեալներ: Անոնցմէ շատերը պատանիներ էին:[20]

Այս ճգնաժամերէն և վայրագութիւններէն ո՛չ մէկը չէր կրնար Հրապարակաւ Հեռարձակուիլ՝ խիստ գրաքննութեան պատճառաւ: Գրելը և Հրատարակելը դարձան անկայուն և վտանգաւոր զբաղումներ որոնք չափազանց զգուշութեամբ պէտք է գործադրուէին: Գրաքննիչներն ու լրտեսները կը վխտային ամենուրեք: Սակայն պետական Հսկողութեան Համակարգին մէջ աշխատիլը սպառնալից պաշտօն մը ստանցնել կը նշանակէր: Հայկական տպարաններու կամ այլ վերաՀսկողական պաշտօններու նշանակուած գրաքննիչներուն շատերը Հայեր էին որոնք ստիպուած էին թէ՛ պետութիւնը գոՀացնելու և թէ՛ ալ իրենց Համայնքը պաշտպանելու նուրբ սաՀմանը երթեւեկել: Երբեմն անոնք կրնային իրենց դիրքը չարաշաՀել կամ ենթարկուիլ ազդեցիկ Հայ գործիչներու Հարկադրանքին, որոնք կը շաՀագործէին զիրենք՝ իրենց Հակառակորդները վարկաբեկելու կամ ջնջելու Համար: Մինչև 1880 Թուական գրաքննութեան լիազօրութիւնը կը գտնուէր գրաքննիչներուն ձեռքը և կրնար կամայականօրէն գործադրուիլ՝ ըստ իրենց անձնական դատողութեան կամ աւելի բարձր դիրք ապաՀովելու նկրտումներուն:[21] Առանց յստակ իրավական ուղեցոյցներու կամ նախաՀրատարակչական վերաքննութեան, գրողը, Հրատարակիչը կամ խմբագիրը պէտք է մեծ զգուշութեամբ շարժէին՝ Հետաքննութենէ եւ պատիժէ խուսափելու Համար: Երաժշտագէտ-Հրատարակիչ Եղիա

Տնտեսեանը (1834-1881) դարձաւ նշանաւոր «անդրանիկ նահատակ» երբ հրատարակեց երգարան մը, ուր կը գտնուէին նաեւ Մկրտիչ Պեշիկթաշլեանի (1828-1868) յայտնի և բազմիցս երգուած հայրենասիրական երգերը: Տնտեսեանի գրաքննիչը, որ հաւանաբար հայ էր կամ գոնէ ծանօթ էր Պեշիկթաշլեանի 1862 թուականին գրուած եւ զանգուածէն սիրուած «Մահ Քաջորդւոյն» բանաստեղծութեան/ երգի անգիր բառերուն, կրնար և հաղորդած ըլլալ երաժշտագէտին ճակատագրական սխալը:[22] Տնտեսեանը 1881 թուականին դատապարտուեցաւ և բանտարկուեցաւ Պոլսոյ բանտը, տանջալից վիճակներու ենթարկուելով: Իր զրկանքներէն ու տանջանքներէն քայքայուած՝ Տնտեսեան մահացաւ մօտաւորապէս երկու ամիս ետք:[23] Տնտեսեանի գրաքննիչը շատ դիւրութեամբ կրնար գիտցած ըլլալ թէ Պեշիկթաշլեանի ստեղծագործութիւնը գրուած էր որպէս բողոք՝ 1862 թուականի Զէյթունի հայերուն վրայ կիրարուած Օսմանեան պետութեան բռնաճնշումներուն դէմ:[24] Այդ բանաստեղծութեան եզրափակիչ զոյգ տողերը միշտ տպուած էին իբրեւ՝ «Խուժից մայրեր թող լան՝ ու դուն/ Ուրախ լուրեր տա՛ր ի Զէյթուն»: Սակայն անոնք միշտ կ՚երգուէին՝ «Թրքաց մայրեր թող լան՝ ու դուն/ Ուրախ լուրեր տա՛ր ի Զէյթուն»:[25] Սահմանադրական Յեղափոխութենէն եւ նախկին բռնապետութեան տապալումէն չորս տարի ետք, 1912 թուականին, Թէոդիկ (1873–1928) կը հարցնէր. «Այսուհանդերձ, Պալըքլըի հողվըրտիքը, դարաւոր լտտենիներուն տակ՝ ո՞ւր է սակայն տապանը Թուրք բռնապետական Գրաքննութեան այս անդրանիկ նահատակին որ ոգի ի բռին ծառայած էր հայ գրականութեան, հայ երաժշտութեան, հայ տպագրութեան եւ հայ ազգասիրութեան... Իսկ Տնտեսեանի երգարանները գաղտագողի վառած են իր ազգականները, «չարը խափանած ըլլալու» քաղաքականութեամբ...»:[26] Տնտեսեանի մահը սաստիկ նախազգուշացում դարձաւ հայ տպագրական աշխարհի պարագլուխին համար:

Յաջորդող տարիներուն լռեցումի նոյնպիսի միջոցառումները սաստկացան: Թերթերու խմբագիրներ ձերբակալուեցան, բանտարկուեցան, ծեծի ենթարկուեցան և նոյնիսկ սպաննուեցան: Պարբերականներ, ուր հայ գրական ստեղծագործութիւններու մեծ մասը կը հրատարակուէին, կրնային երկարատեւ փակուիլ: Գրողներ ստիպուած էին իրենց թեմաներն ու բառերը ամենայն ուշադրութեամբ ընտրել, և ջնջին ուղղագրական սխալ մը կրնար հետաքննութիւններու և ձերբակալութեանց առաջնորդել։ Այս հանգամանքները կասկածի և խոցելիութեան բազմատարած վիճակ ստեղծեցին, որ խորապէս խաթարեց հայ համայնքի անդամներուն միջև արդէն իսկ փխրուն և մասնատուած դասակարգային և ընկերային յարաբերութիւնները։ Կայսրութեան սահմաններէն ներս հրատարակուած հայ գրականութիւնը քիչ բան կրնար ընել այդ հանգամանքները փոխելու կամ սբրագրելու համար՝ ինչպէս Պեշիկթաշլեանի նման իրենց Զարթօնքի սերունդի նախնիքները յաջողած էին ընել, թէև սահմանափակ չափով, Օսմանեան բարեփոխումներու դարաշրջանին (*Թանզիմաթ*)։

Սակայն սխալ կ՚ըլլայ եզրակացնել, որ օսմանահպատակ հայ տպագրութեան մշակոյթը լրիւ լռութեան մատնուած էր բռնապետական պայմաններու և հետևանքներու վերաբերեալ նիւթերու հանդէպ, և որ հայ հանրութիւնը ելք չունէր իր բողոքները արտայայտելու համար։ Արտասահման տպագրուող հրատարակութիւնները մաքսանենգ ճամբով կը հասնէին օսմանահպատակ հայ ընթերցողներու շրջանակները։ Եւրոպական մայրաքաղաքներու մէջ՝ ինչպէս Վիեննա, Վենետիկ, Ժընև, Փարիզ և Լոնտոն, հայկական քաղաքական կուսակցութիւնները, հրատարակիչները, կրթական և կրօնական հաստատութիւնները առատ գրական, բանավիճային, լրագրողական և գիտական նիւթերով կը զբաղէին, որոնք կ՚անդրադառնային հայ ազգային դժուարին իրավիճակի բազմաթիւ կողմերուն։ Եւրոպա ապաստանած հայ գործիչները եւ մտաւորականները, ներառեալ՝ Եսայեանը, ստեղծեցին իւրահատուկ լեզու մը՝ տիրապետութեան փորձառութիւնները արտայայտելու համար, ինչ որ 1908 թուականի Երկրորդ Սահմանադրական Յեղափոխութենէն («Երիտթուրքական Յեղափոխութիւն») ետք մշակուեցաւ։ Այս դարաշրջանի ներգաղթեալ հայ գրականութիւնը լի է դիմադրութեան պատմութիւններով, որոնց մեծ մասը ազդուած և գունաւորուած է հայ ազգայնական-յեղափոխական շարժումներու լեզուով, բայց նաեւ շատ ուրիշ նիւթերով, որոնք գերազանցած են իրենց գաղափարախօսական սահմանները և նորաձեւած եզակիօրէն խռովարար արտայայտութիւններ։

Եսայեանը նման պատմութիւններու իւրօրինակ վարպետ էր: Անոր 1895-1908 թուականներու միջեւ գրուած պատմուածքներուն շատերը ցոյց կու տան իր արտակարգ խորաթափանցութիւնը որպէս Հակակայսերական գրող: Այդ աշխատանքները իրեն հնարաւորութիւնը տուին լեզուական եւ թեմական ռազմավարութիւնները զարգացնելու, որոնցմէ ան շարունակեց օգտուիլ օսմանահպատակ հայերու համար քաղաքական եւ արտայայտչական վտանգաւոր ժամանակաշրջաններուն: Ան մշակած էր ըսելու եւ չըսելու հերքումնախօսական (apophatic) մեթոտներ, բացայայտել՝ թաքցնելով, որովայնախօսիլ՝ նիւթէն շեղելով, կարեկցիլ՝ հակադրուելով եւ հակառակը՝ օգտագործելով բազմաթիւ այլ թեքնիքներ: Ասոնք կը ներառնեն, առանց անոնցմով սահմանափակուելու՝ փոխաբերական շերտաւորումներ, խորհրդանշական փոխարինումներ, թելադրականօրէն ծանօթ բայց տեղափոխուած անուանումներ, նշանակալից շեղումներ, խօսուն կրկնութիւններ, ինքնակենսագրական յղումներ, միջպատմուածքային յարաբերութիւններ եւ շատ աւելին: Այս կարճ ներածութեան մէջ անհնար է արժանապէս ներկայացնել այդ ամէնը որ Եսայեան կերտած էր իբրեւ իր հակակայսերական զինանոցը: Սակայն այս ժողովածուն կը յայտնաբերէ թերընթերցուած, սխալ կարդացուած կամ նախապէս անծանօթ ստեղծագործութիւններու շարք մը, հնարաւորութիւնը տալով անմիջականօրէն վկայելու եւ գնահատելու Եսայեանի այլախոհական արուեստը: Ասոնց կը պատկանին երեք փորձագրական եւ գեղարուեստական ստեղծագործութիւններու նոր յայտնաբերումս, 1914 թուականին գրուած՝ («Թուրք կնոջ Ազատագրութեան Հարցը», «Նամէհրամը՝ Թուրք Կնոջ Կեանքէն» եւ «Սպասումը»), որոնք կ՚անդրադառնան թուրք կանանց իրաւունքներուն:[27] Մինչ այժմ անծանօթ եւ չցուցակագրուած, ասոնք առաջին անգամ ըլլալով այստեղ լոյսի կը բերուին:

Քսանըհինգ տարուայ աշխատանք ընդգրկող այս հատորը ցոյց կու տայ Եսայեանի ողջ կեանքի ընթացքին ջանքը՝ օսմանեան հպատակութեան ճգնաժամերը սեւեռելու եւ ներկայացնելու: Իբրեւ կատարեալ ռահվիրայ ան նախաձեռնած է գրականութիւն մը որ կը հետապնդէ օսմանեան «իշխանութեան հոգեկան կեանքը», այսպէս՝ Ճուտիթ Պաթլերի ազդեցիկ վերնագիրը փոխ առնելով:[28] Այս գոյավիճակը գրեթէ աննշմար մնացած է գիտական, ինչպէս նաև Հանրային քննարկումներու մէջ, ներկայացնելով ապշեցուցիչ պարապ մը, յատկապէս Հայոց պատմութեան և գրականագիտութեան Համար: Յակոբ Օշականի (1883–1948) կեանքի և գործունէութեան մասին իմ յօդուածս՝ «Lost in Conversion: Mourning the Armenian-Turk» (2012),[29] առաջին քայլն էր այդ վրիպումը սրբագրելու՝ սոյն թեման արդարացիօրէն կշռադատելով:

Քանի մը տասնամեակ առաջ, Ճիզել Լիթման, որ աւելի ճանաչում ունի իբրեւ Պաթ Եէօր, փորձեց պատմականացնել օսմանեան Հպատակութեան գոյավիճակը ոչ այնքան արդարացիօրէն՝ իր «*տիմմիութիւն*» (*dhimmitude*) Հասկացողութեամբ: Այս անուանումը ժամանակին գործածած էր Լիբանանի աղանդաւոր քրիստոնեայ նախագահը՝ Պաշիր Ժմայիլ (1947-1982): Եէօր այս անուանումը տարածեց ակադեմական շրջանակներու մէջ: Անդրադառնալով ոչ-մահմետականներու իրաւական անուանումին որպէս *տիմմի*՝ ան կը Հաստատէ թէ, իրենց քաղաքական եւ ընկերային կարգավիճակը մահմետական իշխանութեան տակ զիրենք Հասցուցած է «վախի և անապահովութեան վիճակի» և «մահմետականներու նկատմամբ նուաստացման և լիակատար ստորադասութեան» Հարկադիր ընդունման:[30] Օսմանահպատակ Հայերու ներկայ պատմագրութիւնը անքննադատաբար օգտագործած է Լիթմանի անուանումը: Ցեղասպանական Պոլսոյ մէկ պատմաբանը կը Համարէ թէ շարունակականութիւն մը կայ օսմանահպատակ Հայերու այսպէս կոչուած *տիմմիութեան* և Հանրապետական Թուրքիոյ Հայ փոքրամասնութեան «*նորատիմմիութեան*» (neo-dhimmitude) կամ «*աշխարհիկ տիմմիութեան*» միջև:[31] Ճիշդ պիտի չըլլար բոլորովին ընդունիլ այդ մօտեցումը կամ կիրառել Լիթմանի խնդրահարոյց «*տիմմիթիւտ*» անուանումը: Պատճառն այն է, որ Լիթմանի աշխատանքը ունի յայտնի ծայրայեղ աջակողմեան եւ Հակամահմետական օրակարգ: Ան ուղղակի օգնած է տարածելու «*Եւրոարաբիա*» (Eurabia) կոչուած դաւադրութեան տեսութիւնը, ըստ որուն Եւրոպական Միութիւնը մահմետական աշխարհին ծախու տուած է Եւրոպան քարիւղի փոխարէն: Աւելին՝ ան մօտէն խորհրդակցած և Հրապարակաւ աշխատակցած է ծայրայեղ ազգայնամոլներու Հետ:[32]

Այդ մասնագէտները – յատկապէս պատմաբանները – որոնք Հայկական Հպատակութեան ընկերային, մշակութային և Հոգեբանական երեսները կը փափաքին ուսումնասիրել շատ աւելի նպաստաւոր պիտի գտնէին ուղղակի Հայկական աղբիւրներու դիմել՝ ներառեալ անգնաՀատելի գրական աշխատութիւններու, բնիկ Հայերէն բառամթերքը եւ յղացումները ցուցաբերելու Համար: Դիւրին գործ չէ՝ Հաշուի առնելով առկայ նիւթերու ծաւալը, այս Հարցերուն շուրջ վստաՀելի գիտական աշխատանքներու պակասը կամ աւելի ցաւալին՝ մոլորեցնող, պատմագրականօրէն անճիշդ կամ ոչ-պատմականացուած գրական ուսումնասիրութիւններու գերիշխումը:[33] Աւելի՛ն, այդպիսի լուրջ աշխատանք մը կը պաՀանջէ Հայերէն լեզուի Հմտութիւն և արխիւային նուրբ փնտռտուք կատարելու նուիրում:[34] Սակայն չնայած դժուարութեան՝ սոյն աշխատանքը իսկապէս անՀրաժեշտ է եւ ամենեւին ոչ անկարելի: ՕսմանաՀպատակ Հայոց ենթարկացման բնիկ լեզուն ունի իր սեփական բառամթերքը, իր սեփական յղացքները, ինչպէս կը վկայեն մինչ այժմ չճանչցուած աղբիւրներ որոնք Հպատակութեան Հարցը կը սեւեռեն: Օրինակ՝ Հայ յեղափոխական պարբերականները այդ իրավիճակը կ'անուանէին «ստրկութիւն»: Օշականի նման Հայ գրողներ «գերութիւն» բառը յաճախ կը գործածէին. մինչդեռ ուրիշներ այդ վիճակը կը կոչէին «բարոյական ռայայութիւն»: Այս նիւթի մասին գրողները զանազան շեշտադրումներով մօտեցած են օսմանաՀպատակ Հայութեան ենթակայացման խնդրին՝ որպէս օտարացման, բարոյական անկման և սարսափի Համադրութիւն: Այդ կացութեան Հիմքն էր ստորակարգութեամբ սաՀմանուած ցեղա-դաւանական ընդՀանուր պայմանը, ուր մաՀմետականներ կ'իշխէին ոչ-մաՀմետականներու վրայ:

Այս Հատորին մէջ Հաւաքուած Եսայեանի որոշ ստեղծագործութիւնները կը պատկերացնեն այդ ենթակայութեան վիճակները՝ գերութեան պատկերներու և նկարագրութիւններու միջոցաւ: Վանդակներ, պատուՀանի ճաղեր, անտանելի ֆիզիքական լուծեր կրկնապէս կ'երեւին որպէս կեդրոնական բնախորՀուրդներ՝ յաճախ ստրկացուած, գերի և ենթարկուած «օտար» այլերու Հետ Համերաշխութեան ոգի յառաջացնելու Համար: Օրինակ՝ «*Եաշմաքը*» պատմուածքին մէջ, Եսայեան սեւամորթ ներքինիին ցաւալի ցեղաւորումը շեշտելով՝ կ'արտայայտէ նաեւ իր ըմբռնումը եւրոպական գաղութային ստրկութենէ յառաջացած անպատմելի վայրագութիւններու մասին: Ապրելով Ֆրանսա և ներծծելով անոր մշակոյթն ու պատմութիւնը՝ ինք չէր կրնար անտեղեակ ըլլալ այդ երկրին ստրկութեան դաժան պատմութենէն, յատկապէս Հաիթիի մէջ: Եւ ներքինիին սեւամորթութիւնը երբ արգահատանքով կը պատկերացնէ իբրեւ նշանը օսմանեան օրինական տարբերացման միջավայրին մէջ՝ անոր վրայ պարտադրուած յարակարծական անտեսանելիութեան/ենթարկուածութեան, ան նաեւ ուղիղ զուգահեռ կապակցութիւն մը կը ստեղծէ եւրոպական ցեղապաշտութեան գաղութային փորձառութեան հետ: Սեւամորթ ներքինին, ոչ-մահմետական օսմանեան հպատակը և օսմանահպատակ մահմետական կինը կը համընկնին և միաւորուին իր պատմութեան մէջ, որպէս կայսերական տիրապետութեան տարբեր կողմերը:

Էտուարտ Սաիտի *Արեւելապաշտութիւն* (Orientalism) եւ *Մշակոյթ և Կայսերապաշտութիւն* (*Culture and Imperialism*) ուսումնասիրութիւններէն ի վեր, ԱՄՆ-ի ձախակողմեան յետգաղութային ակադեմական շրջանակներու մէջ գրեթէ կ'արգելադրուի որեւէ առաջարկ թէ ոչ-եւրոպացիներ, ուր մնաց մահմետական կայսրութիւններ, նոյնպէս կիրառած են կայսերական տիրապետութեան կործանարար ձեւերը: Լուսանցքայիններու այս գերիշխանութիւնը ստեղծած է «մահմետականատեաց» անուանուելու վտանգը, երբ մահմետական ինքնակալութեան ճնշող կողմերու նկատմամբ լիովին արդարացի և ապացուցուած քննադատական փորձ կատարուի:[35] Նոյնիսկ Սաիտ իր *Մշակոյթ և Կայսերապաշտութիւն* գիրքին մէջ կը նշէ թէ ան չի քններկեր օսմանեան կայսրութեան տիրապետութեան կառուցուածքները, բայց նաեւ այդ չի նշանակեր, որ «Սթանպուլի իշխանութիւնը» «եղած է կա՛մ անվնաս (և հետեւաբար՝ վաւերացուած) կա՛մ նուազ կայսերապաշտ [քան եւրոպական կայսերապաշտութիւնը]»:[36] Ան նկատի ունէր արաբական աշխարհի մէջ Սթանպուլի իշխանութիւնը:

Այդ խնդիրը Սաիտէն շատ առաջ հարցի դրած էր Եսայեանը՝ հասկնալու համար օսմանեան կայսերապաշտութեան ազդեցութիւնը (ատենօք) հայկական աշխարհին վրայ: Պատմուածքներու և փորձագրութիւններու այս ժողովածուն առաջին յստակ պատկերը կու տայ օսմանեան ենթակայութեան բնոյթի առընչութեամբ Եսայեանի մշտական մտահոգութիւնը, այն ինչպէս որ կ'ազդէր թէ՛ ոչ-մահմետականներու եւ թէ՛ մահմետականներու վրայ: Այս գրութիւնները Եսայեանի միակ աշխատութիւնները չեն սոյն նիւթերուն շուրջ: Գոյութիւն ունին մէկ այլ հատոր կազմող շարք մը գործեր՝ ներառեալ նախապէս անծանօթ եւ չցուցակագրուած հրատարակութիւններ, որոնք յառաջիկայ ժողովածոյի մը հիմնական մասը պիտի կազմեն: Սակայն, ի տարբերութիւն այդ գրութիւններուն՝ այս գիրքին մէջ բովանդակ տասներեք ստեղծագործութիւնները կը ներկայացնեն ուշագրաւ, բայց նախապէս անտեսուած թեմական միջամտութիւն մը. բացի «Իր Ատելութիւնը» առեղծուածային պատմուածքէն անոնք բոլորը այս հարցերուն կ'անդրադառնան Թուրք կանանց գոյավիճակին յղուելով:

Այդ առումով, անոնք թեքնիք մը կը ցուցաբերեն, որուն Եսայեան առաջին անգամ հանդիպած էր բանաստեղծ Պետրոս Դուրեանի (1851-1872) մօտ եւ որ բանեցուցած էր իր սեփական գրութիւններուն մէջ: *Սիլիհտարի Պարտէզները* գիրքին մէջ Դուրեանին նուիրուած գլուխը («Պետրոս Դուրեանի Գերեզմանը») կը բացայայտէ թէ Եսայեան բանաստեղծը իր մեծ հերոսներէն մին կը սեպէր: Դուրեանին թեքնիքը կը բաղկանայ ցեղա-կրօնա-սեռային փոխաբերութենէ մը, ուր մահմետական/Թուրք կինը կ'երեւի որպէս լուսանցքացուած, լռեցուած եւ ենթարկուած օսմանահպատակ հատուածի մը անդամը եւ որ այդ բնոյթով աւելի ընդարձակօրէն, փոխաբերաբար կը ներկայացնէ նաեւ Հայերու եւ այլ ոչ-մահմետականներու կարգավիճակը: Դուրեանի 1871ին գրուած «Թրքուհին» սկզբնաւորեց այդ փոխաբերութիւնը, չնայած՝ ընկալուած եղած ըլլալով որպէս հայ-թրքական ցանկութեան նիւթի մօտենալու քիչ մը գայթակղեցուցիչ արեւելապաշտական փորձ մը, թերընթերցում կամ սխալ ընթերցում մը որ սակայն տիրած է աւանդական սերունդներ շարունակ: Այնուամենայնիւ, ինչպէս օսմանեան գրաքննութեան պաշտօնականացման ընթացքին Պեշիկթաշլեանի բանաստեղծութիւններն ու երգերը հայ գաւառներու ճնշման մասին, նոյնպէս նաեւ Դուրեանի ժամանակակիցները կրնային իր ստեղծագործութեան անդրադառնալ որպէս տեսողական պատրանք մը, աչքի երեւցածէն աւելին ցուցադրող բան մը: Վերնագիրը ինքնին կը գործէ որպէս տեսակ մը քօղ, որուն նպատակն է մոլորեցնել զննող աչքերը եւ հեռացնել զանոնք այն իրողութենէն, թէ բանաստեղծութիւնը նաև կը ծառայէ որպէս օսմանահպատակ Հայերու ենթակայութեան քօղարկուած արտայայտութիւնը: Վերցուցէք այդ քօղը, նայեցէք անկէ անդին, և օսմանահպատակ Հայերու փորձանաւոր գոյավիճակը կ՚ըլլայ լիովին և անմիջապէս ճանաչելի. «Թրքուհին» սահմանափակուած, թաքնուած կերպար մըն է, որ տապանուած և մեկուսացուած է իր ուժէն դուրս պայմաններու պատճառաւ. նկատելի է «բոցավառ հորիզոնի» (վերջալոյսին) ընդմէջէն. Հակառակ իր երիտասարդութեան, գեղեցկութեան և ներուժին, կը վարանի գոյութեան, լինելութեան և անլինելութեան սեմին վրայ, ինչպէս աւելի ուշ պիտի գրէր Օշականը. իր նայուածքը (հետևաբար՝ խելամտութիւնը) և խօսքը սահմանափակուած են. և իր անսահման կիրքը ընկճուած է, «հորիզոն չունի դեռ» իբրեւ սեփական եզր, ինչպէս այն Հայերը որոնց Դուրեան կը պատկերացնէ իր 1868ի «Վիշտք Հայուն»[37] ոտանաւորով: Աւելի՛ն, Թոքախտաւոր Հայ բանաստեղծ Դուրեանը այս Թուրք կինը արգահատանքով կը նկարագրէ իբրեւ իր սեփական պատկերը՝ մահուան սեմին նստած մոմեայ, գունատ արարած մը: Անոր սիրառատ խօսքերով բնութագրուած նմանութիւնը սապէս ծնունդ կու տայ համադրուած «Հայ-Թուրք» կերպարի մը: «Թէ իսկ մեռնի՛,/ կ՛ըսես — հիմա կ՛ծըլնի»:[38] Վերջին հաշուով «Թրքուհին» կը ներկայացնէ ազատութեան խափանուած տենչը՝ ապրելու և անպայմանաւոր համայնանանալու ազատութեան մարմաջը, որ կը սահմանէր օսմանահպատակ Հայ կեանքը : Սակայն Դուրեան գիտէր ինչպէս օգտագործել կարծեցեալ անվնաս բնապաշտական պատկերներ՝ ազատագրման այս ձգտումը սահմանազատելու և, հետևաբար, կանխելու ռեւէ կասկած հայկական զգացումները խթանելու բերմամբ: Թրքուհին մէկ վայրկեան թիթեռնիկ է, միւսը՝ մեղու: Կարելի՞ է ասկէ աւելի անմեղ բան: Եւ ասկէ աւելի հանճարեղ…

Այս ժողովածոյին առաջին գրութիւնը, «*Խաչմաքը*» (1899), քօղի տեսակ մը, նոյնիսկ կը գերազանցէ Դուրեանի նորարարութիւնը: Թէեւ ցեղասպանութենէն ետք սերունդներով հայ ընթերցողները չեն կրցած անդրադառնալ Դուրեանի հնարամտութեան, Եսայեան յստակօրէն հասկցած եւ որդեգրած էր անոր թեքնիքը: Պատկառելի ընթերցող էր՝ թերևս աւելի լաւ ընթերցող, քան թէ գրող: Եւ «*Խաչմաքը*»ով ան ստանձնեց իր սիրելի նախնիքին գիտը՝ յօրինելով պատմութիւն մը, որ կրնար շրջանցել Ապտիւլհամիտ Բ.-ի գրաքննիչներուն գրեթէ անխուսափելի թակարդը. պատմութիւն մը, որտեղ մահմետական կինը կը վերածուի ցեղա-կրօնա-սեռային խորհրդանիշի մը, ներկայացնելով ենթարկեալ օսմանեան հպատակներու՝ ի մասնաւորի Հայերու կարգավիճակը ։ Եսայեան նոյնիսկ պատկերաւոր ակնարկ մը կը դարձնէ Դուրեանին՝ իր պատմութեան հերոսուհին նմանցնելով Թիթեռնիկի։ Եւ ան կը շեշտէ նմանութիւնը նոյնպիսի բնապաշտական պատկերներով՝ ինչպէս ազատութեան համար մարտնչել փորձող Թռչունի երեւոյթը։ Սակայն Եսայեան հոն կանգ չառնէր։ Ան կը խորասուզուի թելադրելով աւելի մռայլ, աւելի հարազատ փոխաբերութիւն մը՝ սև ներքինիին տիպարին միջոցաւ։ Սոյն պատմութիւնը կարծես կը թելադրէ, թէ օսմանեան կայսրութեան մահմետական կիները ենթարկուած և սահմանափակուած ըլլալով հանդերձ՝ տակաւին կը ստանան համայնքային կայսրութեան դաւանանքային օգուտները։ Անոնք կրնան վայելել իրենց կրօնակից կառավարիչներուն յարաբերութիւնները, գուրգուրանքը, նուէրները և պաշտպանութիւնը, ինչքան ալ քմահաճ ըլլան։ Սակայն այդ շրջանակէն դուրս գտնուողները չէին կրնար նոյնիսկ այսպիսի քմահաճօրէն շնորհուած արտօնութիւններու յոյսը արծարծել։ Բայց, վերջին հաշուով, այս տարբերութիւնը աննշան է։ Ցեղա-դաւանանքային սահմանումով պարտադրուած հայրիշխանական ստորակարգութեան արգելքները, որոնք արտացոլուած են *ճաշմաքի* փոխաբերութեամբ, կը հանդեցնեն նոյն «ճակատագրի կապի»ն կամ կապանքներուն, ինչպէս կ՚եզրափակէ պատմութիւնը։ Ըստ Եսայեանի՝ այդ կապանքները չեն առաջնորդեր կարեկցանքի կամ համերաշխութեան։ Անոնց ամենաաղէտալի հետեւանքը ճանաչում ու կապ ստեղծելու միջոցները կանխելն է, ընկերականութեան պայմանները խափանելը, ինչպէս կը ցուցաբերէ ներքինիին և իր տիրուհիին մշտական մեկուսացուած վիճակը։

«*Ճաշմաքը*» յաջորդող պատմութիւններուն, ներառեալ՝ «Իր Ատելութիւնը» գրութեան իմաստային շերտերը բացայայտելու բանալին է։ Անիկա ընթերցողներուն գիտակցութիւնը կ՚արթնցնէ Եսայեանի և իր ժամանակակիցներուն գաղտնալեզուային բնոյթին բերմամբ։ «Իր Ատելութիւնը» ծածկագիր մըն է՝ տիրապետութեան/ ենթարկումի յարակարծական ընթացքը պարզող, ուր ճշմարտութիւն եւ սուտ, անմեղութիւն եւ յանցանք, սարսափ եւ հրապոյր, ցաւ եւ հաճոյք կ՚ենթարկուին իմաստային զառածումներու։ Զոհողները կը ներկայանան որպէս զոհ, մինչդեռ զոհերը իրենց սեփական մեղքերը կը փնտռեն հանցագործներուն արարքներուն մէջ։ Որպէս խուկում «Իր» ատելութեան անբացատրելի աղբիւրին շուրջ, պատմութիւնը գաղտագողի նշումներ կ՚ընէ, թէ ան կը ծագի իշխանութեան անհաւասար կառուցուածքէն մեկնած տարբերացումներու ընկալումէն. «Ան»՝ այսինքն այրը աւելի բարձրահասակ է և ուժեղ, իսկ կին/պատմիչը՝ փոքր և աննշմարելի։ Այդ իմաստով «հակառակորդները» աչքի կը զարնեն իրենց գունային հակադրութիւններով՝ թխամորթն ընդդէմ շէկին, սև աչքերն ընդդէմ կապոյտին, պայծառ արտայայտութիւնն ընդդէմ ստուերայինին։ Քիչ մը շատ դիւրին պիտի ըլլար ըստ այնմ հետեւցնել խաւարի և կայսրութեան միջև ուղղիղ համարժէքութիւն մը։ Եսայեանի ստեղծագործութիւնը չափազանց խելացի է և չափազանց ապստամբ է այդպիսի տափակ համեմատութեան մը համար։ Եւ պատմութեան զանազան այլ յարակարծիքները կրնան ճիշդ հակառակը թելադրել։ Այնուամենայնիւ, դիակնային հանցագործին արիւնակերային (vampirical) գիծերը ուղղակիօրէն կը համապատասխանին Եսայեանի կայսրութիւն/արիւնակեր ([V]Empire) համեմատութեան այս հաւաքածոյին վերջաւորութեան երեւցող «Սեմին Վրայ» (1924) պատմուածքին մէջ։ Եսայեան իր հմուտ ֆրանսերէնով՝ անպայման նկատած էր «empire» (ամբիր, կայսրութիւն) և «vampire» (վամբիր, արիւնակեր) բառերուն գրեթէ կատարեալ համահնչումը։ Ակնյայտ է թէ ան կը վերադառնայ այդ գիշատիչի պատկերացումին տարիներ ետքը՝ բազմաթիւ տաժանելի սեմերէ անցնելէ յետոյ՝ թէ՛ բառացիօրէն, թէ՛ փոխաբերական իմաստով՝ պետական սահմաններէ մինչև գաղափարախօսութիւններ։

Անոնցմէ առաջինը իր «վերադարձն» է Փարիզէն Պոլիս, 1908 թուականին, երիտ-թրքական յեղափոխութեան նախօրէին՝ որ կը խոստանար վերահաստատել օսմանեան սահմանադրութիւնը, վերականգնեցնել խորհրդարանական կանոնը և հիմնել համահաւասար կառավարում։ Ապտիւլհամիտ Բ.-ի իշխանութեան տարիներուն արտասահման ապաստանած հարիւրաւոր հայեր վերադարձան մեծ յոյսերով, թէ վերջապէս պիտի նոյն երկրին պատկանին առանց խտրութեան որպէս հաւասար քաղաքացիներ։ Սակայն այդ յոյսերը փլուզուեցան ընդամէնը մի քանի ամիս ետք, երբ «հակայեղափոխութիւնը» մահմետական բնակչութեան առիթ տուաւ կիլիկիոյ Հայերու և այլ քրիստոնեաներու դէմ նոր և անսպասելի Հաւաքական բռնութիւններ գործելու: «Ատանայի Կոտորածները», ինչպէս որ կը կոչուին այդ 1909ի ոճիրները, տեղի ունեցան ընդամէնը քանի մը շաբթուայ ընթացքին, խլելով սակայն տասնեակ Հազարաւոր Հոգիներու կեանքը եւ անթուելի աւերումներ տարածելով իրենց ետին: Նոր կառավարութեան դժկամութիւնը և/կամ անկարողութիւնը պատշաճ կերպով կանխելու, սաստելու կամ պատժելու վայրագութիւնը, Հայերուն յստակ և ծանօթ ազդանշան մը տուին: Իսկ Եսայեան այդ բոլոր իրադարձութիւններուն շատ մօտէն եւ պայծառատեսութեամբ Հետեւեցաւ: Հայկական Պատրիարքարանի առաջարկով, 1909ին, ան միացաւ մարդասիրական պատուիրակութեան մը՝ Հսկելու Հազարաւոր Հայ որբերու Հաւաքման և տեղաւորման նախաձեռնութիւններուն: Եսայեանի մասնակցութիւնը տեւեց երեք ամիս, բայց ան վերադարձաւ Պոլիս՝ նախքան իր պաշտօնին աւարտը: Թէեւ մինչ այդ՝ ան այցելած էր կոտորածի և աւերակներու բազմաթիւ վայրեր, խօսած զոհերու և ականատեսներու Հետ և կուտակած կատարուած իրադարձութիւններուն վերաբերեալ դրդապատճառներու, մեթոտներու և Հետեւանքներու մասին Հսկայական քանակով տեղեկութիւններ: Ան իր եզրակացութիւնները ամփոփեց այժմ արդէն յայտնի՝ *Աւերակներուն Մէջ* ժամանակագրական Հատորին մէջ, որ լոյս տեսաւ 1911 թուականին:

Վերջին երկու տասնամեակներուն այս գիրքը չափազանց խանդավառ ընդունելութիւն ստացաւ, սակայն Հակասական եզրակացութիւններու առաջնորդող ճիւղաւորումով: Մէկ կողմէ՝ Եսայեանը և այս պատմական իրադարձութիւնը Հանրային աւելի լայն գիտակցութեան բերաւ, որու շնորհիւ Հայ-Թուրք բարեկամական կապերը քիչ մը եւս եւ կարելի եղածին չափ զարգացան, իսկ միւս կողմէ՝ ստուերեց Եսայեանի միւս ստեղծագործութիւններուն Հսկայական շարքը: Կարեւոր է նշել, թէ այդ շարքին մէջ կ՚իյնան նոյն իրադարձութիւններուն անդրադարձող եւ նոյն տարին զանազան պարբերականներու մէջ երեւցած գեղարուեստական պատմուածքներ:[39] Հոս խմբուած որպէս Եսայեանի տարեգրութեան կարեւոր լրացումը, «Անէծքը», «Սաֆիյէ» և «Նոր Հարսը» (1911) թերեւս խաթարեն այս դէպքերուն բերմամբ ընթերցողին ենթադրութիւնը Եսայեանի գրական և Հոգեբանական Հակազդեցութիւններուն մասին:

Անցնող քսան տարիներուն եւ հիմնուելով *Աւերակներուն Մէջ* գիրքի մասին սահմանափակ կամ անհիմն ընթերցումներու վրայ՝ Եսայեանի մեկնաբանները դրսեւորած են գրող մը և ստեղծագործութիւն մը որոնք գերազանցապէս կը ներկայացնեն վիրական լռութիւն, «խեղդուած զարմանք»,[40] խուսափում և ժխտում: Գրիգոր Պըլտեանի հիմնական մեկնաբանութիւններուն բացառութեամբ,[41] այս եզրակացութիւններուն մեծ մասը կը բխին նախաբանին տրուած աւելորդ կարեւորութենէն (ինչպէս է Մարկ Նշանեանի պարագային) և անտեղի յարմարցուած «Վիրագիտութեան» (Trauma Studies) գիւտերու ապաւինումէն: Եսայեանի ժամանակագրութիւնը, անկասկած, բազմաթիւ վիրումներու «վկայութիւն»ը կամ ներկայացումն է՝ ըլլայ հաւաքական կամ անհատական, ֆիզիքական կամ հոգեբանական, ընկերային կամ քաղաքական, անցեալէն կամ ներկայէն: Սակայն Եսայեանի դրդապատճառներուն և նպատակին վերաբերեալ որոշակի պնդումներ պարզապէս չեն համապատասխանիր ստեղծագործութեան ոճին և բովանդակութեան կամ Եսայեանի յայտարարած նպատակներուն:

Այն պնդումը, թէ ան իբրեւ «արդի Անդիկոնէ»[42] կը գրէր «ոչ թէ բարոյական կամ քաղաքական պատճառներով, այլ որովհետեւ գիտէ թէ իրեն կը սպառնայ… խելագարութիւնը»,[43] չի համապատասխանիր Եսայեանի նախաբանին մէջ տրուած պատճառներուն թէ այդ աշխատանքին նպատակն էր հակադրուիլ երկրին ղեկավարութեան բռնապետական տարրերուն և փրկել զրպարտուած կամ անմեղ զոհերուն վարկը, որպէսզի «ոչ ոք այլեւս…համարձակէր արհամարանքով եւ ատելութեամբ մերժենալու այդ խոնարհներուն»:[44] Եսայեանի աշխատանքը ինքնայայտնապէս բարոյական և քաղաքական է բազմաթիւ առումներով, բայց յատկապէս այն ինչքանով որ Եսայեան անցեալի Թրքական քաղաքական մեքենայութիւնները ճանչնալով գիտէր թէ զոհերը կրկնակի զոհ պիտի դառնային պաշտօնական ուրացումներու գործադրութեամբ, զոր ան կը փորձէր հակադրել *Աւերակներուն Մէջ* աշխատութեամբ: Ահա թէ ինչու ան իր նախաբանին մէջ ուժգին կը պնդէր, թէ նոյն իրենք, այդ «խոնարհները» պատրաստ էին ոեւէ գնով ապստամբիլ ընդդէմ «հայրենիքին սպառնացող ամենամեծ վտանգին, բռնապետութեան վերադարձին դէմ, ի՛նչ նոր ձեւով եւ ի՛նչ դիմակով որ ան ներկայանար: *Աս չէ՞ր արդէն մեզի վերագրուած գլխաւոր ոճիրը եւ աս չէ՞ր որ կոչուած էր մեր ցեղային փառասիրութիւնը դառնալու»* (շեշտը մերն է):[45]

Եսայեան նկատի ունէր օսմանահպատակ հայերու զրպարտումը թէ՛ նախորդ բռնապետական, թէ՛ ալ ժամանակակից սահմանադրական ռեժիմին կողմէ՝ որպէս ապստամբներու ցեղ: Այս դատապարտութեամբ հիմնաւորուած էին գաւառական հայերուն դէմ կատարուած նախօրեակի վայրագութիւնները, անշուշտ՝ Ապտիւլհամիտ Բ.-ի կառավարման տարիներուն, բայց նաև անկէ աւելի առաջ: Տասնամեակներու վրայ նման զրպարտութիւնները ձևավորած էին հայկական սպառնալիքի աւանդութիւն մը, որմէ Եսայեանը, իր ժամանակակիցները և իր նախորդները լաւատեղեակ էին և զոր ամէն ջանքով կը ձգտէին ընդդիմադրել և չրջել: Եւ ըստ իրենց վկայածին՝ Ատանայի Կոտորածներուն դիմաց պետական հակազդեցութիւնը միեւնոյն քաղաքական ռազմավարութեան, այսինքն՝ զրպարտութեան և ժխտումի կրկնութիւնն էր նոր ռեժիմին կողմէ: Անոնք շատ լաւ գիտէին ինչպէս այս ռազմավարութիւնները կը կիրառուէին թէ՛ նախապէս ծրագրուած վայրագութիւններու պարագային, զանոնք չքմեղացնելու մտադրութեամբ, թէ՛ որպէս արդարացում ըլլալիքը ըլլալէն ետք: Պետութեան փաստացի պատրաստակամութիւնը միեւնոյն մարտավարութիւնը կիրառելու կամ թոյլատրելու՝ արդէն կը յայտնէր Եսայեանին և իր համակիրներուն չարագուշակ նախանշանը ապագայի արիւնահեղութեան:

Ահա թէ ինչու ան Ատանայի Կոտորածները չի մեկնաբաներ որպէս անհրաժեշտ զոհաբերութիւն, այսինքն՝ կիլիկիոյ մարդասիրական ուղևորութենէն ոչ ետքը: Նշանեան կը ստերիւրէ կամ կը թերընթերցէ Եսայեանի նախաբանը պնդելով որ ան կը հաւատար թէ «[ա]յս արիւնոտ գոյութիւնները «հայրենիքին» համար զոհաբերուած էին:»[46] *Ինչ որ Եսայեան կը գրէ սակայն այդ է, թէ* 1909 *Մարտ ամսու հակայեղափոխական ապստամբութեան խափանումէն ետք, երբ և՛ հայերը, և՛ թուրքերը պաշտպանեցին նոր սահմանադրական պետութիւնը եւ զոհուեցան անոր համար, Ատանայի Կոտորածներուն լուրը իր և իր հայրենակիցներուն կողմէ ընկալուեցաւ որպէս ցաւալի իրողութիւն, զորս անոնք արդարացուցին՝ «մեր վիշտը մարելու համար»՝ «կառչե[լով] սա գաղափարին. «Մենք ալ մեր զոհերը տուինք, մեր արիւնը այս անգամ թափեցաւ մեր թուրք հայրենակիցներուն հետ.*

ասիկա վերջինը պիտի ըլլայ»։[47] Այնպէս է որ «մեր աչքերը գիտցան դարձեալ ժպտիլ և… մեր սիրտերը ամենէն ուժով բաբախողները եղան» սահմանադրական յաղթանակին համար «գերագանց երջանկութիւնը» զգացուած շրջանին, կը գրէր Եսայեան։[58] Սակայն կիլիկիայէն վերադարձէն ետքը ամէն ինչ փոխուեցաւ, և երկուստեք զոհաբերութեան տրամաբանութիւնը կործանեցաւ։ Եսայեան չէր կրնար ասկէ աւելի յստակօրէն բացատրել. «Այդ միջոցներուն էր որ ինծի հարկ եղաւ մեկնիլ դէպի Ատանա՝ որբերու խնամարկութեան գործին օգնելու համար։ Այս այն միջոցին էր որ *մեր հաւատքը խախտած, մեր սիրտը բեկուած, մեր յոյսերը լղրճուած*, դիմացնիս ունէինք արիւնոտած ու հրդեհուած գաւառ մը… *եւ ոչ մէկ բարոյական ակնկալութիւն…*» (շեշտը մերն է)։[49] Այս խօսքերը չեն պատկանիր կնոջ մը որ տակաւին կը կառչի այդ համոզումին թէ Ատանայի կոտորածները զոհաբերական արիւնայեղութիւն էին, եւ այդ միջոցաւ թերեւս կրնային ապահովել խաղաղ համակեցութեան հնարաւորութիւնը, ինչպէս կը հաստատէ Նշանեան։ Ան կը նշէ՝ «Զապէլ Եսայեանը… կ'ընէ ինչ որ կարելի է բացատրելու թէ տառապանքէ և վրէժխնդրութենէ կամ ալ ժողովուրդի մը, բազմազգ պետութեան մէջ հատուածի մը պատկանելու զգացումէն մղուած չէ որ կը գրէ։ Ան կը գործէ այնպէս մը թէ ցեղը այսուհետեւ անձնական խնդիր մըն է, ինչպէս կրօնքը արդի պետութեան մէջ»։[50] Այս առեղծուածային եզրակացութիւնը չի համապատասխանիր Եսայեանի յանդուգն հաստատումներուն, որոնք կը թելադրեն ճիշդ հակառակը, թէ ան՝ ինչպէս նաեւ իրեն նման ուրիշները կորսնցուցած էին հաւատքը, սիրտը, յոյսը և վստահութիւնը -ըլլայ բարոյական թէ իրավական- թէ՛ խաղաղ համակեցութեան հեռանկարներու, թէ՛ ալ այն կառավարութեան նկատմամբ, որ կը ձևացնէր ապահովել յուսացուած ապագան։ Այդ յուսահատութիւնը կ'երեւի Եսայեանի զոհերուն, եւ ընդհանրապէս հայերուն, ամենուրեք եւ կրկնակի անուանումով որպէս «ցեղ»՝ ի տարբերութիւն «ազգ» կամ «ժողովուրդ» նկարագրութեանց։ Տեղ մը ան հայ ականատեսի մը «Արիական» աչքերը կը նկարագրէ։[51] Ուրեմն՝ հակառակ Նշանեանի պնդումներուն, Եսայեան ցեղային պատկանելիութիւնը ոչ միայն որպէս անձնական խնդիր չի նկատեր, այլև, խորքին մէջ, անոր գործածած լեզուն ցոյց կու տայ իր համոզումը այս իրադարձութիւններէն ետք, թէ հայերը կը նկատուէին և միշտ ալ պիտի նկատուին – եւ ըստ այնմ՝ վերաբերմունք պիտի ստանան – որպէս օտար ցեղ իրենց սեփական Հայրենի Հողին վրայ:

Այս անդրադարձով՝ *Աւերակներուն Մէջը* կը դառնայ կործանումի վկայութենէ անդին ելքի փնտռտուք մը՝ փլատակներէն դուրս միջոց մը գտնելու: Եւ Եսայեանը, կարծես, կանգ կ'առնէ երկու կարելիութիւններու դիմաց: Առաջինը՝ Հայ-Թրքական Համերաշխութիւնն է, ինչպէս նշուած է իր յառաջաբանին մէջ, ուր ան յստակօրէն կ'արտայայտէ նպատակը՝ ներշնչելու իր ազատախոհ ոչ-Հայ «Հայրենակիցներուն» կարեկցանքը, Հասկացողութիւնը և վստահութիւնը: Կը թուի յուսալ որ նման Համերաշխութիւն մը կը նպաստէ և կ'աջակցի Հայկական ինքնապաշտպանութեան զինուած շարժումին. ակնկալութեամբ՝ թէ ինչպէս Հայերը իրենց «զոհերը տուին» սահմանադրական Հայրենիքին, Թուրք Հակամասը նոյնպէս կրնայ գործել Հայերուն ի նպաստ: Այդ նպատակով գիրքը ռազմագիտականօրէն մի քանի տեղ կը պատմէ Թուրքերու Հերոսական պայքարները Հայկական բնակչութիւնը պաշտպանելու Համար: Բայց տուեալ վտանգաւոր պայմաններուն տակ աւելիով կարեւոր է այդ անդրադարձը՝ թէ Եսայեան ակնյայտօրէն կը Հաւատայ կազմակերպուած Հայ մարտական ինքնապաշտպանութեան անհրաժեշտութեան՝ յետագայ Հաւաքական բռնութիւնները կանխելու Համար: Սակայն կը զգուշանայ եւ այդ Համոզումը անուղղակիօրէն կը ներկայացնէ՝ վերապատմելով զինուած դիմադրութեան յաջող փորձերը նոյնիսկ ամենայուսահատական պայմաններուն մէջ, նրբօրէն նշելով՝ ուր որ կարելի էր, նման դիմադրութեամբ կեանքեր և ունեցուածքներ փրկել, եթէ երբեք Համապատասխան միջոցներ նախաձեռնուած ըլլային: Իսկ չափազանց կարեւոր է ընդգծել, թէ Եսայեան չարդարացներ ներկայ կառավարութիւնը եւ, Հակառակ Նշանեանի եզրակացութեան, յանցագործութեան Հետ չի վերաբերիր որպէս նախկին ռեժիմին ջախջախման վերջին ցնցումը: Այստեղ գոյութիւն չունի արդի Անդիկոնէ մը, այլ Հաւանաբար՝ արդի Քասանդրա մը, իր արհամարուած եւ անտեսուած մարգարէութիւններով:

Իրենց խորհրդաւոր մարգարէութեամբ, «Անէծքը», «Սաֆիյէ» և «Նոր Հարսը» պատմուածքները միասնաբար կը կազմեն *Աւերակներուն Մէջի* բացատրական լրացումը, ինչ որ մինչև ներկայ գիրքիս յղացումը մնացած էր բոլորովին աննշմար: Եսայեան Թրքական Հանցագործութիւններու պատմուածքները Թրքական դիտանկիւնէ գրած է որպէս զուգահեռ գրութիւններ, ժամանակագրութեան կողքին միաժամանակ կարդացուելու նպատակով: Այդ զայրոյթը, ատելութիւնը, սէրը, կարեկցանքը, վրէժխնդրութիւնը, ողբը և ափսոսանքը, որոնք ան մերժած է լիովին արտայայտել իր ոչ-գրական ստեղծագործութիւններուն մէջ, գրեթէ խլացնելով պոռթկացած է այս պատմութիւններուն միջոցաւ: Դժբախտաբար՝ անոնք խուլ կամ փակուած ականջներու հանդիպած են: Սակայն *Աւերակներուն Մէջը* իր ամբողջական ճշմարտութիւնը կը հաղորդէ այն ատեն միայն, երբ մենք խորասուզուինք այս անտեսուած գրութիւններուն մէջ: Եսայեանը անհերքելի միջգրութենական կապ մը ստեղծած է երկու ճիւղաւորումներուն միջեւ: Մինչև ներկայ գիրքիս իրականացումը ոչ ոք նկատած էր թէ «Սաֆիյէ»ի գլխաւոր կերպարը և «Անէծքը»ի արիւնարբու մարդասպան Հալիպը իրենց անունները կը բաժնեկցին *Աւերակներուն Մէջի* «Նպաստի Օր Մը» գլուխին մէջ, Սաֆիյէի և Հալիպի հետ: (Սաֆիյէ մը եւս կ'երեւի «Սեմին Վրայ» պատմուածքին մէջ): Ի հարկ է, ժամանակագրութիւնն ու պատմուածքները, փաստացին ու յօրինուածը, նախատեսուած էին կողք կողքի կարդացուելու նպատակով, քանի որ իւրաքանչիւր ժանրին մէջ թաքնուած ճշմարտութիւնները իրենց հակադրուած երկերուն մէջ մերկացուած են: Սա Եսայեանի ամենազարգացուած հակաժխտողական նուաճումն էր ինչպէս իր ներկային՝ այնպէս ալ նախատեսելիօրէն մեր՝ թէ՛ հայերուն, թէ՛ թուրքերուն համար: Բայց այդ ձայնը կորսուած է պատմութեան անդունդներուն խորութեան մէջ:

Թուրք պատմաբան Ճենկիզ Աքթար, 2015 թուականին, կարծես նոր է որ կը լսէր այդ ձայնը կամ անոր մէկ տարբերակը, երբ նկատի կ'առնէր իր երկրին քայքայուած վիճակը: Գրելով ցեղասպանութեան հարիւրամեակի նախօրէին՝ երբ շատերը, կարծես, եղծանելիօրէն կը պայքարէին ուշադրութիւն գրաւելու համար՝ անոր «Մուտք Դէպի 2015» յօդուածը քիչ մը միամտաբար կ'որոնէր այդ գաղափարը, որ «մեզ հետապնդող չարիքը... և մեր տառապանքները դիմակալելու անկարողութիւնը թերեւս պայմանաւորուած են դարաւոր անէծքով մը և դարաւոր սուտով մը»: Տարօրինակ նախապաշարումով որ գրեթէ *բառ առ բառ կ՚արձագանգէ «Անէծք»ին մէջ Հարուածուած Թուրք կերպարներուն յուսահատ ողբերը… Աքթար կը շարունակէ.*

«Սա, թերևս, այդ անէծքն է, որ արտասանած են Հայերը՝ մանուկներ, անզէն կիներ և այրեր, որոնք մահացան ողբալով և թաղուեցան առանց դագաղի… Թերեւս 1915 թուականէն ի վեր հաշուեյարդարի չառնուած կոտորածները և անվճար մնացած գինը այժմ թոռներուն կողմէ տարբեր վայրերու մէջ կը հատուցուի: Խլուած կեանքերու, գողցուած կեանքերու, թալանուած տուներու, աւերուած եկեղեցիներու, բռնագրաւուած դպրոցներու և չորթուած գոյքերու դիմաց արտասանուած անէծքները… «Աստուած տայ որ ձեր բոլոր սերունդները վճարեն անոր գինը»… Արդեօ՞ք մինչ օրս կատարուած բոլոր անարդարութիւններու գինը մենք ենք վճարողը… Այնպէս կը թուի թէ մեր հասարակութիւնը լման մէկ դար շարունակ կը քայքայուի՝ թարախոտած ամենուրեք… Բաղկացած երեք հիւծուած փաստարկութիւններէ՝ ապստամբութեան, թշնամիին հետ համագործակցութեան և զոհումի (թէ՝ մենք սպաննուեցանք Հայերուն կողմէ), ժխտողական պատումը շարունակ պիտի կրկնուի շարք մը գիտաժողովներու ընթացքին: Եւ մենք մեր սեփական երաժշտութեան չափին պիտի պարենք… Հայոց Ցեղասպանութիւնը Անատոլուի մեծ աղէտն է և այս երկրին բոլոր տաբուներու մայրը: Անոր անէծքը պիտի շարունակէ մեզ հետապնդել այնքան ատեն որ մենք չենք կրնար այդ մասին խօսիլ, զայն չենք ընդունիր, չենք հասկնար և հաշուեյարդարի չենք դներ:»[52]

Եսայեանի երեք «Ատանայի պատմուածքներ»ը նախատեսած էին այս նախապաշարումով լի հակազդեցութիւնը նախքան 1915 թուականը: Մշտապէս խորաթափանց ընթերցող ըլլալով՝ հեղինակը կրցած էր կատարեալ ճշգրտութեամբ գուշակել անխուսափելի տնտեսական, ընկերային և հոգեբանական քայքայումը, որ ի վերջոյ պիտի հարուածէր հանցագործներու հասարակութիւնը, ինչպէս նաև այն իրողութիւնը, որ անոնք այս «չարիքները» պիտի մեկնաբանեն որպէս իրենց զոհերուն անէծքը, այլ ոչ թէ ստորակարգութեամբ տարբերացուած հասարակութեան տրամաբանօրէն անխուսափելի հետևանքները: Եսայեանի պատմուածքները անէծք չեն շպրտեր կամ հաւաստիութիւն չեն ընծայեր նման նախապաշարումներու. ընդհակառակը՝ զանոնք կը ծաղրեն: Այսպիսի նախապաշարումները կը ներկայացնեն որպէս շարունակական ինքնուացում, օսմանեան/թրքական հասարակութեան ամենայն խորքերը գտնուող մշտական ժխտումը, որմով այդ հասարակութիւնը իր դժբախտութիւններու բացատրութիւնն ու անոնց բուժումը կը փնտռէ արտաքին պայմաններու մէջ: Աքթար կ'ենթադրէ թէ ժամանակակից թրքական հասարակութեան անկարողութիւնը իր անցեալին վերաբերեալ դժուար հարցերը դիմակալելու 1915 թուականի հետևանքն է, «իմաստութեան կորուստ մը, որ կը ծագի ցեղասպանութենէն»: Եսայեանի պատմուածքները այդ կորուստը կը ներկայացնեն աւելի ճիշդը որպէս իմ անուանումովս՝ *սկզբնաբեկանում մը* (foremath)՝ ի սկզբանէ տարբերացման գերիշխանութեամբ հաստատուած եւ գործադրուած օսմանեան/թրքական հասարակութեան անխուսափելիօրէն և անհերքելիօրէն ցեղասպանական բնոյթը: Ցեղասպանութիւնը սերմուած էր օսմանեան համակարգին հիմքերուն մէջ: Անոր դրսևորումը միայն ժամանակի հարց էր, իսկ իրականացումը՝ գրեթէ որոշակի հաւանականութիւն: Ցեղասպանութեան ապագան և անոր հետևանքները կ'արտացոլէին զայն նախորդող բռնութեան սկզբնաբեկանումը՝ ոչ միայն կոտորածները, ի հարկ է, այլև ինքնին դաւանանքով համայնքացուած հասարակութիւնը: Եսայեանին և անոր որոշ այլ ժամանակակիցներուն համար դժուար չէր ընկալել, որ անսրբագրելիօրէն տարբերացուած հասարակութիւն մը միայն մէկ ուղղութեամբ կրնայ յառաջանալ՝ ինքնաոչնչացումի: Հիմնուած քաւութեան նոխազ փնտռելու, օտարացնելու և ուրանալու քաղաքականութեան սկզբունքով՝ ան երբեք պիտի չկարենայ իր թերութիւններն ու հանցանքները ընդունիլ, եւ օր մը ցաւագինօրէն պիտի արթննայ՝ տեսնելով թէ համայն աշխարհը ինքն իր վրայ կը փլի:

Իբրեւ իսկական սահմանադրական հայրենասէր, միաժամանակ որպէս անձնական, մշակութային և ընկերային գոյատեւման հարց՝ Եսայեան բուռնօրէն կը ճգնէր կանխել այսպիսի իրադարձութեանց հետևանքները: Եւ ան կը դիմէր միակ օսմանա-մահմետական հատուածին, որ, իր կարծիքով, ընդունակ էր հասկնալու ենթարկեալ ոչ-մահմետականներու իրավիճակը. այսինքն՝ թուրք կիներուն: Իր «Ատանայի պատմուածքներ»ը այդ դիմումը կ'ընեն ակնյայտօրէն արծարծելով թուրք կիներու տառապանքներն ու զղջումները, տղամարդոց բռնութեան նկատմամբ իրենց զգուանքը, երեխաներուն կեանքին վրայ իրենց վախը և Հայ քոյրերուն Հանդէպ իրենց սէրը: Քիչ Թուրք կանայք պիտի կարենային կարդալ այս պատմուածքները, և, Թերևս, Եսայեան կը յուսար՝ Թէ անոնք կը Թարգմանուին կա՛մ ֆրանսերէնի, կա՛մ օսմաներէնի: Ըստ Լէոն Քէչէեանի յայտնագործումներուն Եսայեանի նամակագրութիւններէն, իր քանի մը Հայերէն գրութիւնները արդէն Թարգմանուած էին օսմաներէնի և Հրատարակուած Պոլիս. իսկ օսմանա-Թրքական շրջանակներու մէջ՝ ան արդէն որոշ Համբաւ կը վայելէր 1908 Թուականին:[53] Անկախ այդ բոլորէն, Թերեւս արդարացիօրէն կը յուսար Թէ իր միջամտումը, նոյնիսկ Հայ ընԹերցողներու սաՀմանափակ շրջանակներէն ներս, կը քաջալերէ արձարձման Թափ մը, որ կարենայ տարածուիլ իր լեզուական Համայնքի ոլորտէն անդին և մտնել մաՀմետական կիներու սաՀմանափակուած տիրոյԹէն ներս:

Յաջորդող չորս տարիներու ընԹացքին՝ Եսայեան ուժեղացուց այդ Թափը շարունակելով ներկայացնել Թուրք կիները, Թէ՛ իր գեղարուեստական, Թէ՛ յօդուածային գրութիւններուն մէջ: Յաճախ Համընկնող Թեմաներով և ընդգրկելով Առաջին Համաշխարհային պատերազմին անմիջապէս նախորդող ժամանակաշրջանը, ցեղասպանութիւնը, ապա՝ այսօրուայ Թուրքիոյ 1923 Թուականի Հիմնադրումը, այս ստեղծագործութիւնները կը ճգնէին դէպի խաղաղասիրութիւն, կը պաշտպանէին մաՀմետական կիներու իրաւունքները, կը ներկայացնէին Հալածուած և տեղաՀանուած մաՀմետականներու սեռականացուած տառապանքները և կը պատկերէին Հայրիշխանական ցեղա-ազգայնամոլութեան վտանգները, յատկապէս մաՀմետական/Թուրք կիներուն Համար: «Փառքը» (1913), «Սպասումը» (1914), «Քօղը» (1914), «Մանկան մը ՄաՀը» (1919), «Սեմին Վրայ» (1924) և «Մելիհա Նուրի Հանըմ» (1928) այս Թեմաները կը Հիւսեն ցուցաբերելու Համար այն յաճախակի կրկնակի կապերը, որոնք կը ձգտեցնեն Թուրք կանանց իրաւաքաղաքականօրէն ենԹարկուած կարգավիճակը օսմանեան մաՀմետական իշխանութեան տակ: Տարբեր աստիճանաւորումով և գուցէ ամենաքիչը՝ «Սպասումը» պատմուածքին մէջ, իւրաքանչիւր պատմութիւն Եսայեանի «Եաշմաքը»էն փոխ առնուած Թեքնիքը կը գործածէ, ուր Թուրք կնոջ պատկերացումը կը քօղարկէ ոչ-մաՀմետական/Հայ Հպատակներու զուգաՀեռ պայքարի աւելի խորը մեկնաբանութիւնը: ԽօՀեմ ընԹերցողի մը Համար այս երկուքը գրեԹէ անբաժանելի կը դառնան, կամ գուցէ աւելի ճշգրիտ բացատրութեամբ՝ եաշմաքի մը պէս, անոնք կը բանին որպէս իրենց միւս երեսին բացակայութեան ակնյայտ նշանը:

Նոյնիսկ Եսայեանի Թուրք կանանց իրաւունքներու մասին յօդուածները այս շերտաւոր բնութագրումը կը բանեցնեն: Թուրք կանանց իրաւական և հոգեբանական ճնշումներու կողմերը քննարկող երկու յօդուածները՝ «Թուրք Կնոջ Ազատագրութեան Հարցը» և « Թուրք Կնոջ Կեանքէն՝ Նամեհրամը», նուրբ միջոցներու կը դիմեն ճնշուած և լուսանցքայնացուած այլ խումբերու համեմատելի փորձառութիւնները արտայայտելու, իսկ ա՛լ աւելի կարեւոր՝ բռնակալութեան վտանգները ներկայացնելու համար: 1914 թուականին, երբ Եսայեան այդ յօդուածները կը գրէր, օսմանեան պետութիւնը Միութիւն և Յառաջադիմութիւն (İttihad ve Terakki Cemiyeti) կուսակցութեան ղեկավարութեամբ արդէն ճանաչելիօրէն բռնապետական կեցուածք որդեգրած էր: Շատեր, ովքեր վստահած էին սահմանադրական, ներկայացուցչական, հաւասար կառավարման իրենց փոխադարձ յեղափոխական իտէալներուն, այլեւս չէին հաւատար, որ անոնք կ'իրականացուէին: Անոնք կը բաղկանային ոչ միայն լուսանցքայնացուած ցեղա-դաւանական համայնքներէ, այլև, ինչպէս Եսայեան կը յիշեցնէ իր ընթերցողներուն՝ մահմետական կիներէ: Իր յօդուածները ընթերցողներու կը զգուշացնեն թէ՝ տարբերացման և ենթարկումի վրայ հիմնուած կառավարութիւնը միայն ու միայն բռնակալութեան կ'առաջնորդուի. թէ՝ բռնակալութիւնը միշտ յառաջդիմութիւնը կը խոչընդոտէ ու կը յառաջացնէ կասկած, որ, ի վերջոյ, կը յանգի ներքին հակամարտութեան: Այսպէս ուրեմն իր մռայլ զգուշացումը՝ «երբ բռնութիւն մը այնքան անիրաւ է ու բացարձակ, որ այդ բռնութեան ենթարկուած անձին ներելի կը դարձնէ առանց խտրութեան օգուտ քաղել առաջին ներկայացած առիթէն, բոլոր բարոյական հիմերը խախտուած են արդէն եւ այլեւս եթէ ամէն բան ներելի չէ, ամէն բան կարելի է»:[54] Այդ սաստկացող լարուածութեան, սարսափի և յուսահատութեան ժամանակաշրջանին տրուած յայտարարութիւնը կը ձգտի զգուշացնել կառավարող վերնախաւին, որ շարունակական բռնաճնշումները անխուսափելիօրէն կ'առաջնորդեն դէպի ընկերային անկայունութեան և քաղաքացիական անկարգութիւններու: Ան նաև պետութեան կը զգուշացնէ, թէ նման միջոցառումներ, ի վերջոյ, կը մղեն ենթարկուածները փրկութիւն փնտռելու իրենց հակառակորդներուն օգնութեամբ:

Եսայեանի դիտարկումներէն շատերը, ցաւօք, այսօր նոյնքան տեղին և ճշմարիտ են որքան մէկ դար առաջ: Մինչ Պարսկաստանի կանայք իրենց կեանքը վտանգի տակ կը դնեն՝ վերցնելու համար իրենց արժանապատուութիւնն ու ազատութիւնը խաթարող քօղերը, մինչ Թուրքիոյ կանայք կը պայքարին պահպանելու և վերականգնեցնելու իրենց դժուարութեամբ ձեռք բերուած եւ կառավարութենէն չեղեալ յայտարարուած իրաւունքները, մինչ Հայաստանի կանայք վախով կ'ապրին իրենց իսկ տուներուն մէջ բնակող տղամարդոցմէ, Եսայեանի գրութիւններու այս ժողովածուն կը յիշեցնէ՝ թէ աւելի բարձր իտէալներ իրականացնելու համար համերաշխութիւնը միշտ հնարաւոր է, նոյնիսկ ամենավիճելի սահմաններու սեմին վրայ:

ԾԱՆՕԹԱԳՐՈՒԹԻՒՆ

1. 2022 թուականին ԻՒՆԵՍԿՕ-ն (Միացեալ Ազգերու Կրթական, Գիտական եւ Մշակութային Կազմակերպութիւն, UNESCO) արեւմտահայերէնը վտանգուած լեզուներու ցանկին մէջ աւելցուց: Տես՝ https://www.theguardian.com/news/datablog/2011/apr/15/language-extinct-endangered: Վերջին երկու տասնամեակներուն բազմաթիւ հանրային և գիտական նախաձեռնութիւններ տեղի ունեցան արեւմտահայերէնի ուսուցումը խթանելու համար, մասնաւորապէս՝ Գալուստ Կիւլպէնկեան Հիմնարկութեան կողմէ ֆինանսաւորուող նախագիծերը, որուն կը պատկանի նաև այս հատորը: Շատ մը հայեր, որոնք կը փափաքին արեւմտահայերէն սորվիլ, յաճախ այդ քայլը առաջին անգամ համալսարանէն ներս կ'առնեն: Այնուամենայնիւ՝ տակաւին կան հեղինակաւոր համալսարաններ ուր կարելի է հայագիտական նիւթերու հետեւիլ, բայց որոնց լեզուի դասաւանդման միջոցները չեն համապատասխանիր իրենց ենթադրեալ նպատակներուն, օրինակ՝ երբ կը նշանակեն ոչ-հայախօս կամ/եւ անփորձ դասախօս մը իբրեւ լեզուի ուսուցիչ: Այսպիսի նշանակումները, ցաւօք, հազուադէպ չեն, երբ կը վերաբերի աւագ դասախօսներու (գրեթէ միշտ այր) անձնական շահերուն: Նմանապէս, եղած են նաև արեւմտահայերէնէ անգլերէնի թարգմանութեան պարագաներ, որոնք փաստօրէն ձեւացուած են իբրեւ այդ՝ ոչ-հայախօս թարգմանիչներու կողմէ:

2. Տես՝ Ճիլլիան Թամաքի [Jillian Tamaki], «The Turkish Novelist Elif Shafak Wants You to Read More Women», Հարցազրոյց Էլիֆ Շաֆաքի հետ, *The*

New York Times, 26 Դեկտեմբեր 2019, https://www.nytimes.com/2019/12/26/books/review/elif-shafak-by-the-book-interview.html։

3. Հայաստանի Ամերիկեան Համալսարանը Եսայեանի աշխատութիւններուն մեծ մասը հանրային ընթերցման համար օգտագործելի ըրած է իր *Digilib.com* կայքէջին վրայ: Տես՝ https://digilib.aua.am/am/ԶԱՊԵԼ%20ԵՍԱՅԵԱՆ/library/549: Թէեւ արժէքաւոր՝ այս տպագրութիւնները յաճախ շատ մը ուղղագրական և խմբագրական սխալներ կը պարունակեն և հետեւաբար անգործածելի են իբրեւ գիտական աղբիւրներ: Եսայեանի աշխատութիւններուն որոշ թուայնացուած թարգմանութիւնները նաեւ ընթեռնելի են *Scribd.com* կայքէջին վրայ:

4. Տես՝ Նանոր Գպրանեան [Nanor Kebranian], “Introduction,” *Captive Nights: From the Bosphorus to Gallipoli with Zabel Yessayan*, Խմբ. Նանոր Գպրանեան, Թրգ. Ճ. Մ. Կօշկարեան (Ֆրէզնօ՝ Գալիֆորնիոյ Նահանգային Համալսարանի Տպարան, 2022), էջ ix–xxvii։

5. Տես՝ Մարկ Նշանեան [Marc Nichanian], *Writers of Disaster: Armenian Literature in the Twentieth Century* (Լոնտոն՝ Թաւերոն, 2002)։

6. Զապէլ Եսայեան, «Կնոջ Դատին Նորագոյն Երեւոյթները», *Արագած* (Նիւ Եորք), Թիւ 1, 25 Մայիս 1911, էջ 3։

7. Եսայեան, «Կնոջ Դատին», 4։

8. Եսայեան, «Կնոջ Դատին», 3–4։ Զարմանալիօրէն Եսայեանի ամենաֆեմինիստ գրութիւններուն շատերը, այսինքն՝ այն աշխատանքները, որոնք ուղղակիօրէն և խորասուզուելով կ՚անդրադառնան ֆեմինիզմին, չեն յայտնուիր իր «ֆեմինիստական» մօտեցումները ներկայացնող թարգմանութիւններուն մէջ: Անոնցմէ մէկ նշանակալի օրինակն է 2006ին խմբագրուած *Bir Adalet Feryadı* [*Արդարութեան Կոչ Մը*] հատորը, որ կը բովանդակէ հինգ ֆեմինիստ կին հեղինակներու գործերուն Թրքերէն թարգմանութիւնները։ Այդ գիրքը պատրաստուած է 13 հոգինոց խումբէ մը՝ խմբագիրներու, թարգմանիչներու և մեկնաբաններու: Եսայեանի մասին բաժինը կը ներառնէ եօթը թարգմանութիւն, որոնք չեն արտացոլեր անոր աւելի խոր ֆեմինիստական յանձնառութիւնները կամ բոլորովին հպանցիկ են (օրինակ՝ « *Düsap ve Tovmas Terzyan* » [«Տիւսափ և Թովմաս Թէրզեան»], հատուած մը Եսայեանի 1935ին հրատարակուած ինքնակենսագրական *Սիլիհտարի Պարտէզները* գիրքէն կամ «*Meşrutiyet'ten Sonra Ermeni Kadını*» [«Հայ Կինը Սահմանադրութենէն Ետք»])։ Տես՝ *Bir Adalet Feryadı: Osmanlıdan Türkiye'ye Beş Ermeni Feminist Yazar (1862–1933)*, Խմբ. Լեռնա Էքմէքճիօղլու եւ Մէլիսա Պիլալ (Պոլիս՝ Արաս Հրատարակչատուն, 2006)։ Եսայեանի տեսաբանական, կազմակերպչական և միջազգայնական ֆեմինիստ յանձնառութիւններուն վերաբերեալ աւելի խորունկ պատկերացում տուող մի քանի չափազանց կարեւոր և տեղեկատուական

յօղուածները, մասնաւորապէս՝ «Կնոջ Հարցը», «Խաղաղութեան Համար» և «Հայ Կնոջ Դերը Իր Կազմակերպած Ընկերութեանց Մէջ» աշխատութիւնները նկատի չեն առնուած: Այս գրութիւնները կարելի է գտնել Digilib.com կայքէջին վրայ, յատկապէս այն էջերը որոնք խմբուած են «Կանանց Բաժինը» եւ «Հայրենիքին Համար» հաւաքածոներուն մէջ: Տես՝ https://digilib.aua.am/book/3752/Հայ%20կինը եւ https://digilib.aua.am/book/3705/Հայրենիքին%20Համար, "Խաղաղութեան Համար" – զոր պէտք չէ շփոթել 1911ի «Կինը Խաղաղութեան Համար» գրութեան հետ – հրատարակուած *Արեւելեան Մամուլին* (Զմիւռնիա) մէջ 1906ին: Զապէլ Եսայեան, «Խաղաղութեան Համար», *Արեւելեան Մամուլ* (Զմիւռնիա), Թիւ. 22 (1906), էջ 524–527:

9. Զապէլ Եսայեան, «Կնոջ Հարցը», *Ծաղիկ*, Թիւ 11 (550), 12 Ապրիլ 1903, էջ 125–126:

10. Եսայեան, «Խաղաղութեան», 526–527:

11. Եսայեան, «Կնոջ Հարցը», 3:

12. Զապէլ Եսայեան, «Կինը Խաղաղութեան Համար», *Արագած* (Նիւ Եորք), Թիւ 3, 8 Յունիս 1911, էջ 35–36:

13. Զապէլ Եսայեան, «Հայ Կնոջ Դերը Իր Կազմակերպած Ընկերութեանց Մէջ», *Արագած* (Նիւ Եորք), Թիւ 6, 26 Յունիս 1911, էջ 83:

14. Զապէլ Եսայեան, «Մեր Վարժուհիները», *Մասիս* (Պոլիս), Թիւ 32, 9 Օգոստոս 1903, էջ 497–498 եւ Թիւ 37, 13 Սեպտեմբեր 1903, էջ 577–580:

15. Թանէր Աքչամ [Taner Akçam], *Siyası Kültürümüzde Zulüm ve Işkence* (Պոլիս՝ Իլէթիշիմ, 1992) 300–301:

16. Ֆաթմա Միւկէ Կէօչէք [Fatma Müge Göçek], *Denial of Violence: Ottoman Past, Turkish Present, and Collective Violence against the Armenians 1789–2009* (Նիւ Եորք՝ Օքսֆորտի Համալսարանական Տպարան, 2015) 137:

17. Göçek, *Denial*, 123:

18. Սէլիմ Տէրինկիլ [Selim Deringil], «Conversion as Survival: Mass Conversions of Armenians in Anatolia, 1895–1897», *Conversion and Apostasy in the Late Ottoman Empire* (Գէյմպրիճ՝ Գէյմպրիճի Համալսարանական Տպարան, 2012) 197–239:

19. Nanor Kebranian, «Imprisoned Communities: Punishing Politics in the Late Ottoman Empire», *Ottoman-Armenians Vol. 1: Life, Culture, Society*, Խմբ. Վահէ Թաշճեան (Պէրլին՝ Յուշամատեան, 2014) 115–143:

20. Դժբախտաբար, չնայած առկայ առատ ապացոյցներուն, Օսմանեան Կայսրութեան վերջին շրջանի բանտերու պատմագրութիւնները այս փաստերը մեկնաբանած են որպէս «փաւաշոտ պատմութիւններ», որոնք հաւասար են «հիպերբոլի՝ յստակ քաղաքական օրակարգ ունեցողներու յօրինումները»: Տես՝

Քէնթ Շուլ [Kent Schull], *Prisons in the Late Ottoman Empire: Microcosms of Modernity* (Էտինպըրը՝ Էտինպըրըի Համալսարանական Տպարան, 2014) 147։ Տես նաև՝ Göçek, *Denial*, 124։ Հիմնուելով 19-րդ դարու երկու մահմետական պաշտօնեաներու յուշագրութիւններուն տուած կասկածելի պատմութիւններուն վրայ՝ Կէօչէք անճշդօրէն կ'եզրակացնէ. «Սուլթանի կառավարմանը հակառակողներուն կամ անարդարութիւններու դէմ բողոքողներուն [այսինքն՝ «յեղափոխականներուն»] *բանտերէն յետոյ յաճախ ներում կը շնորհուէր*» (շեշտը մերն է)։ Կան բազմաթիւ հակափաստեր, որոնք կը հակասեն այս մահմետական պաշտօնեաներու պատմութիւններուն և Կէօչէքին գնահատականին։ Աւելին, այս յայտարարութիւնը չի խնդրականցներ եթէ «ներում շնորհուելով» բանտարկեալները անվնաս կը մնային կամ եթէ իրենց արձակումը պետութեան հանդուրժողականութիւնը կամ մեղմութիւնը ցոյց կու տար։ Բանտարկեալներու զգալի մասը ենթարկուած էր սարսափելի զրկանքներու և խոշտանգումներու. յաճախ բանտարկութենէն անդարմանելի ֆիզիքական և հոգեկան վիրաւորանքեր կրելով դուրս կ'ելլէին։ Տես՝ Kebranian, «Imprisoned Communities»։ Տես նաեւ՝ Akçam, *Siyasi Kültürümüzde Zulüm ve Işkence*: Ըստ ակնբեւ մէկ օրինակ՝ Աքչամ կը պատմէ Մերզիֆոնի ապստամբութենէն ետք 50 հայերու ձերբակալութեան մասին։ Եօթը հատը կը դատապարտուին մահուան, բայց «միայն» հինգը մահապատիժ կը ստանան շնորհիւ Արևմտեան երկիրներու ճնշումներուն։ Պետութիւնը աւելի քան պատրաստ էր գործադրելու իր արդարադատութեան համակարգի ողջ ուժը՝ իր հայ հակառակորդները ջնջելու համար, երբ այդ գործնական և դիւանագիտականօրէն հնարաւոր ըլլար։

21. Արփիար Արփիարեան, *Պատմութիւն 19րդ Դարու Թուրքիոյ Հայոց Գրականութեան* (Գահիրէ՝ Յուսաբեր, 1944) 75։

22. Արփիարեան, *Պատմութիւն*, 75։

23. Թէոդիկ, *Տիպ ու Տառ* (Պոլիս՝ Վահրամ եւ Հրաչ Տէր Ներսէսեան, 1912) 105.

24. «Զէյթունի Ապստամբութիւն» անուանուած յայտնի այս իրադարձութիւնը նշանակալից շրջադարձային պահ էր օսմանահպատակ հայերուն համար։ Տեղական խլրտումներու պատրուակով օսմանեան բանակը յարձակեցաւ և հողի հաւասարցուց Ալապաշ հայկական գիւղը։ Ապա նոյնը փորձեց ընել Զէյթունի մէջ, ճանապարհին վրայ աւերելով հայկական կալուածները։ Մօտ 5,000 մարդէ բաղկացած անկանոն հայկական մարտական ուժը, տեղացի մահմետականներու օգնութեամբ, յաջողութեամբ պաշտպանեց Զէյթունը 40,000-հոգինոց բանակին դէմ։ Սակայն ասիկա բորբոքեց պետութեան վճռականութիւնը՝ ճզմելու Զէյթունի հայութիւնը, և տեղացիները դիմեցին դիւանագիտութեան՝ Պոլսոյ Հայ Համայնքին միջոցաւ և ֆրանսական միջամտութեան աջակցութեամբ յարձակում մը եւս կանխելու համար։ Տես՝ Լուիզ Նալպանտեան [Louise Nalbandian], *The Armenian*

Revolutionary Movement: The Development of Armenian Political Parties through the Nineteenth Century (Պէրքլի՝ Գալիֆորնիոյ Համալսարանական Տպարան, 1963) 70-74: Այս դէպքը կ'օշէք զարմանալիօրէն չի յիշեր իր *Բռնութեան Ժխտում* ուսումնասիրութեան մէջ, որ սխալմամբ կը պնդէ թէ, «Հայերուն դէմ իրականացուած բռնութեան առաջին ալիքը» տեղի ունեցած էր 1890-ականներու սկիզբը Ապտիւլհամիտ Բ.-ի կառավարման շրջանին տեղի ունեցած պատահարներու ատեն: Տես՝ Göçek, 131: Այս աշխատութիւնը Ջէյթունը առաջին անգամ կը յիշէ 1893 թուականի «ապստամբութեան» կապակցութեամբ: Երբեմն դժուար է յստակօրէն գնահատել յառաջդիմողական թուրք և/կամ օսմանագէտ պատմաբաններու մեկնաբանութիւնները օսմանահպատակ հայոց փորձառութեան մասին, ներառեալ՝ ցեղասպանութեան նիւթին շուրջ: Իմ անձնական փորձառութեանս մէջ պատահած է որ ներկայ գտնուիմ Գոլումպիա Համալսարան կազմակերպուած դասախօսութեան մը, ուր յառաջդիմողական թուրք պատմաբան մը մէկ կողմէ կարծես կ'եզրակացնէր որ հայերը ենթարկուած էին ցեղասպանութեան, բայց միւս կողմէ՝ այնուամենայնիւ կը պնդէր թէ այդ բոլորը «ձեւով մը պատահեցաւ», այսինքն՝ նախատեսուած կամ ծրագրուած չէր: Այս պնդումէն շփոթած՝ ներկայ գտնուող մի քանի մասնագէտներ առարկեցին, քանի որ ցեղասպանութեան սահմանումը որպէս հանցագործութիւն հիմնուած է ժողովուրդ մը իրենց կրօնքին, ցեղին (ethnicity/race), կամ ազգութեան պատճառաւ ամբողջութեամբ կամ մասնակիօրէն ոչնչացնելու մտադրութեան անփոխարինելի տարրին պայմանով: Տես՝ «Ցեղասպանութեան Դէմ Կանխարգելման և Պատիժի Պայմանագրութիւն» [Convention on the Prevention and Punishment of the Crime of Genocide], UN.org, այցուած 20 փետրուար 2023, https://www.un.org/en/genocide prevention/documents/atrocity-crimes/ Doc.1_Convention%20on%20the%20Prevention%20and%20Punishment%20 of%20the%20Crime%20of%20Genocide.pdf:

25. Լեո, «Մկրտիչ Պէշիկթաշլեան», Մկրտիչ Պէշիկթաշլեան, *Տաղեր* (Թիֆլիս՝ Վրաց, 1903) 22:

26. Թէոդիկ, *Տիպ*, 105:

27. Այս աշխատանքներուն անտեսումը գլխաւորաբար կը մեկնի անստակ յետազօտութիւններէ և Շուշիկ Տասնապետեանի Եսայեանին նուիրուած թերի եւ յաճախ սխալմունքներով լեցուն մատենագիտութեան վրայ աւելորդ ապաւինումէ: Տես՝ Շուշիկ Տասնապետեան [Chouchik Dasnabédian], *Zabel Essayan ou l'univers lumineux de la littérature* (Անթիլիաս՝ Տպ.Կաթողիկոսարան Մեծի Տանն Կիլիկիոյ, 1988): Մի քանի տարի առաջ գրոյցի մը ընթացքին ծանօթ հայ «ֆեմինիստ» գիտնական մը պնդեց թէ կարդացած էր Եսայեանի «բոլոր» գրածները, այսինքն՝ ինչ որ Տասնապետեան ժողուած էր: Իմ սեփական յայտնաբերումներէս մեկնած զինք փստահեցուցի, թէ այդ ցանկը

թերի է: Անկախ ատկէ, իր պնդումը պարզապէս անհիմն էր, նկատի առնելով, որ մատենագիտութեան զանազան սխալ մէջբերումները յաճախ կը յանգին բազմաթիւ փակուղիներու, անհնար դարձնելով Տասնապետեանի ցանկին վրայ իւրաքանչիւր նիւթը գտնել ու կարդալ: Այս հարցը յատկապէս կը վերաբերի Եսայեանի պարբերական հրատարակութիւններուն: Հաշուի առնելով Տասնապետեանին վրիպումները՝ յաճախ անհրաժեշտ է մանրակրկիտ արխիւային յետազօտութիւններ կատարել այդ պարբերականներուն մէջ, ճիշդ աղբիւրները գտնելու համար:

28. *Ճուտիթ Պաթլէր* [Judith Butler], *The Psychic Life of Power: Theories in Subjection* (*Սթանֆորտ՝ Սթանֆորտի Համալսարանական Տպարան*, 1997):

29. Nanor Kebranian, «Lost in Conversion: Mourning the Armenian-Turk», *Middle Eastern Literatures* 17(3) (2014), *էջ* 238–262:

30. *Ճուլիա Տուին* [Julia Duin], «Islam's 'Idealistic Version of Itself' Not Quite the Reality», *Հարցազրոյց Պաթ Եէօրի հետ*, *The Washington Times* (Washington D.C.), 30 *Հոկտեմբեր* 2002, A14, *այցուած* 17 February 2023, link.gale.com/apps/doc/A93607069/STND?u=nantecun&sid=bookmark-STND&xid=ee668b41. *The Washington Times*ը *պահպանողական օրաթերթ մըն է որուն նախկին Հարաւային Քորէացի տնօրէնը հիմնադիրն է նաեւ Միութեան Եկեղեցի կոչուած հարցայարոյց նոր քրիստոնէական կրօնական շարժումին:*

31. *Էքմէքճիօղլու այս սահմանումը կը գործածէ՝ առանց նշելու անոր աղբիւրը կամ մատնանշելու Պաթ Եէօրը իբրեւ այդ նորաբանութեան հեղինակը: Խորքին մէջ՝ կարծես այդ նորաբանութիւնը կ՚օգտագործէ իբրեւ իր սեփական յօրինումը: Տես՝ բազմաթիւ չքննարկուած և չյիշատակուած գործածութիւնները իր գիրքին մէջ՝* *Recovering Armenia: The Limits of Belonging in Post-Genocide Turkey* (*Սթանֆորտ՝ Սթանֆորտի Համալսարանական Տպարան*, 2016) 42, 166–168, 172, 178, 195:

32. *Տես՝ Անտրու Պրաուն* [Andrew Brown], «The myth of Eurabia: how a far-right conspiracy theory went mainstream"», *The Guardian*, 16 *Օգոստոս* 2019, https://www.theguardian.com/world/2019/aug/16/the-myth-of-eurabia-how-a-far-right-conspiracy-theory-went-mainstream, *այցուած* 17 *Փետրուար* 2023:

33. *Այսպիսի թերութիւններ նշած եմ Մարկ Նշանեանի* *Le Roman de la Catastrophe: Entre l'art et le témoignage* (*Ժընեւ՝ Մէթիսփրէս*, 2008) *Յակոբ Օշականին նուիրուած ուսումնասիրութիւններուն մէջ: Տես՝* Kebranian, «Mourning»: *Գրիգոր Պըլտեան այս հարցին կը մօտենայ իր Իրապաշտ նորավէպերու նուիրուած՝ «Նորավէպը եւ Գերութիւնը» փորձագրութեան մէջ, սակայն չափազանց նեղ մեկնաբանութեամբ եւ նուազագոյն չափով արծարծելով այդ գրականութեան ծնունդ տուող ընդհանուր աշխարհը: Տես՝ Գրիգոր Պըլտեան,*

«Նորավէպը եւ Գերութիւնը», *Մարտ* (Անթիլիաս՝ Տպ.Կաթողիկոսարան Մեծի Տանն Կիլիկիոյ, 1997) 70-73։

34. Հայ պատմագրութիւնը վտանգաւոր ճամբով կ'ուղղուի երբ չի գնահատեր լեզուական հմտութեան կեդրոնական պայմանը յարմար գիտական աշխատանք տանելու համար: Հայերէն չգիտցող մասնագէտներ նշանաւոր համալսարաններու հայոց պատմութեան դասախօս նշանակելը գիտական ոլորտը կ'այլանդակէ պարզապէս: Հայ պատմագրութիւնը նաև կը տուժէ պատմութիւններէ որոնք անբաւարար արխիւային յետազօտութիւններով կը պատրաստուին կամ կը քօղարկուին որպէս բան մը որ չեն: Արդեօ՞ք պատմութիւն մը որ կասկածելիօրէն ֆեմինիստ խմբագիրի մը (Հայկանուշ Մառք) մէկ պարբերականին վրայ հիմնուելով գրուած է, իսկապէս Օսմանեան կայսրութեան/Թուրքիոյ մէջ յետ-ցեղասպանական հայերու պատմութիւնը կարելի է սեպել: Ըստ երեւոյթին՝ ես առաջինը չեմ որ այս հարցումը ուղղէ: Տես՝ Նազան Մաքսուտեան [Nazan Maksudyan], «Review of Lerna Ekmekçioğlu, *Recovering Armenia: The Limits of Belonging in Post-Genocide Turkey*», *New Perspectives on Turkey* 55 (2014), էջ 136-140։ Մարդ իսկապէս կը չփոթի խորհելով թէ ինչպիսի՛ մասնագիտական վերաքննութեան կը դիմեն այսօրուայ համբաւաւոր համալսարանական տպարաններու խմբագիրները երբ օսմանահպատակ հայոց պատմութիւններ կը հրատարակեն: Ինչ կը վերաբերի Հայկանուշ Մառքին, տես՝ Վահէ Թաչճեանի իրազեկ գնահատականը անոր կասկածելի ֆեմինիզմին մասին. Վահէ Թաչճեան [Vahé Tachjian], «Mixed Marriage, Prostitution, Survival: Reintegrating Armenian Women into Post-Ottoman Cities», *Women and the City, Women in the City: A Gendered Perspective on Ottoman Urban History*, Խմբ. Նազան Մաքսուտեան (Նիւ Եորք՝ Պէրկհան, 2014) 94 եւ թիւ 20 էջատակի ծանօթութիւնը՝ առընչուած էքմէքճիօղլուի մոլորեցնող հակաշրջումին Մառքին ցեղապաշտ եւ հակաֆեմինիստ յայտարարութիւնները ներկայացնելու իբրեւ հակառակ փաստը այդ ըսուածներուն: Շարունակաբար ցեղապաշտ Մառքը Եսայեանին համար անգամ մը ակնարկած է թէ «քիչ մը հրէական սակարկութիւն» փորձած է երբ խնդրած է վճարուիլ Մառքէն պատուիրուած նոր հիմնուած Ծաղիկ պարբերականին մէջ հրատարակուելիք գրութեան մը համար։ Մառք գրած է. «Ինչ որ չսիրեցի այդ օրը Զ. Եսայեանին մօտ, քիչ մը հրէական այն սակարկութիւնը եղաւ, յօդուածագին վճարելու մասին, հանդէպ կնոջական թերթի մը որ կը հիմնուէր անդրամագլուխ, եւ խէալի մը համար։» Տես՝ Հասմիկ Խալափյան [Hasmig Khalapyan], «Armenian Women's Writing in the Ottoman Empire, Late 19th to Early 20th Centuries», EVN Report, 12 Մարտ 2019, https://evnreport.com/raw-unfiltered/armenian-womens-writing-in-the-ottoman-empire-late-19th-to-early-20th-centuries/, այցուած 28 Փետրուար 2023։ Ինչպէս

խալափյան կը մեկնաբանէ՝ «Այս խօսքերը, գալով Մաուքէն՝ կին մը որ ամենաերկար տարիները անցուցած է լրագրութեան ասպարէզին մէջ, ընթերցողին այդ տպաւորութիւնը կու տան թէ Մաուքն ինք տարիներ շարունակ միայն խոհալներու համար աշխատած է»: Վերջերս Վարդուհի Քալանթար Նալպանտեանը նոյնպէս անհարկի ուշադրութեան արժանացած է որպէս նշանաւոր հայ կին, չնայած իր նմանատիպ ցեղապաշտական արտայայտութիւններուն: Այս իրողութիւնը իմ ուշադրութեանս հասաւ փէնսիլվէնիա Համալսարանի տոքթորայի թեկնածու Տիաննա Քաչոյեան-Շանցի զեկոյցին ժամանակ – «Cerberus’s Many Heads: Ethnoreligious Entanglements and Uncommon Kinships on the Women’s Block of Constantinople’s Central Prison» -, որ ներկայացուեցաւ Պոլոնիայի մէջ 2022 թուականին Կրօնքներու Եւրոպական Ակադեմիայի գիտաժողովին իմ կազմակերպած նիստին ընթացքին՝ «Comparative Perspectives on Forced Displacement, Religion, and Communal Reconstruction among Minorities of the Middle East (20th–21st Centuries)»: Պոլսոյ Արաս Հրատարակչատունը հրատարակած է Քալանթարի բանտային յուշագրութիւնը՝ «Կեդրոնական Բանտի Կիներուն Բաժինը» (2022), որ լի է բազմաթիւ ցեղապաշտ պնդատիպերով և հակաֆեմինիստական յայտարարութիւններով: Աւելին՝ էքմէքճիօղլու Քալանթարին նուիրուած իր գիրքին հրապարակային դասախօսութեան ծանուցման մէջ – որ ենթադրաբար մասամբ ինք անձամբ գրած էր – անճշգօրէն յայտարարած է թէ այս յուշագրութիւնը «օսմանեան բանտարկեալի մը միակ ծանօթ առաջին դէմքով գրուած պատումն է»: Տես՝ ծանուցումը այդ զեկոյցին որ կազմակերպած էր Հայագիտութեան եւ Յետազօտութեան Ազգային Ընկերակցութիւնը [National Association of Armenian Studies and Research] եւ որ առցանց տեղի ունեցաւ 22 Սեպտեմբեր 2021ին հետեւեալ անուանումով՝ «The Political Mademoiselle of the Women’s Ward: Vartouhi Calantar-Nalbandian at Istanbul’s Central Prison (1915–18)», https://naasr.org/blogs/events-1/the-political-mademoiselle-of-the-women-s-ward-vartouhie-calantar-nalbandian-at-istanbul-s-central-prison-1915-18-wednesday-september-22-2021-on-zoom-youtube, այցուած 17 փետրուար 2023: Գիրքի յառաջաբանին մէջ էքմէքճիօղլու նաեւ անճշգօրէն կը յայտարարէ, թէ՝ «Օսմնաեան բանտերու մասին մեզի ծանօթ բոլոր գրութիւնները ընդհանրապէս մեզի հասած են պաշտօնեաներու կամ արտաքին դիտորդներու կողմէ»: Տես՝ Քալանթար, *Կեդրոնական*, 9: Ան նոյնպէս անճշգօրէն կը յայտարարէ թէ Միսաք Գոչունեանի (1863–1913) *Կրակին Մէջէն Վէպը* (Երեւան՝ Տիգրան Մեծ, 2010) իր *յուշագրութիւնն* է: Տես՝ Քալանթար, *Կեդրոնական*, էջատակի ծանօթութիւն 7: Նոյն էջին վրայ, ան կը յայտարարէ թէ ինք գտած է նշանաւոր բանաստեղծ՝ Վահան Թէքէեանի բանտային յուշագրութիւնը ուր կ’երեւի, թէ ան 1902ին բանտարկուած է: Անճշգօրէն կը գրէ թէ բանաստեղծը երկու ամսուայ բանտարկութիւն տարած է, թէեւ յուշագրութիւնը յստակօրէն կը նշէ երկու շաբթուայ փորձառութիւն մը: Տես՝ Վահան Թէքէեան, «Բանտեղբայրները (Յիշատակներ)», Շիրակ (Պոլիս), 1 Օգոստոս 1909, Թիւ 21, էջ 528: Խորքին մէջ՝ այս գրութիւնը ըստ երեւոյթին Սեւան Տէյիրմէնճեան ինք առաջին անգամ հրապարակաւ արծարծած է: Տես՝ Սեւան Տէյիրմէնճեան, «Բանտեղբայրութիւն», Հետք, 20 Յունուար 2017, https://hetq.am/hy/article/74868, այցուած 8 Սեպտեմբեր 2025: Պէտք է ճշդել նաեւ թէ այս գրութիւնը Թէքէեանի առաջին եւ միակ բանտային յուշագրութիւնը չէ: Անկէ մի քանի ամիս առաջ հրատարակած է «Տեսթանը (Բանտի Յիշատակներ)»: Տես՝ Վահան Թէքէեան, «Տեսթանը (Բանտի Յիշատակներ)», 21 Փետրուար 1909, Թիւ 3, էջ 49–56: Ամենակարեւորը՝ էքմէքճիօղլուի յայտարարութիւնները օսմանահպատակ հայերու բանտային յուշագրութիւններու պակասաւորութեան մասին կամ դիտումնաւոր զանցառութիւն է կամ ալ պատկառելի վրիպում մը: Հայկական պատմագրութիւնը լայնօրէն պիտի օգտուէր երբ զայն կիրառողները հաւատարիմ մնային ակադեմական ուղղամտութեան ամենահիմնական սկզբունքներուն՝ պատրաստելով ճշմարտասէր, անկեղծ, հարազատ, լաւ հիմնաւորուած եւ արդար գիտական աշխատութիւններ: Հակասելով էքմէքճիօղլուի անհիմն յայտարարութիւններուն՝ Օգսֆորտի Համալսարանը իմ պատրաստած տոքթորայի աւարտաճառս (2010) կը յայտնաբերէ բազմաթիւ օսմանահպատակ հայերու յուշագրութիւնները որոնք հրատարակուած են թէ՛ պարբերաթերթերու մէջ, և թէ՛ իբրեւ զատ հատորներ, որոնց կողքին նաեւ լոյսի կը բերէ կարեւոր գրական աշխատութիւններ – ներառեալ Սմբատ Բիւրատի Բանտէ Բանտ պատմական վէպը-, որ մինչեւ իմ վերայայտնելս գրեթէ բոլորովին մոռցուած էր հակառակ իր ատենօք լայնատարած ժողովրդականութեան: Աւարտաճառս նաեւ այդ աշխատութիւններուն փոխանցման եւ արծարծումներու ծննդաբանութիւնը կը ներկայացնէ: Իմ յետագայ յետազօտութիւններս այս նախապէս չուսումնասիրուած պատմագրութեան մարզին մէջ բոլորովին անճանաչ ուրիշ յուշագրութիւններ ալ մէջտեղ հանած են օսմանահպատակ հայերու քաղաքական բանտարկութիւններու նուիրուած գիրքի պատրաստութեանս ընթացքին: Տես՝ իմ այլ բացայայտումներս եւ արծարծումներս հետեւեալ աշխատութիւններուն մէջ. նախապէս ծանօթագրուած գլուխը՝ «Imprisoned Communities», «Beyond ‘the Armenian’: Literature, Revolution, Ideology and Hagop Oshagan’s *Haji Murat*», *Journal of the Society for Armenian Studies* 19(2), 2010, էջ 117–146 յօդուածը, եւ իմ ներածութիւնս Յակոբ Օշականի Մնացորդաց վէպին թարգմանութեան համար՝ Յակոբ Օշական [Hagop Oshagan], *Remnants*, Թրգ. Ճ. Մ. Կօչկարեան (Լոնտոն՝ Կոմիտաս Հիմնարկ, 2013):

35. Պատահած է որ Գոլումպիա Համալսարան բաժանմունքային լսարանի մը ներկայ գտնուիմ ուր Միջին Արեւելքի մասնագէտ երեք պատմաբան մը իր աշխատանքը կը ներկայացնէր ակնարկելով մահմետական պետութեան մը մէջ «կաշառք»ի օգտագործութիւնը: Այդ բառը կը թարգմանէր տեղացի արաբ մահմետականի մը գործած սահմանումէն: Մահմետականութեան մասին յայտնի մասնագէտ մը որ ներկայ էր, կը պնդէր թէ այդ սահմանումը անգլերէնի մէջ իր համազօրը չունէր եւ թէ կաշառքը ընկերային գործառնութիւններու մէջ ընդունուած բան մըն էր նշուած շրջապատին մէջ: Երբ այս առարկութիւնը տրամաբանօրէն հակադրեց զեկուցող պատմաբանը, բացատրելով թէ տեղացի արաբ հակամենատիրական մահմետական արաբը «կաշառք» բառը կը գործածէր իր ընդհանուր հակամարտական հակաճառութեան մէջ, մահմետականութեան մասնագէտը ձայնը բարձրացուց եւ պոռաց՝ «ես գրեթէ սպաննուեցայ»: Այս գերզգացական մէջբերումը ըստ երեւոյթին կ'առնչուէր իր անձնական հալածանքին իբրեւ արաբ մահմետական: Բնականաբար, այս պոռթկումը լռութեան մատնեց հաւաքական զրոյցը: Իսկ ներկաներս ստիպուեցանք անհատաբար եզրակացնել թէ մահմետական ընկերութիւններու մէջ «կաշառք» ըսուածը գոյութիւն ունի թէ ոչ:

36. Էտուարտ Ու. Սայիտ [Edward W. Saïd], *Culture and Imperialism* (Նիւ Եորք՝ Վինդէճ, 1994) xxii:

37. Յատկապէս հետեւեալ տողին մէջ. «Միթէ հա՞յ եմ՝ մինչդեռ չես իմս Հայաստա՛ն»: Պետրոս Դուրեան, *Քերթուածներ* (Պէյրութ՝ Հրազդան, 1926) 28:

38. Դուրեան, *Քերթուածներ*, 21–22:

39. Զարմանալիօրէն Պըլտեան կը մատնանշէ «Գաղթականները» եւ «Յասմիկները» որպէս կապակից պատմուածքներ, բայց ոչ հոս յիշուած աւելի ուղղակիօրէն կապակցութիւն ունեցողները: Տես՝ Պըլտեան, *Մարտ*, 168:

40. Մարկ Նշանեան, «Catastrophic Mourning», *Loss: The Politics of Mourning*, Խմբ. Տէյվիտ Լ. Էնկ եւ Տէյվիտ Գազանճեան (Պէրքլի՝ Գալիֆորնիոյ Համալսարանական Տպարան, 2003) 107:

41. Գրիգոր Պըլտեան, «Զապէլ Եսայեան Աւերակներուն Մէջ», *Մարտ* (Անթիլիաս՝ Տպ.Կաթողիկոսարան Մեծի Տանն Կիլիկիոյ) 167–193: Պըլտեանի ուսումնասիրութիւնը Եսայեանի ժամանակագրութեան առաջին լուրջ քննարկումն է, թէեւ գրեթէ երբեք չի ծանօթագրուիր: Իրմէ ետք եկող բոլոր ընթերցումները, ներառեալ Նշանեանինը, իրենց շատ մը եզրակացութիւնները այդ փորձագրութեան կը պարտին, նոյնիսկ ուր այդ պարագան պատշաճօրէն չի բացայայտուիր:

42. Նշանեան, «Catastrophic», 101:

43. Նշանեան, «Catastrophic», 101:

44. Զապէլ Եսայեան, *Աւերակներուն Մէջ* (Պոլիս՝ Արաս Հրատարակչատուն, 2010) 36։

45. Եսայեան, *Աւերակ*, 36–37։

46. Նշանեան, «Catastrophic», 105։

47. Եսայեան, *Աւերակ*, 34։

48. Եսայեան, *Աւերակ*, 34։

49. Եսայեան, *Աւերակ*, 34։

50. Նշանեան, «Catastrophic», 105։

51. Բառը գլխագրուած է, կ'առնչուի "Արիական" ցեղին։ Փոքրագիր "արիական" կը նշանակէ, քաջ, հերոսական։

52. Ճենկիզ Աքթար [Cenkiz Aktar], «Confronting Past Violence with More Violence», *Ahval*, 31 Դեկտեմբեր 2017, https://ahvalnews.com/armenians/confronting-past-violence-more-violence#, այցուած 20 Փետրուար 2023։

53. Լէոն Քէչեան [Léon Kétcheyan], «Zabel Essayan (1878–1943): sa vie et on temps. Traduction annotée de l'autobiographie et de la correspondence», *Տոքթորայի Աւարտաճառ*, 30 *Մարտ*, 2002, École Pratique des Hautes Études (Փարիզ) 66։

54. Եսայեան, «Թուրք Կնոջ Ազատագրութեան Հարցը», *Ազատամարտ* օրաթերթ (Պոլիս), Յունիս 18/31 1914, Թիւ 1418, էջ 1։

Զապէլ Եսայեան՝ Սեմին Վրայ

Բանալի Գրութիւններ Օսմանահպատակ

Հայ եւ Թուրք Կեանքէ

Խաշմաքը

(Արեւելքի կեանքէ)

– «Այո՛, քեզի կը սիրեմ, քու երկրիդ ամենէն աղուո՛ր աղջիկը, քեզի կը սիրեմ, ու սիրտս ափ մը ածուխի պէս կը մխայ. իմ տիրոջս ընտրա՛ծը, դուն իմ հոգւոյս տիրեցիր, ա՛լ անղեկ նաւու մը կը նմանիմ՝ ընդարձակ ծովու մը մէջ լքուած. անթեւ թռչունի մը պէս եմ որ թռչիլ կ'ուզէ ու տենչանքը կը խեղդուի մէջս…»

– «Քեզի կը սիրեմ, անոր համար գողցայ *խաշմաքդ*:»

Ներքինին ճերմակ շղարշ մը սեղմեց կուրծքին վրայ եւ յետոյ աչքերուն տարաւ, բայց անոնք չոր մնացին՝ լալու փափաքէն ծանրաբեռն, ընկճուած, կարմիր ֆէսը հանեց գլխէն եւ երեսը ծածկեց հողին վրայ ու այդպէս քանի մը րոպէ մնաց մտքէն երգելով իր սրտին քերթուածը.

– «Ինչպէս թիթեռնիկ մը ծաղկանոցը կ'իյնայ, այնպէս դուն եկար տիրոջս տունը: Քու երկայն խորունկ աչքերդ օր մը չժպտեցան, ու աշնան ծաղկի մը պէս շրթունքդ զուարթ երգ մը չերգեցին. ինչո՞ւ թարթիչներդ միշտ խոնաւ են, ինչո՞ւ այն հեւքի նմանող հառաչանքներդ որ թանկագին մարգրիտներու պէս քաղեցի ամէն քայլիս քու բնակարանիդ մէջ: Բայց դուն տառապանքին մէջ աւելի գեղեցիկ ես, ու անոր համար քեզի սիրեցի: Երբ գիշերները ձայնդ մարի ու սրահներուն մէջ մինակ բուրմունքդ մնայ, երբ բազմոցներուն վրայէն ծաղկի պէս մարմինդ աներեւութանայ, ա՛լ մինակս չպիտի ըլլամ. քու *խամչաքդ* սրտիս վրայ՝ քեզի պիտի խորհիմ, ու անոր վրայ քու պաշտելի գլխուդ հետքը պիտի փնտռեմ:»

Ներքինին տաժանագին ջանքով մը գլուխը բարձրացուց: Ջամլըճան իր հսկայ շուքը կը տարածէր արեւէն խանձուած մարգագետնին վրայ որ՝ ստուերով ողողուած՝ կապտորակ գոյներ կ'առնէր. կարմիր հողը՝ տեղ տեղ ժայռի պէս պրկուած՝ պիտի պայթէր կարծես: Դիմացը, մեծ ճամբան գալարուելով կ'երկննար ու հետզհետէ կը կորսուէր. բզէզները կարծես մէկէն անդամալուծուած կեցած էին օդին մէջ: Հեռաւոր անցորդները կը դեղեւէին եւ արեւէն գինով կը թուէին:

Սեւ ածուխի պէս աչքերուն մէջ խեղդելով իր բոլոր հրայրքը, ներքինին յանկարծ կանգնեցաւ չիփ-չիտակ։ Մորթը մետաղի պէս կը փայլէր, նայուածքը կապտորակ բոցի մը նման դուրս կը խուժէր աչքերէն. լայն մանիշակագոյն շրթունքները՝ արիւնով բեռնաւորուած՝ կ'իյնային դունչին վրայ, եւ տափակ ռնգունքները աւելի կը տարածուէին. սեւ երկայն մատները, որ չոր ոստերու կը նմանէին, ջղաձգօրէն մազերուն տարաւ, յետոյ երկայն նուրբ հասակը ցցելով օդին մէջ՝ մեկնեցաւ ծանր ծանր քալելով։

Վերջալոյսը իր ոսկեգոյն ճառագայթները կը հեղեղէր. խիտ վանդակին մէջէն ճաճանչները կ'իյնային վարդագոյն սնդուսէ բազմոցներուն վրայ եւ կը տժգունէին հետզհետէ։ Գետինը, գորգերը, ծաղկած մարգագետիններու պէս իրենց ուժով գոյները կը նշուլէին, եւ անկիւնը՝ մեծ մանիշակագոյն անօթներու մէջ, թանկագին բոյսեր իրենց շնորհալի տերեւները կը տարածէին։

Սայիտ Պէյ նստած էր բազմոցին անկիւնը. մետաքսեայ դեղին էնթարին ուսերէն մինչեւ գետինը կ'իյնար՝ երկար ծալքեր շինելով, եւ լայն թեզանիքները վար կը կախուէին բազուկէն, արդէն բեռնաւորուած՝ համրիչին խոշոր սաթերէն. կռնակը կրթնցուցած ոսկեթել բանուածքով բարձերու, երբեմն դանդաղ շարժումով մը նարկիլէին սաթը կը տանէր շրթունքին, եւ ներդաշնակ, խղդուկ կլկլուք մը եւ *թեմպեքի*ին բուրմունքը սենեակը կը լեցնէին։

Դիմացը վագրի մորթի մը վրայ ընկողմանած էր Ջեքիա հանըմը. երկայն սեւ աչքերը ողողուած էին տխրութեամբ, շրթունքը տժգոյն եւ լռիկ, գլուխը կրթնցուցած էր բարձին, ու սեփ սեւ մազերը կ'իյնային՝ ճկուն ուսերուն վրայ գալարուելով. ադամանդէ աստղ մը ճակտին վրայ կը բռնէր խոպոպիքները, եւ ուսերը կը կքէին կարծես մարգարտի շարքերէն որոնք վզէն մինչեւ կուրծքը կ'իջնէին. պզտիկ ոտքերը ճերմակ հագուստին տակէն դուրս կ'ելլէին՝ հազիւ մատներուն ծայրէն բռնելով դեղին սնդուսէ փապուճները, եւ ծիրանեգոյն եղունգներով ձեռքերը կողն ի վար կ'իյնային՝ մատնիներով եւ ապարանջաններով ծանրացած։

Սայիտ Պէյ երբեմն կը խօսէր անոր.

– «Աղուո՛ր աղջիկ, երգէ՛ ինծի քու երգերուդ ամենէն անուշը. քու ձայնդ լսելով դրախտի թռչունները նախանձէ պիտի մեռնէին եւ ամենէն հպարտ ծաղիկները պիտի սիրահարուէին. երգէ՛ քու երկրիդ ամենէն քաղցր եղանակը:»

Ու սենեակին ծանր մթնոլորտին մէջ կը բարձրանար նուրբ ձայնը ողբի մը պէս.

– «Տարօրինակ ցաւ մը զիս կը տանջէ…»

Եղանակը կ՛երկննար հետզհետէ, աւելի ծանրացնելով միջոցը ու կը մարէր ցաւագին ոստիւնով մը յանկերգին մէջ.

– «Ամէն օր ինծի վիշտ մը կ՛աւելցնէ…»

Եւ Սայիտ Պէյ, խռոված, կ՛ըսէր անոր,

– «Օրհնեալ ըլլայ այն արեւը որ քու առաջին օրդ տեսաւ, օրհնեալ ըլլայ այն կաթը որ քու աղայութիւնդ սնուց… ըսէ՛ ինծի, Ջեքիա, ինչո՞ւ ժպտիլ չես գիտեր: Բայց ինծի համար աւելի հաճելի են քու նուաղկոտ շարժումներդ որ հովէն օրօրուող վարդի թփի մը տատանումներուն կը նմանին. ո՞ւր է *խաչմաքդ*՝ գնա դի՛ր անիկա ճակտիդ վրայ, ծածկէ դէմքդ այն շղարշով որ Հնդկաստանի պարիկները քեզի համար հիւսած են եւ որ կը վայլէ քեզի ինչպէս ճերմակ ամպ մը լուսնին…»

Սայիտ Պէյ րոպէ մը լռեց. բայց մէկէն հեշտագին ժպիտ մը կարմրցուց շրթունքը.

– «Գնա՛, պաշտելի աղջիկ, ծածկէ՛ այն *խաչմաքով* ճակատդ, ու իբր թէ պիտի մեկնէիր՝ թռչիլ ուզող թիթեռնիկի մը պէս, հագի՛ր մանիշակագոյն ֆէրաճէդ ու եկո՛ւր… ու ես քեզի արգիլեմ ինչպէս թռչուն մը որ վանդակէն փախչիլ ուզէր… թեւերուս մէջ բանտարկեմ հովի պէս թեթեւ մարմինդ, բայց մանաւանդ մի՛ մոռնար *խաչմաքդ*:»

Անշարժ, գլուխը ուսին հակած, Ջեքիա պատասխանեց մեղմօրէն.

– «Տէ՛ր, քու տենչանքներդ նուիրական են ինծի համար, բայց անկարելի է ուզածդ կատարել, *խաչմաքս* կորսնցուցի:»

Սայիտ Պէյ չէր լսեր զինքը.

– «Այն *խաչմաքդ* որ զեփիւռի պէս թեթեւ է ճակտիդ վրայ եւ Հնդկաստանի պարիկներ քեզի համար հիւսեցին…»

Ներքինին, քէօշքին առաջը, մութին մէջ մինակը կեցած, կը խոկար: Տենդը կը տարածուէր յամրօրէն ամբողջ մարմնոյն մէջ, եւ հոգին՝ գորովանքէ այրի՝ կը հատնէր, կը տարտամէր գիշերին մէջ. անբացատրելի ուժ մը ամբողջ արիւնը փոթորկած էր, եւ ամբողջ էութիւնը կարօտով մը կը տանջուէր. հեռաւոր խուսափող հորիզոնի մը կարօտը, ամբողջ խռովքի եւ յոյզի աշխարհ մը զոր չէր ճանչցած բնաւ եւ որ սակայն զինքը կը վրդովէր յիմարաբար:

– «Ո՞վ Մթութիւն, ցաւերու եւ հիւծմունքներու Դեսպա՛նը, տարօրինակ տենդ մը հոգիս կը հրդեհէ, քեզի պէս արշալոյսին կը սպասեմ, բայց ան չի գար երբեք ինծի համար. իմ ճակատս միշտ սեւ պիտի մնայ, ըսէ՛ ասիկա իմ պաշտելիիս: Թո՛ղ անոր քալած տեղերը խոնաւ ըլլան արցունքներէս, թող սիրտս ողջակէզի մը պէս մոխրանայ անոր համար:»

Դիմացը, նեղուցէն անդին, լոյսերով ողողուած քաղաքը կը տարածուէր գիշերին մէջ, հեշտանքի եւ զինովութեան մթնոլորտով մը վարագուրուած: Հովը կ՚անցնէր իր վրայէն, համբոյրներու արձագանգը եւ սիրող սրտերու հառաչը բերելով իրեն: Շուրջը էակներ ընդնշմարել կը կարծէր ինչպէս երազի մէջ եւ որոնք կը մերժէին մարմնանալ զառանցանքէն յամառ աչքերուն: Անտաւոր վրդովմունք մը զինքը կը ցնցէր, եւ անդամներուն մէջ պրկումներ կը զգար որոնք հասակը կ՚երկնցնէին գերեզմանոցի նոճիի մը պէս. սեւ մորթին գիծը կը կորսուէր իրմէ բղխող ստուերին մէջ. զգայութիւնը կ՚ունենար մէկու մը զոր կեանքին եզերքը բերած եւ հոն մոռցած են. անօգուտ պաղատանքի մը մէջ որ ամբողջ հիւանդագին էութենէն կ՚արձակուէր, պարապին մէջ կ՚երկնցնէր ձեռքերը որոնց միշտ պիտի մերժուէր օգնութիւնը: Սակայն կեանքը կը բղխէր իր շուրջը իր բոլոր հրապոյրներով եւ յոյզերով, անիկա կը բարձրանար երբեմն մինչեւ իր շրթունքը, զինքը խեղդելով իր ջերմագին գրկումին մէջ, բայց ծարաւ հոգին անկէ կաթիլ մը չէր ընդունէր:

Խոնաւ թարթիչները կը փակուէին՝ ծանրացած, դագաղի կափարիչներու պէս, որոնց ետին հոգին կը կմախանար, եւ կը թուէր իրեն որ ինքը գոյութիւն չունի, ստուերի մը նման. ու ամբողջ էութեանը մէջ միայն արցունքի երկու պաղ կաթիլներ կը զգար որոնք գամերու պէս կը մխուէին այտերուն մէջ:

Քէօշքին մէջ ամէնքը քնացած էին երբ ներքինին մտաւ հոն. անգիտակից՝ գնաց մինչեւ տիրուհւոյն սենեակը եւ դրանը ետին կծկտեցաւ սեմին վրայ:

Սալիհ Պէյ բացակայ էր, եւ Զեքիա, իր ննջասենեակը՝ գլուխը թաղած բարձերուն մէջ՝ կ՚երազէր. երբեմն սարսուռ մը ամբողջ մարմինը կը ցնցէր, ու պզտիկ գլուխը րոպէ մը բարձրացնելով, շուրջը կը նայէր անհանգստութեամբ. դրանը ետեւէն հեծմունքի ձայներ կու գային իրեն:

Քունը խանգարուած՝ ոտքի ելաւ:

– «Ո՞վ է դրան առաջքը», հարցուց անձկանօք:

– «Մութն է որ կուլայ դրանդ առաջքը», մրմնջեց ներքինին. «դուն՝ լոյսով լեցուն՝ կ՚արհամարհես զայն, բայց մութին մէջ փոթորիկ կայ…»

Ջեքիա խեղդուկ շշուկ մը եւ մէկու մը հեռանալը միայն լսեց:

Սայիտ Պէյ տեղեկացաւ վերջապէս ներքինիին տարօրինակ գաղտնիքին, ու խելացնոր, նախանձէն տժգոյն, ամենէն սարսափելի պատիժներուն խորհեցաւ: Երբ ներքինիին կուրծքին վրայէն գտան Ջեքիայի կորսնցուցած *խաշմաքը*, Սայիտ Պէյ՝ ա՛լ աւելի անգութ՝ հրամայեց որ անով խեղդեն յանցաւորը:

Եւ անցորդները երեք օր տեսան սեւ մարդուն դիակը կախաղանին վրայ, աչքերը դուրս ցայտած, մորթը ճեղքրտուած՝ դէմքին վրայէն: Ու երեք օր *խաշմաքը*, այն *խաշմաքը* որ այնքան ատեն անոր արցունքներն ընդունած էր եւ որու ծալքերուն վրայ թափուած էին կարօտագին եւ տենդոտ համբոյրները, վզին շուրջը մնաց, զինքը խեղդելէ ետքը, ճակատագրական կապի մը պէս:

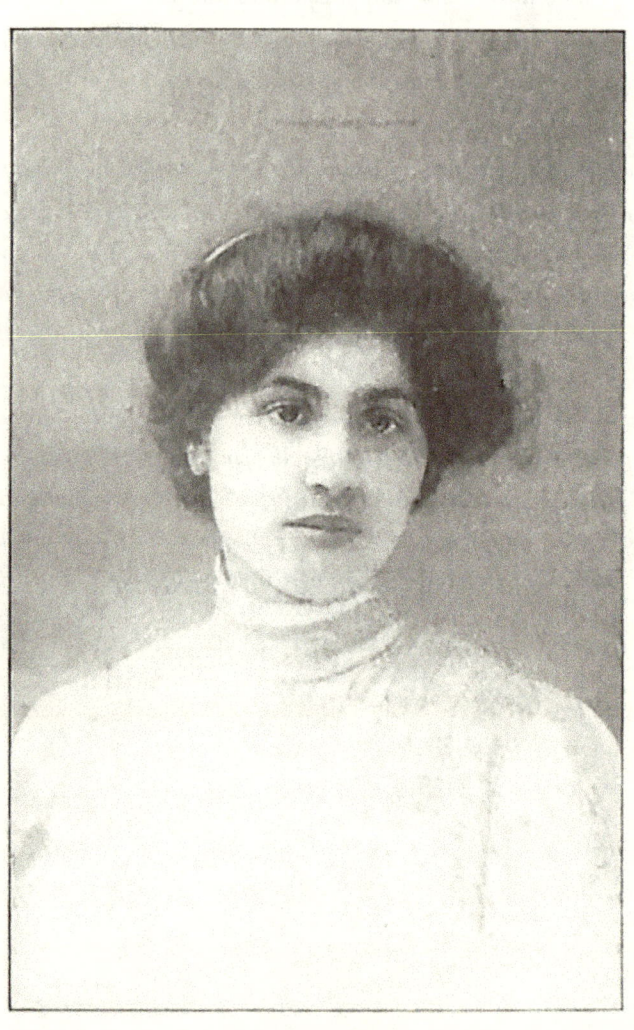

Տիկին ԶԱՊԷԼ ԵՍԱՅԵԱՆ

Իր Աւելութիւնը

Ինչո՞ւ այդ մարդը զիս կ'ատէր, ալ ինչո՞ւ… ահաւասիկ երկու ամիս անցաւ այն ահռելի օրէն ի վեր եւ իմ ամենաասատիկ տենդերուս մէջ՝ ինչպէս ապաքինման երկար միջոցին, ամէնքն ինծի կը հարցնէին եւ կը պնդէին նոյն բանը… իբր թէ ես գիտնայի, իբր թէ կարենայի բացատրել թէ ինչո՞ւ, ինչո՞ւ այդ մարդը զիս կ'ատէր։

Ինչո՞ւ… սրտիս խորէն եւ վրդովուած հոգւոյս խորէն ալ ես ինքզինքիս կը հարցնեմ նոյն բանը. ի՞նչ բանով եւ ինչո՞վ ես կրնայի մարդու մը ատելութիւնը գրգռել այդ աստիճան, մարդու մը զոր հազիւ թէ կը ճանչնայի եւ որ ոչ մէկ կերպով չէր կրնար իմ գոյութեանս թշնամին ըլլալ։

Առաջին անգամ իրեն հանդիպած էի բարեկամուհիի մը տունը. բարձրահասակ մարդ մըն էր, շատ թուխ եւ լռակեաց. երբ բարեկամուհիս զիս իրեն ներկայացուց, գլխով երկայն խոնարհութիւն մը ըրաւ եւ երբ ժպտաղէմ ձեռքս կ'երկնցնէի իրեն, աչքերս իր աչքերուն հանդիպեցան, անոր սեւ անողոք դաժան աչքերուն։ Այդ վայրկեանին զգացի որ այդ մարդը զիս կ'ատէր։

Ինչո՞ւ… կարելի՞ է ըսել. կը ճանչնա՞ր զիս արդէն, թէ իմ անձս իր մէջ տաժանելի եւ քնացած կիրք մը արթնցուց… մէկո՞ւ մը կը նմանէի որ զինքը տանջած էր երկարօրէն, որ իր եղերական հասակը գալարած էր ցաւի տագնապներուն մէջ, որովհետեւ յայտնի՝ արցունքի խորշոմներ կային բերանն ի վար, քունքերուն վրայ, որովհետեւ իր ճակատը գրեթէ ճմռթկած էր հոգերու փոթթուումներով եւ իր անձը ամբողջովին, լռակեաց, դաժան եւ տխուր՝ անհանգստող եւ տարամերժ բան մը ունէր ամէնուն համար։

Բոլոր ասոնք կը յիշեմ հիմա, որոշ եւ մեկին, իմ ապաքինմանս երկար ձանձրոյթիս մէջէն, բոլոր ասոնք, ա՜հ, եւ կը խորհիմ թէ ինչպէս այն ատենէն, չկասկածեցայ իրմէն։

Որովհետեւ այն ատեն, իր անկարեկիր եւ սպառնալից աչքերուն կախարդանքին ներքեւ էի եւ հակառակ ինծի ազդած վախին՝ դէպի իրեն անխոստովանելի հակում մը կը զգայի, բոլորովին ճշմարիտ է ասիկա, դէպի իր չարագուշակ եւ սեւ նայուածքին։

Կը զգայի որ սակայն այդ մարդը բուռն կերպով զիս կ՚ատէր, գիտէի որ ատելութիւնը փոթորիկի մը պէս կրքով կը բարձրանար հոգիին մէջ, անդիմադրելի՛, տիրական, եւ երբ ստիպուած իր տժգոյն մատները կ՚երկնցնէր խմիններուս ու ցուցնելու չափ կը սեղմէր ջղաձգօրէն, օ՜հ, շատ աղէկ գիտէի թէ զայրոյթի եւ զսպուած վայրագութիւններու զգացում մը սառի պէս կը պաղեցնէին զանոնք։

Ո՛չ ոք շուրջս անդրադարձած էր այդ բանին, որովհետեւ հին գերեզմանի պէս փակ կը մնար ամէնուն եւ ընդհանրապէս կ՚ըսէին իրեն համար թէ անախորժ մարդ է. ա՛յսչափ միայն։

Օր մը բարեկամուհիիս տունն էի երբ Ան մտաւ սրահէն ներս. շաբաթներէ ի վեր զինքը չէի տեսած, շաբաթներէ ի վեր այդ անգութ մարդը հալածուած էր իմ ներկայութենէս. իմ հոն ըլլալս գիտնալով չէր ուզած գալ, չէր ուզած իր նայուածքին վրդովիչ թոյնովը զիս արբեցնել… որովհետեւ… ըսի թէ այն ատեն չեմ գիտեր ի՛նչ մոլի, հիւանդագին զգացում մը օձի պէս սպրդած էր հոգւոյս մէջ, չեմ գիտեր ի՛նչպէս տենչանքը ունէի այդ նայուածքին ներքեւ ըլլալու, թոյլ տալու որ իմ պայծառ, կապոյտ բիբերս պղտորին իր նայուածքին մթութիւնովը. ասիկա գրեթէ բռնաբարում մըն էր, որուն միջոցին դղդուած յուզմունքէ՝ հոգիս կը խոյանար դէպի անծանօթ եւ խռովիչ հորիզոնները հեշտանքին։

Կը զգայի որ իր սուր եւ երկայն ակռաները իմ տհաս միսիս փափաքը ունէին եւ ասիկա զիս մինչեւ այն ատեն անծանօթ սարսուռով մը կը ցնցէր… վերջապէ՜ս…։ Ի՞նչ անցեր էր իր սեւ եւ պղտոր հոգիին մէջէն. չեմ գիտեր. միայն թէ որոշ կերպով Ան զգուշացած էր իմ ներկայութենէս. իմ բարեկամուհիս ըսած էր ինծի բոլոր ասոնք իրենց յայտնող մանրամասնութիւններուն մէջ, ըսած էր թէ Ան բացակայած էր բոլոր այն տեղերէն ուր ես կրնայի գտնուիլ, ուր կրնային իմ վրայ խօսիլ եւ թէ ամէնքն ալ կարծեր էին թէ չբաժնուած գորովանքի զգացումէ թելադրուած էր… գորովա՞նք… ա՛հ. բայց ես գիտէի թէ այդ մարդը զիս կ՚ատէր, գիտէի թէ իմ պզտիկ անտեսուած, երիտասարդ էութիւնս, ատելութեան, կիրքերու փոթորիկ մը կ՚արթնցնէր իր չարաշուք հոգիին մէջ. Ի՞նչ ունէի, ա՜հ, իմ մորթիս վրայ, իր աչքերը ինչի՞ կը հանդիպէին իմ պայծառ բիբերուս մէջ որ մէկէն խայթուածի պէս կը ծամածռէր իր ցաւագին դէմքը եւ մատները կը սեղմուէին ջղաձգուած՝ բիրտ վայրագութեան ունայն տենչանքով։

Այսպէս այն օրը յանկարծ Ան երեւցաւ սրահին մէջ. դեռ շատ կանուխ էր եւ մինակս էի. բարեկամուհիս քովի զարդախուցին մէջ զբաղած էր երեկոյեան արդուզարդով։ Սապէս՝ նստած էի սեղանին առաջքը, կռնակս դարձուցած դուռին եւ թերթեր կը թղթատէի։ Ան էր. հասկցայ որ Ան էր… ու այն ատեն, այն ատեն միայն վատ եւ երկչոտ զգացի ինքզինքս, զգացի որ մինակս իրեն հետ մեծ եւ անդարմանելի վտանգի մը մէջ կը գտնուէի… չհամարձակեցայ գլուխս դարձնել եւ իբր թէ շատ զբաղած ըլլայի, ա՛լ աւելի գլուխս ծռեցի թերթերուն վրայ… եւ ա՛հ… ճիշդ օձիքիս վերեւ ծոծրակիս վրայ, անսահմանելի պաղութեան մը զգայնութիւնը ունեցայ. իր ձե՞ռքն էր, թէ արդէն մետաղի մը ցրտութիւնը եւ կամ պարզապէս… ո՜հ… զսպանակէ մղուածի պէս ելայ ոտքի եւ զինքը տեսայ կանգնած ետեւս, ձեռքերը գրպաններուն մէջ, չափազանց տժգոյն եւ դողդոջուն. քանի մը քրտինքի կաթիլներ քունքն ի վար կը վազէին եւ աչքերուն մէջ հաստատ կամքը կար քանդումի, սեւ եւ խուսափուկ բոցի մը պէս որ նայուածքին տարօրինակ եւ չարաշուք շիլութիւն մը կուտար։ Պիտի պոռայի դիւահարի պէս, պիտի փախչէի երբ բարեկամուհիս սրահ մտաւ, ո՞վ գիտէ ի՛նչ խորհեցաւ մեզ տեսնելով այդպէս, դողդոջուն, շուարած որ թեթեւ մը ժպտեցաւ եւ իմ սառած ձեռքերս առնելով իրեններուն մէջ՝ ջերմապէս համբուրեց զիս բառեր մրմնջալով ականջիս՝ որոնց չփոթ աղմուկը միայն լսեցի. բայց ի՞նքը, ա՜հ… տարօրինակ եւ անողոք մարդը ինկած էր թիկնաթոռի մը վրայ յոգնութեան եւ ջլատման անհուն արտայայտութիւնով մը, դեռ գրեթէ դողդոջուն, այնքան իր մկանունքները դէմքին վրայ արագ եւ յարափոփոխ պրկումներ ունէին եւ զինքը կ'այլակերպէին բոլորովին։

Յետոյ զարմացած բարեկամուհիիս աչքին առաջք, ինքզինքէն ելած դէպի ինծի եկաւ, աչքերը գոց՝ կոյրի պէս եւ շրթունքը սեղմուած, այնքա՛ն որ իր սուր եւ երկար ակռաները կը կաղապարուէին սեւ պեխերուն ներքեւէն, եւ ահա՛ հնչիւնը դուռին։ Երբ նոր այցելուները սրահը մտան, Անիկա աներեւութացած էր. բայց ա՛յդ վայրկեանէն զգացի որ քայլ առ քայլ կը յառաջանայի անխուսափելիին, զգացի որ երկայն եւ դժնդակ ոգեվարի մը մէջ էի եւ թէ օրերս համրուած էին։ Այն աչքերը չէին ստեր, այն աչքերուն մէջ ոճիրը դարանած էր…։ Երկա՜յն մարտիրոսութիւն մը եղաւ անկէ ետքը իմ կեանքս, տաժանագին, ցաւատանջ, դողահար. ջղագրգռուած վախէ եւ կասկածէ, չէի կրնար փողոցէն անցնիլ, որովհետեւ մարդու մը ոտնաձայնը ետեւէս զիս կ'ահաբեկէր:

Որովհետեւ ճշմարտապէս իմ ետեւէս կուգար, որովհետեւ իր եղերական աչքերը կը սեւեռէին վրաս, կը լրտեսէին իմ շարժումներս, որովհետեւ իր սեւ հոգին, իր ատելութիւնով լեցուն հոգին ծարաւ էր իմ կեանքիս...:

Ամիսներ անցեր էին եւ սկսած էի յոյս առնել, կազդուրուիլ, տակաւ առ տակաւ անոր չարաշուք սիլուէթին յիշատակը կ'աւրուէր մտքիս մէջէն եւ կը դադրէր իմ սեւեռեալ գաղաբարս ըլլալէ. երկայն ատենէ ի վեր գունատ դէմքս, ապրելու ուրախութիւնով վերսկսաւ վարդագունիլ, եւ եթէ աչքերս շրջանակող մութ ծիրը չըլլար, ոչ ոք պիտի կրնար գուշակել երկայն ամիսներու տագնապալի օրերս... ա՜հ, չէի գիտեր թէ իր շունչը, իր թունաւոր շունչը կար իմ մթնոլորտիս մէջ. ի՞նչպէս կրցեր էր Ան, ստորին ոճրագործի մը պէս պահուըտիլ, ի՞նչպէս կրցեր էր զարմանալի պաղարիւնութիւնով մը խորհիլ օրերով իր ոճիրին վրայ, այդ տեսակ գործերու վարժ մարդու մը պէս... երբ կը խորհիմ բոլոր ասոնց, ինծի կը թուի թէ հոն սանդուխներուն վրայ եմ դեռ եւ իր երկայն մատները, իր դիւային եւ պաղ մատները կը սեղմուին ծոծրակիս վրայ...:

Այսպէս, կեանքին սկսած էի վերադառնալ, եւ իրիկուն մը այցելութենէ մը վերադարձին իմ մէկ ազգականիս հետ որ մինչեւ դուռը ձգեց զիս, սանդուխներէն կը բարձրանայի... յանկարծ կեցայ. Ան էր... մութին մէջ. բան մը չէի տեսներ, բայց կը զգայի որ Ան հոն էր, իր բոլոր հասակովը կանգնած քանի մը քայլ անդին գլխուս վերեւ. րոպէ մը կեցայ այսպէս եւ ալ որո՛չ չեմ յիշեր... տարտամ զգայնութիւններ պատառ պատառ կուգան յիշողութեանս. գետնէն բարձրացայ մէկէն ու հագուստներս բացուեցան կուրծքիս... ա՜հ, զարհուրելի հրէշային բան էր... յետոյ հազիւ թէ սեղմուած զգացի ինքզինքս իր երկայն, ջղուտ թեւերուն մէջ. տարօրինակ աղմուկ մը... խուլ եւ զօրաւոր որ ինծի հեռուէն, շատ հեռուէն թուեցաւ եւ որուն միջոցին ինչպէս եթէ կայծակ մը անցած ըլլար գլխէս, ամբողջ ուղեղս լուսաւորուեցաւ անբացատրելի եւ արագ փայլիւնով մը... յետոյ չնչին բանի մը, կաթիլ մը ջուրի անկումը պարապի մէջ ու մութ... մութ... մո՜ւթ...:

Զիս հոն գտեր էին այդպէս ողորմելի, քունքիս վրայ խոշոր բացուած վէրքով մը եւ օրեր կեանքս վտանգի մէջ եղած էր: Անիկա՞... գտեր էին իր տունին մէջ աչքերը սեւեռած, ապուշցած, անգիտակից: Անկէց ի վեր, ըսին, իր cellule-ին մէջ ուր չ՚ուտեր, չխօսիր, չքնանար, նոյն թմրութեան մէջ կը գտնուի աչքերը սեւեռած կէտի մը, յարատեւ, անխոնջ, ժամերով, ժամերով...:

Հիմա որ ապաքինման շրջանս պիտի վերջանայ, հիմա որ հարկ պիտի ըլլայ մարդերուն եւ արդարութեան բացատրել թէ ինչո՞ւ, ինչո՞ւ այդ մարդը գիս կ՚ատէր, ի՞նչ պիտի կրնամ ըսել. իմ վէրքոտ ուղեղիս մէջ այս հարցումը կը յաճախէ ու կը տանջէ զիս. Թերեւս նոյն իսկ Ան, իր խցիկին մէջ, աչքերը սեւեռած ինչո՞ւն կը հարցնէ իր շփոթ եւ դիւային զգացումներուն:

Ու կը խորհիմ որ եթէ սկիզբէն պատմեմ բացարձակ ճշմարտութիւնը իր բոլոր մանրամասնութիւններով, այդ մարդիկը պիտի հասկնան թէ ինչո՛ւ Անիկա զիս կ՚ատէր:

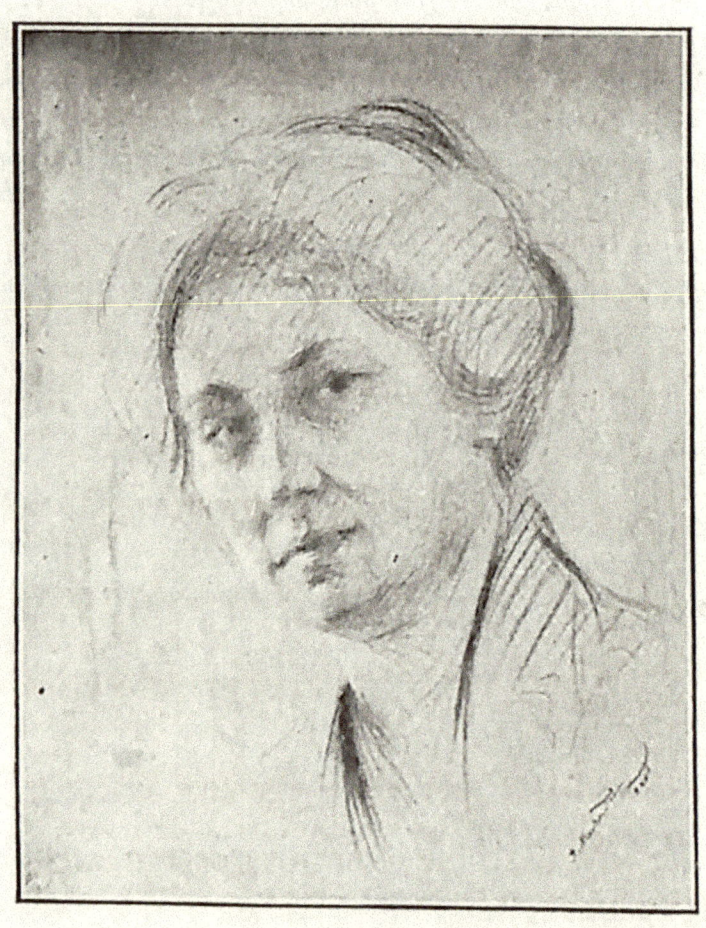

Տիկ. Զ. ԵՍԱՅԵԱՆ
Ուրուագիծ Աւ. Մուրատեանի

Անէծքը

Առաւօտը նոր էր ծագեր և երկինքը արեւելքի կողմէն ստացեր էր վարդագոյն և լուսեղէն պայծառութիւն մը, որ հետզհետէ կը յառաջանար. դեղնորակ և մանիշակագոյն ամպի ծուէններ լոյսին առջքէն կը խուսափէին դէպի արեւմուտք. կապտորակ մշուշի մը մէջէն մրտենիներու մութ կանանչ գագաթները երեւան կու գային և կը դողդոջէին հեռաւոր և հազիւ լսելի սօսաւիւնով մը. բարտիներ, կանգնած աւելի մօտիկ, կը տատանէին մեղմօրէն և իրենց բուներուն ընդմէջէն խաղաղաւէտ և տափարակ տարածութիւնը դաշտերուն կ'ընդլայնուէր և կ'անհետանար հորիզոնին գիծին մէջ:

Զարբունար գիւղը արթնցած էր արդէն, բայց տխուր, գրեթէ մեռելական լռութիւն մը կը ծանրանար անոր վրայ. աստին անդին, հազիւ թէ մէկ քանի երդիքներէ՝ տկար մուխ մը կը բարձրանար, բարակ և դողդոջուն: Առաւօտեան վեհաշուք և խրոխտ լոյսը ծագեր էր գիւղին վրայ, կարծես առանց անոր թափանցելու:

Գիւղապետին տան մէջ ամէնքն ալ արթնցեր էին լոյսը ծագելէն առաջ, որովհետեւ ձիաւոր ոստիկաններ հասնելով քաղաքէն, եկեր էին գիւղապետին կրտսեր տղան՝ Հապիպը ձերբակալելու: Հապիպ բոլորովին դիպուածով, նախորդ օրը մեկներ էր գիւղէն, շրջակայքը երթալու և բամպակի արտերու մէջ գործ փնտռելու համար, ու այդ պատճառաւ ոստիկանները պարապ վերադարձեր էին:

Այդ պահուն, տանը հարսերը և աղջիկները սարսափով համակուած, երեսի վրայ թողեր էին տնական գործերը ու խմբուած անկիւն մը, երկարօրէն կը խօսէին իրենց լսած զարհուրելի և անբացատրելի լուրերուն վրայ:

Գիւղապետը, ութսուամեայ ծերունի մը՝ ճերմակ էնթարի մը հագած ու ճաղատ գլուխը ծածկած կտաւէ գտակով մը, ծալլապատիկ նստած էր տախտին վրայ ու կը մտածէր: Իր տարեց մարդու տկար աչքերը աւելի պղտորուեր էին ու կարծես բոլորովին կը մարէին ցցուած և երկարաթել յօնքերուն ճերմակ ցանցին ետեւէն. երբեմն մօրուքը կը դողդղար կուրծքին վրայ, ինչպէս երբ կը խօսէր ու կարծես կը նշանակէր իր դեղեւուն մտածումին երթեւեկը. իր կմախային մարմինը ջղաձգուած լսածներուն սարսափէն՝ ա՛լ աւելի կծկուած էր էնթարիին ծալքերուն մէջ:

Ի՛նչ օրերս հասեր էր, ա՞յս ալ պիտի տեսնէ՛ր ուրեմն իր աչքերը վերջին քունին համար գոցելէ առաջ, եղբայր եղբօրը դէմ թշնամացա՛ծ... օ՜ֆ... օ՜ֆ...:

Իր պառաւ կինը, նուազ տարեց և դեռ աշխոյժ իր շարժումներուն մէջ՝ լռելեայն կը ծառայէր ամուսնին. բայց ալեւորը՝ նարկիլէին ծխամորճը ծունկերուն վրայ մոռցած՝ դեռ ոչ մէկ անգամ չէր մօտիկցուցեր իր տժգոյն և թառամած շրթներուն ու խահուէն կը պաղէր անոր քովը, աթոռակի մը վրայ:

Առաջին կախաղանները բարձրացեր էին Ատանայի մէջ ու գոյժը բերեր էին իրենց ոստիկանները, և ահա հազիւ թէ սթափած այդ մղձաւանջային մտածումէն, անոնք յայտներ էին որ Հապիպը կը փնտռէին, նոյնպէս մահուան դատապարտուած՝ Պատերազմական Ատեանէն:

Ծերունիին ընդարմացած հոգիին մէջ դառնութիւնը լեցուեցաւ. առաջին րոպէին չէր ըմբռնած զիրենք հարուածող դժբախտութեան մեծութիւնը բայց հիմա ճշմարտութիւնը անողոք վէրքի մը պէս կը խայթէր իր սիրտը. տխուր մտածումի ալիքներ կը խռովուէին իր մէջ.

— «Ալլահը օգնակա՛ն... ուրեմն իսլամի աչքեր, անբախտ աչքե՛ր, տեսեր են իսլամներու մարմինները կախաղաններու վրայ:»

Իր տարիքէն կարկամած մատները դողդղացին ծունկին վրայ ու յամր, երերուն շարժումներով զաւազանը փնտռեց և երբ զայն գտաւ, պառաւին հրամայելէ ետքը որ նարկիլէն հեռացնէ, ելաւ կանգնեցաւ:

Արեւը ծագելուն՝ ծերունին իր երեք տղաքը ղրկած էր որպէս զի գոյժը իմացնեն գիւղացի տանուտէրներուն և որպէսզի հաւաքուելով խորհուրդ ընեն և միացած գործեն այս անսպասելի աղէտին դէմ: Հիմա անհամբեր էր, ու կ'ուզէր տանիքը բարձրանալ, տեսնելու համար հեռուէն անոնց գալը:

Գիւղը, այնքան բարեկեցիկ և խաղաղաւէտ ժամանակաւ, այլեւս կը ներկայացնէր յուսահատելի դժբախտութեան մը պատկերը. կարծես չարիքը, անվերջ, կը ծածանէր անոր վրայ սեւ ամպի մը պէս. հիւղակներու առաջք, հինաւուրց ծառերու հովանիին տակ, մարդիկ կը խլրտէին տխրադէմ և մռայլ. մանուկները անգամ չէին խաղար, չէին աղմկեր. չէին խմբուեր ու մեծերէն աւելի խոժոռադէմ՝ կը թափառէին առանձին, մութ անկիւններու մէջ. սարսափելի և անհասկնալի ժեստեր փորձելով:

Կիները կը սողային հիւղակներէն դուրս և իրենց խիստ քօղերուն մէջ ծածկուած՝ ուրուականներու երեւոյթներ ունէին. իրենց դանդաղաշարժ քալուածքը սարսափով ընկրկումի կը նմանէր, որովհետեւ կարծես թէ առանց դադարի, գիշեր թէ ցորեկ բոլոր գիւղացիները կ՚ապրէին անսթափելի մղձաւանջի մը մէջ:

Գիւղապետը տխրութեամբ անդրադարձաւ մօտիկ անցեալին մէջ պատահած դէպքերուն. իր ծերունի և բարի իսլամի իմաստութիւնը առաջին օրէն մերժեր էր օրինաւոր ընդունիլ ծրագրուած ոճիրը. ճարպիկ և անողոք մարդիկ կրակը վառեր էին սակայն կտրիճներու սրտին մէջ ու հրահրեր էին զայն, մինչև որ ահռելի աղէտը տեղի էր ունեցեր. ու ահա բոլոր գիւղացիները կոյր և խուլ գազաններու նման եղեր էին. անգիտակից ու վայրագ, ու արեան ծարաւի՛... ողորմած Ալլա՜հ...

Գիւղապետը՝ յուզուած և մտածկոտ դիմացը նայեցաւ. իր աչքերը լաւ չէին զօրեր բայց գիւղին ամայացած ճամբաներուն վրայ դեռ ոչ մէկ մարդկային արարած կ՚երեւար. լռութիւնը անտանելի էր, բայց գիտէր նաև որ երբ ուէ ձայն բարձրանար այս չարաշուք գիւղէն, ամէնքն ալ վախով կը համակուէին ու կասկածով մտիկ կ՚ընէին նոյնիսկ իրենց ընտանի անասուններուն երկարաձիգ բառաչիւնները...

— «Ալլահը սրդողեցուցինք ու երեսը դարձուց մեզմէ... ճշմարիտը կ՚ըսեմ թէ մեր պաշտպանութեան յանձնուած անմեղներուն արիւնը զուր տեղը չթափեցաւ...: Սարսափելի հաշիւ մը ունինք տալի՛ք: Ալլա՛հ, ողորմէ՛ մեզի:»

Յանկարծ կարծես ընդգրկեց բոլոր կատարուած չարիքը իր սարսափելի համեմատութիւններով ու բոլոր մարմնովը դողաց. յիշեց ոճիրի և խենդութեան օրերը՝ երբ երկինքը կարմրած էր իրենց գլխուն վերեւ հրդեհուած մերձակայ հայ գիւղերու բոցերէն... երբ կռիւէ ու ջարդէ վերադարձողներ այնքա՜ն երկար ատեն քալած էին արեան մէջ որ ճամբուն փոշին չէր կարողացած մաքրել անոնց ներբաններէն ոճիրին կարմիր արատները... Եւ ահա այսօր արդէն պատիժի ժամը կը հնչէր. երազատեսի ներքին հայեցողութեամբ, տեսաւ Ատանայի մէջ կանգնած կախաղանները ու իսլամի մարմինները որ կը ճօճուէին ողորմելիօրէն, իրենց աչքերը ցայտած կապիճներէն դուրս ու դէմքերը այլակերպուած դժոխային ծամածռութիւններով…

— «Հապիպն ալ մահուան դատապարտուած է՛», գոչեց ծերունին անսպասելի կերպով, գոռ և խռպոտ ձայնով մը ու ամբողջ մարմինը սկսաւ սարսռալ… Մտածումը մթագնեցաւ ու ապշութեամբ նայեցաւ երկնքին և յետոյ գիւղին տանիքներուն. անսահման ջլատութիւն մը պատեց հոգին ու պարտասած, անգամ մըն ալ խորհեցաւ.

— «Աչքերս կուրնային ու չտեսնայի՜, ականջներս խուլնային՝ ու չլսէի ու դժբախտ մարմինս վերնա՛ր այս անօրէն երկրին վրայէն…»

Գիւղապետին հարսերը ու աղջիկները դէպի տանիքը շտապեցին ու ջանացին սթափեցնել ծերունին. անիկա կը տեսնէր բայց չէր կրնար աչքերը քթթել, կը լսէր բայց չէր կրնար պատասխանել ու իր անդամալուծուած մարմնին վրայ, միայն աջ թեւը, իբրեւ թէ անջատ ըլլար իրանէն, կը թօթուըուէր անընդհատ, պինդ բռնած գաւազանը խփխփելով տանիքին:

Արեւը բարձրացած էր հորիզոնին վրայ ու իր ճառագայթները չեշտակի կ'իյնային ամէն կողմ. անոնք կը ճաճանչէին ծերունիին ճերմակ էնթարիին ու սպիտակ մօրուքին վրայ. կը խաղային երիտասարդ կիներու շարժումներուն հետ, կը թրթռային ու կ'ելեւէջէին մազերուն մէջ. կը շլացնէին անոնց սև բիբերը, կը բոցավառէին նոյնիսկ կրային և աղիւսային յօրինուածքը չէնքերուն…

Միայն ծերունիին աչքերուն համար՝ կիլիկեան չքեղ երկնակամարին վրայ, արեւը կը մարէր մեղմօրէն:

Քանի մը օրեր անցեր էին գիւղապետին մեռնելէն ի վեր ու Հապիպի մայրը խելացնոր վիճակի մէջ էր. ոստիկաններ կրկին եկեր էին ու աւելի խստութեամբ պահանջեր էին բացակայ տղան: Հապիպ չէր վերադարձեր տուն և մայրը այդ ժամուն չէր գիտեր նոյնիսկ որ անիկա գտնուա՞ծ էր արդէն շրջակայ գիւղերուն մէջ թէ ոչ:

— «Ո՞ւր ես, օղլում,» կը գոչէր ձեռքերը ծունկերուն զարնելով. «Հալածուած գլուխդ ո՞ր քարին ես ապաւիներ, ո՞ր չուքին մէջ ես ծածկուեր. վա՛յ քեզի, վա՛յ կորիճութեանդ:»

Սկիզբները բոլոր գիւղացիները ցաւակից եղեր էին, բայց հետզհետէ կը ցրտանային իրմէ. ամէն մէկը կը վախնար իր գլխուն համար, որովհետեւ ամէն մէկը ինքզինքը յանձաւոր կը զգար Հապիպի չափ. նայուածքները կը մոլորէին, զգուշաւոր և խուսափուկ կը դառնային, շրթները կը լռէին, որովհետեւ արտասանուած ամէն մէկ բառ խոստովանութիւն մը կրնար ըլլալ:

Իրենց հիւղակներուն մէջ իսկ փուշերու վրայ էին. ամէն մէկ կողոպտուած առարկայ կարծես մարմին կ'առնէր ու կը կանգնէր ոճրագործներու աչքին առաջք, սպառնալից լռութիւնով մը. պառաւները կը հաւաքէին ուղուրսըզ գօղոնները և կը ծածկէին ամենուն անծանօթ թաքստոցներու մէջ. երիտասարդներուն ձեռքերը կը դողային և անկարող էին գործելու. կասկածը ու վախը անդամալուծեր էին ամենէն խիզախները. ու սարսափելին այն էր որ ամէն մէկը գիտէր իր մերձաւորին ոճրագործութիւնները: Ցիմարական և արիւնարբու խանդավառութեան մը մէջ, ոչ միայն իրարու հանդիպեր էին զուլումի օրերուն, ոչ միայն երբեմն մէկ մարմինի վրայ աշխատեր էին, այլ յետոյ պատմեր էին եռանդով իրենց անյայտ գործերը, պարծենցեր էին իրենց սխրագործութիւններով ու իրարու հետ մրցեր էին իրենց գործերուն անլուր և անհաւատալի մանրամասնութիւններով:

Արդեօք կարելի՞ էր... արդեօք գէշ երազ մը չէ՞ր բոլոր այդ չարափաստիկ անցեալը:

— «Սխալեցա՛նք ու խաբուեցանք», կը մրմնջէին իրարու ամենէն մտերիմները. ու կը զգային որ զիրար կ'ատէին, որովհետեւ ամէն մէկը իր դրացիին մէջ իր անձին պատկերը կը տեսնէր:

Երիտասարդ աղջիկները ու հարսերը զզուանքով կը հեռանային իրենց նշանածներէն և ամուսիններէն. սիրեր էին զանոնք զայրոյթի և կատաղութեան գերագոյն օրերուն՝ երբ անոնք իրենց աչքերը արիւն կաթած, կզակները ցցած, գօտիները սեղմելով և զէնքերը յափշտակելով գացեր էին սրբազան կռիւին մէջ նահատակուելու:

Հեռաւոր և անճանաչ իմամներ, կանանչ դրօշակները պարզած անցեր էին գիւղէն, սահմռկեցնող գոյժը ռռնալով.

— «Իսլամութիւնը վտանգի մէջ է՛... կեաւուրները ոտքի են ելե՜ր...»

Ու զինուորեալները հաւաքուեր էին, անհամբերութենէ հեւալով ու ետ չմնալու համար մերժելով սիրականներու վերջին համբոյրները:

— «Մալի ու կնկան մի՛ նայիք... կեաւուրին ինչքը ուշ թէ կանուխ ձերն է:»

Ու սիրած էին զիրենք նաև կռիւէ դարձին, երբ արիւնոտ և կողոպուտով բեռնաւոր, մտած էին իրենց երդիքներուն ներքեւ ու յայտնած էին թէ իրենց անցած տեղերէն այլեւս ոչ իսկ ցորենի հասկ մը կանգուն ու կենդանի չէր մնացած:

Ուրեմն մինչեւ մօտակայ լեռները ու լեռներէն ալ անդին իսլամի հողը մաքրուած էր պիղծ բնակչութենէն:

— «Արեւելքի կողմէն մտանք գիւղը և ելանք արեւմուտքէն ու երբ ետեւ դարձանք, ամէն մարդ հողին հաւասար եղած էր. ու այսպէս մեր բոլոր անցած տեղերը:»

Աղջիկները կը պարէին յոգնած կորիճներու առջև ու իրենց ամէն մէկ շարժումին կեաւուրներու թեւերէն խլուած ոսկի ապարանջանները, շարք-շարք, կը շխշխային իրենց թխորակ բազուկներուն վրայ:

Հիմա սակայն գեղջկուհիները իրենց թանձր քօղերուն ներքեւ անթափանցելի՝ անկարեկիր և անտարբեր աչքերով կը հետեւէին իրենց մարդերուն վհատութեանը և սարսափին, իբր թէ անոնց ճակատագիրը այլեւս բաժնուած ըլլար իրենցիններէն. պառաւները միայն բուերու պէս վայ կը կարդային ու չէին դադրեր հեծեծելէ.

— «Ամա՜ն...» կը յառաջէին անոնք հիւղակներուն առաջք կծկտած, «օր անցաւ, բախտին անիւը դէպի գէշը դարձաւ...»

Ու զգալով խորապէս իրենց անգիտակցութիւնը ու հետեւաբար անպատասխանատուութիւնը, ծեր թէ երիտասարդ, այր թէ կին, յամառութեամբ կը փնտռէին բուն պատասխանատուները:

— «Անիծուած ըլլա՛ն պատճառ եղողները, հանդարտ ու խաղաղ էինք, ո՞վ այս կրակը ձգեց մեր մէջ...»

Երբեմն ալ կը խանդաղատէին զոհերուն վրայ:

— «Վա՛յ իրենց, եղբօր պէս էինք իրարու հետ, մէկ ամանէ կ՚ուտէինք, մէկ կուժէ կը խմէինք, ո՞վ գիրենք մեզ դէմ ու մեզ իրենց դէմ թշնամացո՜ւց... վա՛յը գլուխներուն, անճէլ գացի՛ն...»

Ամէն օր շրջակայ իսլամ գիւղերէ հասած դժբախտ լուրեր կը գրգռէին Զարբունարի գիւղացիին վրդովմունքը. ոստիկաններ և ձիաւոր ժանտարմաներ կը փնտռէին հալիպը ու միշտ գրեթէ կը հասնէին անոր մեկնելէն ետքը. կը ձերբակալէին բոլոր անոնք որ զէնքը հիւր ընդունած էին, կը խուզարկէին, կողոպտաներ երեւան կը հանէին և տէրերը շղթայակապ կը տանէին:

Մօր և որբի աչքեր արցունքներով լեցուն էին. իրենց ուրախութիւնը հարամ, կերածը թոյն դարձեր է՛ր… ի՞նչ գէշ ազդեցութեան տակ մտեր էին:

— «Ալլահը ողորմի՛…» կը մրմնջէին ալեւոր ծերունիներ իրենց գաւազաններուն վրայ դողդոջելով, «ուրիշ ճար չէ՞ մնացե՞ր…»

Հետզհետէ Չարբունարի գիւղացին ցանկաց որ Հապիպը գտնուի ու ձերբակալուի. կարծես այդ մէկը զոհուելով գիւղը պիտի ազատէր իր մղձաւանջային սարսափէն. սկսան զայն ամբաստանել իբր ամենէն անգութներէն անգութը, ու գրեթէ արժանի իրեն սահմանուած պատիժին…

— «Անոր սուրը անողոք և անգութ եղաւ. չխնայեց մայրերուն և ալեւորներուն. ծծկեր տղաքն իսկ իր հարուածը կրեցին. մահը տաժանքով և դանդաղութիւնով կը հասնէր իր զոհերուն… դեւի մը, դժոխային պատուհասի մը պէս եղաւ անիկա…»

Գիւղացիին տրամադրութիւնները հասան մինչեւ Հապիպի եղբայրներուն. ու ասոր համար է որ երբ մայրը կ՚աղերսէր իր տղաքներուն երթալ գտնել փախստականը ու օգնութիւն և միջոց հասցնել անոր որպէս զի իր գլուխը ապահովութեան մէջ դնէ՝ անոնք կը մերժէին ու կ՚ըսէին.

— «Որի՛ ապաւինելով կտրիճութիւն ըրաւ. թո՛ղ ըրածը քաշէ՛… մենք ալ զարկինք, բայց մեզի հարցնող փնտռող չկայ. իր ձեռքերուն տակ պատառոտուն մարմինները կը ճարճատէին… մենք իսկ զզուանքով կը հեռանայինք իրմէ… իր մատներով մանուկներու փորոտիքները կը խլէր ողջ մարմիններէն… արիւնի և ցաւի հետ խաղա՛ց… իր անգթութեան համբաւը տէօվլէթը անգամ սոսկացուցեր է. յանցանքը որո՞ւնն է, թող իր գլխուն ճարը տեսնէ՛…»

Գիշերները, երեք եղբայրներն ալ լուռ, մռայլ ու տժգոյն, իրենց ծունկերուն վրայ չոքած կը մնային երկար ժամեր, մինչ մայրը կը հեծեծէր չարունակ. քունը խուսափեր էր իրենց աչքերէն. իրենց դէմը լապտերին աղօտ լոյսը կը պլպլար…

Երբ վերջապէս տանիքը կը բարձրանային պառկելու համար, կը տեսնէին որ անքնութենէ տանջուած բազմաթիւ գիւղացիներ, իրենց ուրուականային սիլուէթը կը ցցնէին մերձակայ և հեռաւոր երդիքներու վրայ:

— «Վալլահի՛, պիլլահի՛… եթէ գիտնամ որ ո՞ւր է, ձեռքովս կը յանձնեմ տէօվլէթի՛ն…»

Հապիպին մեծ եղբօրը վտիտ և սև դէմքին վրայ անորակելի ծամածռութիւն մը ուրուագծուեցաւ. իր մանր, սուր և անհանդարտ բիբերը խուսափեցան մօրը նայուածքէն…

Պառաւը վագրի պէս կատաղուն, կեցաւ տղուն դէմ. իր դեղին և կոտրուած ակռաները կարծես լինտերէն դուրս պիտի ցայտէին:

— «Ծծած կաթդ հարամ ըլլա՜յ… խորթ զաւա՛կ, և խորթ եղբա՛յր. կրկնէ անգամ մըն ալ. կրկնէ՛ եթէ կը համարձակիս:»

— «Այո՛, կը յանձնե՛մ,» կրկնեց աւելի թոյլ ձայնով ու լռեց:

Մայրը ուզեց պատասխանել, բայց զայրոյթը խղդուեցաւ արցունքներու մէջ. գետինը չոքեցաւ և քօղին ծայրով աչքերը գոցելով սկսաւ հեծել.

— «Հապի՛պ, օղլո՛ւմ, մինակ քեզ չկորսնցուցի, զաւա՛կ չունիմ այլեւս… քու երդիքդ քեզի թշնամի՛, քու եղբայրներդ քեզի դահիճ են եղեր… ետիդ դարձիր ու նայէ՛ թէ ի՞նչ եղան քու զէնքի ընկերներդ… երանի՜ նահատակներու մայրերուն. անոնց արցունքը իմինիս չի՛ նմանիր…»

Հապիպի եղբայրը հետզհետէ կը թուլնար և կը յուզուէր. աչքերը կը քթթէր և կը նայէր չուրջը ու երբեմն ալ կը հառաչէր մօրը խօսքերուն պատասխանելով. վերջապէս իր վտիտ իրանը ծալլելով, ինքն ալ իր կարգին չոքեցաւ մօրը դիմաց ու ջանաց բացատրել.

— «Աննէ՛, քու ցաւդ մեծ է, բայց մինակ չես, մէկ մը չուրջդ նայէ՛… Ի՞նչ էինք և ի՛նչ եղանք. գիւղը կախարդուած, գէչ բախտի ենթարկուած է… Իմաստուններ և տեսանողներ կ՚ըսեն թէ Հապիպին ոճիրներուն պատիժն է որ կը ծանրանայ մեր վրայ. որովհետեւ անիկա սահման ու չափ չճանչցաւ… Աննէ՛… երբ զինքը տեսնէիր այն օրը, չէիր ճանչնար… դեւի ու հրէշի պէս էր. իր սուրն իսկ ըմբոստացաւ իր ձեռքերուն մէջ, բայց Հապիպ մատներովը բզքտեց ու հալածեց մանուկները և անզէն կիները…»

Պառաւը մեղմօրէն և անխօս կ՚արտասուէր. յանկարծ ըսաւ.

— «Անիծուի՛ն պատճառ եղողները. ձեր յանցանքը ի՞նչ էր. անժամանակ մեռնին ու իրենց ոսկորները գերեզմանին խաղաղութեան չարժանանան. ո՞ւր են հիմա անոնք որ ձեզ ոտքի

Հանեցին. ո՞ւր մնացին երբ ձեզ պաշտպանելու օրը Հասաւ. աչքերնիդ կապեցին ու մոլորեցուցին ձեզ. ինչո՞ւ ձեր Հօրը խօսքերուն չանսացիք. խուլամութեան դէմ քալեցիք ու պատիժը Հասաւ:»

Դառն ու սեւ մտածումներու մէջ խորասուզուած, իրենց Հաւատքը խախտած, Հոգիին վարանոտ, մայր ու զաւակ երկար ատեն լուռ մնացին ու մտովի անդրադարձան գիւղին անսաՀման Թշուառութեան վրայ:

Արդարեւ Զարբունար գիւղը ՀետզՀետէ գէշ դրութեան մէջ կը մտնէր. ամէն օր նորատեսակ դժբախտութիւն մը կը յայտնուէր և կու գար աւելնալ արդէն եղածներուն վրայ: Գիւղացիները շուարած և զարՀուրած՝ ամէն բան երեսի վրայ ձգեր էին. տաւարները անօԹութենէ մղուելով, կը ցրուէին մօտակայ արտերուն մէջ և ապառաժի կարծր Հողին մէջէն ցանցառօրէն ցցուած յարդի շիւղերը կ'արածէին: Հայերու սեփականութիւնը եղող այրուած Հնձաններու և բամպակի արտերու մոխիրները Հարաւային Հովէն մղուած անապատի պէս կ'ամրացնէին նոյնիսկ գետափի մարգագետինները. առուները և աղբիւրները չորցեր էին ու Հորերու ջուրերը կը նեխէին նետուած դիակներու տարրալուծումէն:

Գիւղացիին անծանօԹ Հիւանդութիւններ յանկարծակի կը յայտնուէին Հօտերու մէջ և մէկ գիշերէն միւսը, կարծես մէկ-մէկ մանգաղով կտրուած՝ անԹիւ կենդանիներ կ'իյնային փարախներու մէջ. ձիերէն ոմանք փախած էին ախոռներէն, կարծես խելագար, իրենց իսկ բաշերովը մտրակուած, աչքերնին մոլորուն, ռունգերնին դողդոջուն և վիշապներու պէս անյաղԹելի. անոնք որ դեռ մնացած էին գիւղին մէջ, կը ծիւրէին անբուժելի ախտերով. իրենց կողերը խոռոչացած, քամակները գօսացած, աչքերը մարած կապիճներուն խորը ու գիշերներու մէջ իրենց անՀանգիստ ու յարատեւ խրխնջիւնները կը խռովէին ընդՀատ և տագնապալի քունը գիւղացիներուն:

Գիւղին պաՀպանութեան յատկացուած շուները կատաղութենէ կը բռնուէին և իրենց տէրերուն ու փարախներուն վրայ կը յարձակէին գայլերու պէս. իրենց իսկ անդամները խածատելով կ'ռռնային և անցած ճամբաներուն վրայ արիւնի Հետքեր կը ձգէին:

Երբեմն ալ յանկարծ, կարծես մղուած Հաւաքական սոսկումէ մը, միաբերան կը կաղկանձէին չարագուշակ. քստմնելի և երկարաձգուած լալիւններով և Հիւղակներու մէջ ինչպէս տանիքները խշտեակներու վրայ՝ մարդիկ կը ցցուէին ու դժոխքի ոգիներու չարատանջ կծկումներով կը խորհէին թէ արդեօք ի՛նչ նոր չարիք կը ծանուցուէր իրենց։

Հաւասար Ոճիրին, Պատիժը կ՚ըլլար անողոք, անդարմանելի, անյաղթելի. ասոր համար է որ իւրաքանչիւր գիւղացի յիշելով իր արարքները, զարհուրանքով կ՚ոգեվարէր և ինչպէս ծարաւին ջուրի՝ այնպէս ամէն մէկը չարչարուելով մահուան խաղաղութեան կը ցանկար, որովհետեւ այլեւս սկսած էին կասկածիլ թէ ճակատագրական դժբախտութեան դէմ ամէն ջանք ի զո՜ւր, ի զո՛ւր էր…

Փորձառու պառաւներ արտասաներ էին արդէն չար բախտէն զարնուածներուն վրայ աւանդական և խորհրդաւոր աղօթքները և բանաձեւերը ու առաջին անգամ տեսեր էին որ չարը չէր փարատեր. հեռաւոր սրբատեղիներէ բերուած թըլըսմներ, սրբազան տէրվիշներու շունչը պարփակող նուսխաներ, միշտ ամենաբուժ և ամենակարող, անօգուտ դարձեր էին իրենց համար. այլեւս ճար չկար, ճար չէր մնացեր ու գիւղը միջոց մը ոգորելէ ետքը անչօշափելի և անտեսանելի չարիքի դէմ, տեղի տուեր և ամփոփուեր էր իր անբախտութեան պատեանին մէջ։

***

Տօթագին օրէ մը ետքը, իրիկունը կը սկսէր անսպասելի զովութիւնով մը. ամբողջ օրը կիզիչ և անողոք արեւը շողացեր էր երկնքին վրայ, կուրցնելով և պապակեցնելով մարդիկը և բոյսերը. արիւնը կը չորնար կարծես երակներու մէջ. ծառերու վրայ տերեւները կը դեղնէին և դեռ չինկած փոշիի կը վերածուէին. գետնի աւազներուն հատիկներն անգամ տոգորուելով արեւին ճառագայթներէն, լոյս և ջերմութիւն կ՚արտացոլային։

Իրենց լեզուները չորցած, թուքերը մածուցիկ, աչքերը մոլորուն, Զաբբունարի գիւղացիները դուրս խոյացան տուներէն և հիւղակներէն, երբ արեւը անհետացաւ հորիզոնին վրայ։ Ամէ՛ն տարի այս եղանակին տաքը տաք էր, բայց այս տարի կարծես անշունչ և անտարբեր առարկաները, ինչպէս նաև բնութեան տարրերը տարբեր հանգամանք մը ստացած էին։ Ծերունիներն անգամ իրենց հեռաւոր անցեալին մէջ չէին յիշեր նման դժոխային վիճակ. ջուրերը ցամքեր էին ամէն կողմ, միայն ջրհորները կային որոնց խորքերուն մէջ ուրիշ տարիներ կ՚երթային ջուր որոնելու. բայց այս տարի՛… օ՛ֆ… օ՜ֆ… Ուրեմն իրենց վառած կրակով իրենք ալ պիտի այրէին, ուրեմն իրենց տուած Հարուածով իրենց զաւակներն ու մայրերն ալ պիտի զարնուէին...: Անխորհուրդ և յիմար գերագրգռութեան մը մէջ, Մահը արթնցուցեր ու անոր ախորժակը սրեր էին... Հորիզոնին չորս կողմէն աչք առածին չափ տեղ ոչ մէկ Հայ գիւղ չէր մնացեր. Թշնամի միլլեթը կործաներ էին ժամեր ու ժամե՜ր... և յետոյ օրեր և օրե՜ր...

Մահը ընկերացեր էր իրենց, քալեր էր իրենց քովէն անտեսանելի և չարաբաստիկ, ու հնազանդեր էր իրենց վայրագ շարժումներուն... Բայց երբ պարտասած ու յագեցած վերադարձեր էին իրենց գիւղը, մահը չէր թողեր զիրենք. կառչեր էր իրենց քայլերուն ու իրենց ետեւէն սողոսկեր էր գիւղին մէջ, տեղաւորուեր էր երդիքներուն ներքեւ:

Մահը արթնցուցեր և անոր ախորժակը սրեր էին և անիկա անյագ էր բորենիի պէս:

Այն իրիկունն էր, պառաւ Խուրշիտ, գիւղին յարգուած կիներէն մէկը, մէջտեղ գալով յայտնեց թէ ինքը կը ճանչնար ջրհոր մը որ կը կարծէր թէ պղծուած չէ. անմիջապէս ամէն կողմերէն, կաւէ կուժերը ուսերնուն՝ ծեր թէ երիտասարդ կիներ խմբուեցան և թափոր կազմեցին. այրերը՝ գրեթէ ամէնքն ալ հալածական, տատամսոտ կեցուածքով կը նայէին կիներուն. այդ ջրհորը իրենք ալ գիտէին, բայց մինչեւ այն օր՝ հակառակ ջուրի նուազութեան, չէին համարձակած անոր խօսքը ընել, որովհետեւ հոն երթալու համար պիտի անցնէին այն լերան առաջքէն, որուն ետեւ հայ գիւղերու աւերակները կը տարածուէին. շաբաթներ անցեր էին եղեռնական օրերէն ի վեր և դեռ ոչ մէկը վերադարձեր էր մոխիրներու վրայ. նոյնիսկ երբ շրջակայ արտերը կամ իսլամ գիւղերը երթալու համար հարկ ըլլար անցնիլ հայ գիւղերու մօտիկէն, կը նախընտրէին ճամբանին երկարել և որչափ կարելի է հեռուէն դառնալ. անոնք կը սոսկային իրենց ձեռքով գործուած ոճիրը արտայայտող ուէ պատկերէ և հետքէ ու մանաւանդ զարհուրելով կը մտաբերէին որ քանդուած օճախներուն վրայ վերադարձող այրիներու կամ որբերու կրնան հանդիպիլ:

Բայց ծարաւը սաստիկ էր. կրակ մը կ՚այրէր իրենց կոկորդներն ու աղիքները... ու թողուցին որ կիները երթան ու մաքուր ջուր բերեն գիւղը:

Ժամանակը անցեր էր. աստղազարդ երկնակամարը մութ մանիշակագոյն երանգ մը ունէր. թէեւ լուսին չկար, բայց ճերմակ և վատուժ լոյս մը կը դողդոջէր ամէն կողմ. հեռուէն՝ սատափագոյն մշուշի մը մէջէն կը վէտվէտէին լեռներու կորութիւնները. երբեմն հարաւային հովը զաղջ ալիքներով կ՚անցնէր չոր և այրած հողի հոտ մը սփռելով, որուն մէջ կար վրդովեցուցիչ երանգ մը դիակնային նեխութիւններու:

Կիները կ՚արտորային ջուրով լեցուն կաւէ կուժերուն տակ կքած. չէին խօսէր և մտիկ կ՚ընէին իրարու աղմկալի շնչառութիւնները. յանկարծ պառաւ Խուրշիտ կեցաւ և միւսներն ալ կեցան. անիկա գլուխը կը շարժէր և քօղովը երեսը կը ծածկէր, որպէս զի իր դէմքը չտեսնեն, որովհետեւ հակառակ իր կամքին, կը զգար որ հրէշային արտայայտութիւն մը կը ստանար. քիչ ետքը կամքը թուլցաւ, քօղը ձգեց վար և սկսաւ ըսել զառանցական ձայնով մը.

— «Իմացա՛յ… ու բան մը չըսի… ոռբեր ու այրիները աւերակներու վրայ են իջե՛ր…»

Մատովը կը ցուցնէր մշուշապատ լեռները ու կը կրկնէր ահաբեկած.

— «Այս սարէն անդին ցաւ կա՛յ…»

Ամենուն աչքերը ուղղուեցան հորիզոնին այդ կողմը ու արտակարգ բան մը պատահեցաւ… կարծես նոյն այդ օրերն էին… երկինքին վրայ աստղերը մարեցան կարմիր բոցերու մէջ և ինչպէս եթէ դժոխքին դուռները բացուած ըլլային՝ հրեղէն ամպեր սկսան սաւառնիլ մինչև հեռաւոր սահմանները հորիզոնին… ողբեր ու կոծե՜ր… իրենց մոլորած աչքերուն երեւցան անթաղ մնացած դիակները, որոնք իրենց ցրուած և մաշած ոսկորներով կը կազմաւորուէին և ոտքի կը կանգնէին. հոգեվարքներ կը հռնդային մինչեւ իրենց մօտիկը… կարծես քարերը ու հողը լեզու ելած ըլլային, ամէն կողմէ ձայներ կը լսէին…

Խելացնոր ու սահմռկած երիտասարդ կիները իրենց ականջները կը գոցէին ու կը պոռային ինչպէս եթէ անընդհատ հարուածներու ներքեւ ըլլային. ոմանք նողկանքով ջուրը կը թափէին որ կ՚անհետանար անմիջապէս կրակին և չոր հողին մէջ. նոյնիսկ երբեմն կուժերը գետին կը զարնէին և կը խորտակէին:

Պառաւ Խուրշիտ չէր դադրեր գոչելէ.

— «Այս սարէն անդին ցաւ կա՜յ…»

Իր ծիւրած եւ թուխ մարմինը կը դողդղար ու կզակը կը կափկափէր ու մատը կը ցցէր միշտ նոյն ուղղութեամբ:

Դիմացի լերան կողքին վրայ սեւ ու խուսափուկ սիլուէթ մը, աստղերուն ճերմակ լոյսին մէջ սողալով կը բարձրանար. կ՚երեւի կը լսէր կիներուն վայնասունը. ափերը գետնին կրթնցուցած, գլուխը բարձրացուց եւ նայեցաւ. կիները տեսան այդ շարժումը ու իրենց թուեցաւ որ լեռը՝ ոխերիմ ու թրծուած իր զաւակներուն արիւնով, կը խախտէր իր հիմերուն վրայ ու կը սպառնար իրենց…

Կուժեր թողած, քօղերը պատառոտուն, կը փախչէին ամէն ուղղութեամբ ու իրենց շուարումին մէջ կը մոլորէին ճամբէն, կը հեռանային գիւղէն ու իրենց բոպիկ ոտքերը կ՚արիւնէր ճերմակ ու ապառաժուտ գետնին վրայ. երբեմն կ՚իյնային երեսներնուն վրայ, ամէն քայլին սայթաքելով ինչպէս եթէ անհամար ուրուականներ անխոնջ յամառութեամբ մը դպչէին իրենց ուսերուն…

Օձի պէս սողոսկելով հողին վրայ՝ ի զուր սարսափած, սեւ ստուերը փախստականնին կ՚երեւէր եւ կ՚անհետանար աստղերու ճերմակ ցոլքին մէջ. հապիպն էր… մէկ գիւղի մէջ ծնած եւ ոմանք իրեն հետ խաղացած, իրեն հետ մեծցած էին, բայց զիրար չճանչցան ու իրարմէ փախան ինչպէս կը փախին անհաշտ եւ անողորմ թշնամիէն։

***

Երբ արեւը բարձրացաւ եւ իր հրակէզ ճառագայթները սփռեց ամայի արտերուն եւ ամլացած արօտատեղիներու վրայ՝ ամենէն տարեցները Ջարբունարի գիւղացիներուն, գաւազաններու վրայ կրթնած կորաքամակ ծերունիներ, կամ կաթուածահար կամ անդամալուծուած, անդամները քսքսելով ճամբուն կրային փոշիին մէջ՝ դուրս ելան գիւղէն. իրենց կ՚ընկերանային մեռնելէ առաջ խաւարած կոյրեր, երեսնին երկինքին ջերմութեան դարձուցած, թեւերնին կարկառած եւ որոնք չչեղելու համար ճամբէն կը յառաջանային ուղեկից ծերունիներու կռնակները խարխափելով։ Դաժան անձկութիւն մը կը խանգարէր ալեւորներու դէմքերուն խաղաղութիւնը եւ չէին խօսեր չլսելու համար իրենց շրթներէն ելլելիք բառերուն չարաբաստիկ իմաստը։

Գիւղացին այդպէս որոշեր էր. օրեր առաջ լսեր էին որ Շէյխ Ալի, նշանաւոր տեսանողը, պիտի անցնէր իրենց գիւղին մօտէն. հակառակ իրենց դէպի Շէյխը ղրկած մարդերուն թախանձանքին, սուրբ մարդը չէր ուզեր իր տրեխները դնել ոճրագործ գիւղի հողին վրայ… Ո՛չ, ո՛չ… մարդկային եւ Աստուածային օրէնքներու դէմ մեղանչեր էին անոնք.

իրենց ձեռքէն եկած չարիքը կը զգար որ անդարմանելի էր. մօր և որբի արցունքը որ թափել տուեր էին, անմիտնե՛րը, պիտի խղդէր զիրենք. արդար Ալլահը վրէժխնդիր պիտի ըլլար դարերու ընթացքին ու անոր տրամադրութիւնները անխախտելի են… ու անվրիճելի՜…

—«Միայն կոյրերուն և անկար ծերունիներուն», ըսեր է Շէյխը վերջապէս, «անոնց որ աղէտի օրերուն չէին հեռացած գիւղին երդիքներէն, միայն կոյրերուն և անկարներուն կը յօժարիմ հանդիպիլ, կայանի մը, թթենիներու շուքին ներքեւ:»

Ծերունիները կը քալէին երկար ատենէ ի վեր. իրենց գլուխները ծածկող ճերմակ գտակներուն ներքեւէն քրտինքը կը վազէր. վատուժ սրունքները կը թուլնային և գաւազանի չոր և դողդոջուն աղմուկը կը կանխէր իրենց քայլերուն արձագանքը:

Անկարեկիր և հրեղէն արեւը իր անհամար սլաքներով կը վիրաւորէր իրենց խորշոմած ծոծրակները և մերկ ներբանները կը տոչորուէին ապառաժուտ գետնին վրայ:

Երբեմն հարաւային հովը արագընթաց ալիքի մը պէս կ՚անցնէր իրենց վրայէն, բայց անիկա փոխանակ զիրենք ամոքելու, գարշանքով ծամածռել կու տար իրենց դէմքերը, որովհետեւ բացօդեայ մնացած անտէր դիակներու նեխութիւնովը տոգորուած էր:

Երբեմն ալ նողկալի և ժանտատեսիլ բզէզներու և ճանճերու երամներ գետնին վրայ իրենց սողոսկող և երերուն թռիչքը դադրեցնելով կը բարձրանային յանկարծ և կը պարուրէին զիրենք սև, մշուշանման ամպի մը մէջ. դողդոջուն ձեռքերով ծերունեները ի զուր կը ջանային վանել այդ չարագուշակ անասնիկները. անոնց մազոտ և խոնաւ թաթերը կը կառչէին իրենց մորթին, կը մտնէին ակնապիճներու անկիւնները, ռնգունքներու եզերքը, ախորժակնին գրգռուած իրենց վրայ ծածանող մեռելի հոտէն:

Զարբունարի ծերունիները քալեցին այսպէս, տաժանելիօրէն, մինչև հասան որոշուած ժամադրավայրը, անիծուած գիւղէն հեռու, ուր կը յուսային լուսաբանուիլ իրենց դժխեմ բախտին վրայ:

***

Ժամանակաւ, բարեպաշտ և առաքինի ձեռքեր, ամայի և անծառ ճամբուն վրայ թթենիներ տնկեր էին, որպէս զի պապակուած ճամբորդը ուտելով անոնց պտուղներէն յագենար՝ և կարենար պահ մը կանգ առնել անոնց գալարագեղ և բարերար հովանիներուն ներքեւ:

Տարիներու ընթացքին անոնք բազմացեր և զօրացեր էին և իրենց շուքը կը տարածուէր ընդարձակ տեղի վրայ. ծերունիները տեսած ու վայելած էին այդ թթենիները իրենց մանկութենէն ի վեր. շուրջանակի շատ մը գիւղերու բնակիչները, հայ թէ իսլամ, եկած հանգչած էին անոնց հովանիներուն ներքեւ: Բամպակի հունձքին ժամանակ երբ կիները ու աղջիկները հեռանալով իրենց գիւղերէն կու գային մէկ քանի շաբաթ աշխատելու արտերու մէջ՝ հոն կը շինէին իրենց տախտերը գիշերուան համար և ծառերուն ամենէն երիտասարդ և ճկուն ճիւղերէն կը կախուէին ծծկեր մանուկներու օրրանները, քանի մը սերունդներէ ի վեր:

Ամայի ու մերկ տարածութեանը վրայ դաշտերուն՝ ծերունիներուն պղտոր և որոնող նայուածքներուն այս անգամ չներկայացան ծառերը, որովհետեւ ջարդէ ու կողոպուտէ վերադարձին՝ մոլորած և վայրագ ոճրագործներ արիւնոտ կացիններով տապալած էին զանոնք և անոնց հուժկու ճիւղերը կը տարածուէին գլխատուած բուներուն մօտերը, մարդկային կմախքներու պէս:

Բարեպաշտ և առաքինի մարդիկ տնկեր էին զանոնք ճամբորդներուն համար ու անհաշտ թշնամին սպաննելէ ետքը կենդանի սերունդը, այսպէսով սպաննել ուզեր էր նաև անոնց մեծ հայրերուն բարի դիտաւորութիւնները... ծառերու հովանին, պապակած ճամբորդներուն համար...

Հիմակ փոխ չարտաք մը, ծածկուած չոր տերեւներով, այդ ուռճալիր և հովանուտ ծառերուն տեղը կը բռնէր. որովհետեւ պատերազմական ատեններու հաստատումէն ի վեր, չարունակական անցուդարձի միջոցին՝ սպաներ, ոստիկաններ և պաշտօնեաներ անհրաժեշտութիւնը զգացեր էին կայանի մը՝ ճամբուն վրայ: Հոն կը կենային նաև շարունակաբար փոխադրուող կարաւանները բանտարկեալներուն, դատապարտուածներուն և զուլումէն հրաշքով ազատուած շղթայակապ հայ ճամբորդներուն:

***

Զարտաքին ներքեւ, խահուէճին, նիհար և երկայնահասակ չէրքէզ մը, տարածեց փսիաթները ու ծերունիները իրենց գաւազանները տեղաւորելէ ետքը նստեցան ծալապատիկ. ու հոն, իբր թէ առաջին անգամ զիրար տեսած ըլլային, բարեւեցին մէկզմէկ սրտաբեկ և յուզուած ձայնով.

— «Ալէյքիւմ սէլա՜մ…»

— «Սէլամ ալէյքի՛ւմ…»

Կռչկռտացած ձեռքերը կը հանգչէին կուրծքերու վրայ և իրենց գլուխները կը ծռէին խոնարհաբար ընդունելու համար բարեւը. կրկին նայուածքները տարտամ, շրթները համր դարձան. երբեմն մէկ կամ միւս կուրծքէն սրտաբեկ հառաչանք մը կը բարձրանար:

— «Օ՜ֆ… օ՜ֆ…»

Չէրքէզը անդին, գետնին վրայ կծկուած, շունչովը կը հրահրէր բամպակի խոզակներով վառուած խարոյկ մը, խահուէն պատրաստելու և նարկիլէներուն կրակ շինելու համար. երբեմն մուխէն շնչահեղձ՝ կը ձգէր գործը և առանց ոտքի ելլելու, մինակ գլուխը բարձրացնելով կը նայէր ծերունիներուն:

Անոնք անխօս մնացին, մինչեւ որ կոյրերէն մէկը լռութիւնը խզեց.

— «Ալլահը իր անսահման ողորմութիւնովը ողորմի մեզի՛… մեր կտրիճները սխալեցան ու խաբուեցան:»

— «Ճշմարիտ է,՛ ճշմարիտ է, սխալեցան ու խաբուեցան…»

Չէրքէզը խահուէն պատրաստեց ու բոկոտն և արագաշարժ հրամցուց ծերունիներուն. քիչ մը ետքը նարկիլէները եւս բերաւ և դրաւ իւրաքանչիւրին առաջք, կոյրերուն կարկամած ձեռքերուն մէջ զետեղելով ծխամորճները:

— «Գէ՛շ… գէ՛շ…» բացագանչեց ուրիշ մը. «դժբախտութիւնը եկած բունած է մեր երդիքներուն վրայ. եղբայր եղբօրը թշնամի, քոյրը քրոջը ոխերիմ դարձեր են. մեր արտերը ամլացած, տաւարները փճացած, հօտերը ջարդուած են… կարծես անտեսանելի և անողոք ձեռք մը կը ճնշէ մեր կեանքերուն վրայ. կիները յանկարծակի կը մեռնին, ոմանք կը խելագարին ու յղիները կը վիժին. այսահարի պէս սարսափէ և զարհուրանքէ բռնուած, ոմանք ալ երբեմն կը զառանցեն լոյս օրով… մարդիկ տենդահար և կասկածոտ, գէշ հովերէ տարուբերուող տերեւներու կը նմանին… աչքերու մէջ լոյսը մարած է ու նոյնիսկ մանուկներու շրթունքներուն վրայ ժպիտ չկայ. մոլեգնած գազաններու խոժոռ և դաժան դիմակները ունին գիւղին ամենէն կտրիճները… ի՞նչ բան է, ի՞նչ անտեսանելի և անդարմանելի անբախտութիւն է որ կայ մեր վրայ:»

— «Անէ՛ծք… անէ՛ծք…»

***

Շէյխը եկեր կեցեր էր իրենց մօտ, բայց ծերունիները մտացիր էին և կը լսէին որ հորիզոնին չորս կողմէն՝ ընդարձակ տարածութիւններէն դաշտերուն ինչպէս հեռաւոր կապոյտներէն լեռնակողերուն՝ իրենց մտածումը կ՚արձագանգէր, անէ՛ծք... անէ՛ծք... ու այլեւս չփոխեր էին ու չէին գիտեր թէ իրենց ներսէ՞ն կու գար այդ ձայնը, թէ դուրսէն կը լսէին:

Շէյխը կեցեր էր իրենց մօտ և վերջապէս երբ մոլորուն նայուածքներ դարձան անոր, ոչ ոքի մտքէն անցաւ որ այդ սեղմուած և տժգոյն շրթները կրնային արտասանած ըլլալ այդ չարաբաստիկ բառերը:

Շէյխը զարմանալի մարդ էր. ան յարգուած ու անտեսուած էր միանգամայն. կեանքի սովորական ընթացքին ան կ՚երթար գիւղէ գիւղ և բարձրագլուխ կը ստանար այն դոյզն ողորմութիւնը որ անհրաժեշտ էր իրեն ապրելու համար. երբեմն ալ կ՚անհետանար բոլորովին ու վերադարձին կը գտնէին զինքը քիչ մը աւելի թխացած, քիչ մը աւելի կնճռոտած. երբ հունձքը լաւ էր, կենդանիները առողջ, աղբիւրները և առուները կարկաչուն, ո՛վ կը խորհէր իր գերբնական կարողութիւններուն վրայ. զայն կ՚անգիտանային բոլորովին, երբ պէտք չունէին և Շէյխը կը դառնար սովորական, անցորդ և ընտանի մուրացիկ մը:

Բայց երբ գէշ ժամը հնչէր, անիկա կը ստանար անմիջապէս իր բոլոր փափաքը և ազդեցութիւնը. նախապաշարեալ և դիւրաւ վրդովուող գիւղացին այն ատեն անձկութեամբ իր ճամբուն կը սպասէր և ակնածանքով ու աղերսելով կը մօտենար իրեն ինչպէս կը մօտենան սուրբի մը... Երբ գէշ ժամը հնչէ՛ր... Շէյխը կը ստանար ուրիշ երեւոյթ. իր անհամար կնճիռներով փոթփոթուած դէմքին վրայ մանր ու սև աչքերը կայտառակ բոց մը կ՚արձակէին ու ինքը մեռելի գոյն կ՚ըլլար. իր տժգունած և վտիտ անդամները ջղաձգօրէն կը պրկուէին ու կը մարգարէանար, կը յորդորէր, կը յանդիմանէր ու մեծամեծները իրենց գլուխները կը խոնարհէին իր առջեւ, հակառակ որ իր խօսքերը գրեթէ միշտ, հասարակութեան համոզումին, զգացումներուն և կիրքերուն բոլորովին հակոտնեայ ըլլային. Շէյխը կարծես գերբնական ուժով մը այդ յամառ, տգէտ, մթին և անասնային ուղեղներուն առջեւ վայրկեան մը կը բանար լուսաւոր հորիզոնները արդարադատութեան և իմաստութեան. բայց երբ չարիքը խափանուէր ու գիւղացիներու անձուկ ճակատները Հակէին կրկին դէպի Հողը, ամէնօրեայ ճգճիմ և ստիպողական պաՀանջներու միջոցին կը մոռնային Շէյխը, ու իր յորդորները ու իր սպառնալիքները. այն ատեն անիկա լուռ, քէնոտ և առանձին, կ'երթար գիւղէ գիւղ, սակաւակեաց և մուրացիկ տէրվիշի կեանքը քաշքշելու:

Շէյխը նստաւ աղերսող ծերունիներու խումբէն քիչ մը Հեռու և մնաց անշարժ. միայն գլուխը կը սարսէր երբեմն, որ կը զգացուէր կոնաձեւ ու ճերմակ գալբաքին տատանումէն. իր դիմագծերը ստացեր էին մասնաւոր տժգունութիւն մը, որ կը նմանէր երկար ատենէ ի վեր մարած մոխիրի ճերմկորակ գորշութեան. երբ յամրօրէն իր արտեւանունքը կը բանար՝ ապակենման ճերմակ աչքերը, որոնց վրայէն սաՀելով կը կորսուէին բիբերը, անակնկալ սոսկում մը կը պատճառէին. այդ աչքերը կը յայտնէին իրենց անօրինակ արտայայտութեամբ որ Աստուծմէ նշանակուած մարդը Հաղորդակցութեան մէջ էր գերաշխարՀային Հասկացողութիւններու Հետ:

Կերկերաձայն ու վՀատած, վերջապէս, ընդՀանուր տագնապալի լռութեան մէջ Զարբունարի կոյր ծերունիներէն մէկը ըսաւ.

— «Եղբա՛յր, բարի և ողորմած եղիր մեր զաւակներուն Համար... մեր դժբախտութիւնը իր ծայրայեղ վիճակին Հասած է... մեր թշնամիներուն իսկ գութին արժանի եղանք:»

Ամէնքը մէկ փղձկած ու յանկարծ անդրադառնալով այս վերջին խօսքերուն անսաՀման թշուառութեանը վրայ՝ բոլոր ծերունիները խռպոտ և թաւ ձայներով կրկնեցին.

— «Մեր թշնամիներուն իսկ գութին արժանի եղանք:»

Շէյխը նախ լուռ մնաց. բոլոր մարմինը ձգտուած՝ կը կարկամէր, կարծես անդամները պիտի կոտրտէին չոր և ինկած ճիւղերու պէս. պաղ քրտինք մը կը բողբոջէր իր դիակնային դէմքին վրայ ու փոխանակ խօսքի, լորձունքի փրփուրներ կու գային շրթներուն:

Ծերունիները մեղմօրէն կը Հեկեկէին. իրենց ցաւոտ ու պղտոր աչքերէն արցունքի ամէն մէկ կաթիլ դժուարաւ կը ժայթքէր. կոյրը պաՀ մը սպասելէ ետքը Հարցուց.

— «Եղբա՛յր, բարի և ողորմած եղիր մեր զաւակներուն և անմեղ թոռներուն Համար, ըսէ՛ մեզի թէ ի՞նչ բնոյթ ունի մեզ զարնող չարիքը և ի՞նչ աղբիւրէ յառաջ եկած է:»

Շէյխը խլրտեցաւ ու գոչեց.

— «Անէ՛ծք… անէ՛ծք…»

Կրկին՝ աշխարհը սեւցաւ ծերունիներուն համար և նորէն լեռներէն ու հովիտներէն, բիւրապատիկ արձագանգուած վերադարձաւ իրենց Շէյխին աղաղակը.

— «Անէ՛ծք… անէ՛ծք…»

Իրենց վերեւ կամարացող երկիրը, արեւը ու բնութեան ձեւերը և երանգները, իրենց կոխած հողը իր անհամար մասնիկներով ու իրենց իսկ քունքերուն մէջ արիւնին զարկը՝ շտապ և չփոթ աղմուկով, ամէն բան, ամէն ձեւ և ամէն ձայն կը կրկնէին Շէյխին չարագուշակ աղաղակը.

— «Անէ՜ծք… անէ՜ծք…»

Ուրեմն բնութեան տարրերն անգամ թշնամացած էին իրենց դէմ. հողը չէր մարսած իր հարազատ զաւակներուն թափուած արիւնը ու պատիժը պիտի ըլլար այժմ և ապագային՝ կատարուած ոճիրին համեմատութեամբ:

Իրենք չէին մասնակցած անձամբ այդ ոճիրին, բայց գիտէին զայն իր սարսափելի և քստմնելի մանրամասնութիւններով. ու քանի՛ կը յիշէին իրենց զաւակներուն ձեռքով թափուած անմեղ արիւնները, այնքան աւելի դողով և սոսկումով կը խորհէին պատիժին, որովհետեւ կը զգային թէ քանի մը սերունդներ յաջորդաբար չպիտի կարենային քաւել զայն:

— «Ի՞նչ կրնանք ընել», հեծկլտաց ծերունիներէն ուրիշ մը, «ինչո՞վ կրնանք մեղմացնել անիրաւուածներուն և զոհերուն անէծքը, ըսէ՛ մեզի ու մենք մեր տժգունած արիւնով կը գնենք մեր թոռներուն բախտաւորութիւնը:»

Շէյխը տարակոյսով գլուխը շարժեց. նայեցաւ իրենց ամէն մէկին ու իր վերացած աչքերուն մէջ երեւցուց անդարմանելի դժբախտութեան ցուրտ և անողոք պատկերը, բայց պահ մը լուռ մնալէ ետքը տխուր և ուշադիր ծերունիներուն հրամայեց.

— «Դարձուցէ՛ք ինչքերը յափշտակուածներուն:»

— «Ամէնքն ալ սպաննուած են:»

— «Ուրեմն դարցուցէ՛ք զանոնք այրիներուն և որբերուն:»

— «Չենք գիտեր թէ ո՞ւր ցրուած են, սոսկալով կը փախին մեզմէ ու շատերը այրուած են իրենց բնակարաններուն մէջ:»

— «Տարէ՛ք այդ ինչքերը, կ՚ըսեմ, ու բան մը մի՛ պահէք, ու դրէք իրենց գերեզմաններուն մէջ։»

— «Գերեզման չունին, ո՜վ Շէյխ… բոցերու մէջ մոխրացան կամ անթաղ ու անտէր մնացին. անոնց յօշոտուած մարմինները գետը ու ջրհորները նետուեցան ու շատերն ալ արեւին տակ հատա՛ն գիշատիչներու կեր դառնալով։»

Դեռ իրենց խօսքը չէին վերջացուցած, երբ Շէյխը ելաւ կանգնեցաւ ու տրեխները ձեռքը բռնած, կռնակը դարձուց Զարբունարի ծերունիներուն և հեռաաւ անոնցմէ։

Երկար ատեն տեսան զինքը ճերմակ և մեծ ճամբուն վրայ. անիկա իրենց չդարձաւ բնաւ. երբեմն կը կարծէին նշմարել որ Շէյխին կոնաձեւ գալբաքը կը տատանէր մեղմօրէն ու կ՚ենթադրէին թէ առանձին զարհուրանքով կը կրկնէր ըսածները, ճերմակ և մեծ ճամբուն վրայ։

***

— «Այրիին ու որբին թափած արցունքը ամենաասաստիկ թոյնի պէս է… վա՛յ թափողին գլխուն։»

— «Վա՜յ թափողին գլխուն», կրկնեցին ծերունիները մեղմ և յուսահատած ձայնով։

Զոր և բեկբեկուող խնդուք մը իրենց ուշադրութիւնը հրաւիրեց. իրենց քովիկը նոյն փաթաթին վրայ կեցած էր մարդակերպ արարած մը. թնճուկ մազերը, փոշոտ և գօսացած կը ծեփուէին գլուխին վրայ, գանկին խուսափող գիծը երեւան բերելով այնպէս, ինչպէս եթէ ածիլուած ըլլար. արեւէն և հովերէն բոլորովին թխացած դէմքը անասնային արտայայտութիւն ունէր. պատառոտուն հագուստները ծուիկ ծուիկ կ՚իյնային անդամներուն վրայէն, մացառներ ճանկռտեր էին անոր ջղուտ և նիհար բազուկները ու ամէն կարգի միջատներ խայթելով զինքը՝ վէրքեր բացեր էին կուրծքին և թեւերուն վրայ… Անոր ո՛չ տարիքը յայտնի էր այլեւս, ո՛չ դասակարգը, և դժուարաւ կարելի էր ճանչնալ իր վրայ մարդկային դրոշմը, բայց ծերունիները ճանչցան զայն անմիջապէս. Հապիպն էր… իր մորթին անթափանց թխութեան ներքեւէն արիւնը խուսափեր էր կարծես. այնքա՛ն դիակային մոյնք մը քստմնելի կը դարձնէր զինքը։ Ձեռքը բռնած էր կաղամախի թարմ ճիւղ մը ու կը ճօճէր զայն միջոցին մէջ և կը շարունակէր խնդալ բերանը թոյլ բացած, ու աչքերը յառած անորոշ հեռաւորութեան մը։

Ե՞րբ եկեր էր իրենց մօտ, չէին գիտեր. այն պահուն երբ մտիկ կ'ընէին Շէյքսփիրին խօսքերը, ինքն ալ լսեր էր զանոնք ու առաջին անգամը ըլլալով թերեւս կարդացեր էր ճակատին սեւ գիրերը:

Ինչ որ գրուած էր, գրուած է՛ր… ու մօրը արգանդէն ազատած օրէն ի վեր կ'երթար դէպի հո՛ն… կը քալէր դէպի կախաղանը… անորոշ հեռաւորութիւններու մէջ ուր աչքերը սեւեռած էին, տեսաւ վերջապէս տանջանքի գործիքը ու իր մարմինը կախուած անկէ… Ծերունիները իրենց աչքերով հետեւեցան անոր նայուածքին ու նոյնիսկ կոյրերը ճակատնին դարձուցին ու ամէնքն ալ կը տեսնէին բազբաթիւ կախաղաններու վրայ միանգամայն, գիւղապետին տղուն՝ Հապիպի մարմինը…

Անօրինակ սարսուռով մը կը ցնցուէր դատապարտեալը ու աչքերը կ'ուզէր հեռացնել այդ կէտէն, բայց չէր կրնար: Անգամ մըն ալ ցնցուեցաւ և սթափեցաւ կարծես. գլուխը յաջողեցաւ անդին դարձնել. միջոց մը լուռ մնացին. Հապիպ հետզհետէ աւելի ջղագրգռուելով, սկսաւ տերեւները փետտել կաղամախի ճիւղին վրայէն: Յանկարծ անսպասելի կերպով մը ըսաւ.

— «Այս առաւօտ երեք խլամ եւս կախեր են:»

Միշտ կը խնդար, զառանցական խնդուածքով մը. երբեմն ապուշի երեւոյթ ունէր. անգիտակից ու խելագար մարդու մը արտայայտութիւն. բայց աչքե՛րը… անոնք կարծես անկախ իր մութ հոգիէն՝ կ'ապրէին առանձին արհաւիրքով մը…

Ծերունիները կը նայէին այդ աչքերուն ու իրենց կը թուէր որ անոնք յարատեւ ու բազմապատիկ ուժգնութիւնով մը կը տեսնէին ինչ որ պատահեր էր այդ չարաբաստիկ օրերուն ու կը տեսնէին նաև ինչ որ պիտի կատարուէր…

Ու ամէնքն ալ հետզհետէ աւելի վստահութեամբ կը խորհէին որ եթէ այդ մէկը զոհուէր՝ Ջարբունար կ'ազատուէր թերեւս անէծքի ազդեցութենէն. իրարու երես նայեցան ու իրարու միտք հասկնալով, նշանացի յորդորեցին ամենէն տարեցը որ խօսք բանայ:

— «Հապի՛պ, օղլո՛ւմ», ըսաւ անիկա համոզող ձայնով, «եկո՛ւր նստէ մեր մօտը ու խօսք մտիկ ըրէ՛…»

Հապիպ թուլցած ծերունիին փաղաքշական ձայնէն, ծունկերը ծալլեց ու կեցած տեղը չոքեցաւ:

— «Մտի՛կ ըրէ գերեզմանին սեմին վրայ եղողներու ձայնին… ո՞ւր կը փախիս այդպէս, ուրկէ՞ կը պահուըտիս… լսեցի՞ր Շէյխին խօսքերը, ամէն ջանք անօգո՛ւտ է… ինչ որ գրուած է, գրուա՛ծ է. աւելի լաւ չէ՞ որ համակերպիս ճակատագրիդ… պատիժդ կրես, հէլալութիւն առնես ու այնպէս մեկնիս այս անցաւոր և ունայն աշխարհէն…»

Հապիպ դադրած էր խնդալէ ու իրենց կը նայէր լրջութիւնով. քանի մը անգամ բերանը բացաւ խօսելու համար ու կզակը ի զուր շարժեց. յետոյ միայն հաստատ ձայնով մը գոչեց.

— «Ես մահուընէ չեմ վախնա՛ր…» Բայց այդ ի՛նչ օտար և հեռաւոր ձայն էր. իր ականջները չէին ճանչնար իր իսկ շրթունքներէն ելած խօսքերը:

— «Ես մահուընէ չեմ վախնա՛ր…»

Հապիպ յաճախ ըսած էր այդ բառերը անկեղծութեամբ և հաւատքով. գոչած էր այդպէս դէպքերէն առաջ ու կռիւի գացած օրերուն իսկ. յիշեց որ այդ ձայնը, ոճիրէն առաջ, իր ձայնն էր… բայց այդ օրերուն մահը չէր ճանչնար, չէր գիտեր ու խիզախելով կ՚երթար անոր դիմաց:

Մահը տեսեր էր առաջին անգամ իր ձեռքերուն տակ իր զոհերուն վրայ… տեսեր էր զայն մանուկներու զարմացած լուսահեղ աչքերուն մէջ որոնք կը մարէին ինչպէս եթէ կէսօրին արեւը մթննար աշխարհիս վրայ… տեսեր էր զայն մայրերու աչքերուն մէջ որոնք կը փակուէին իրենց զաւակներուն արիւնը տեսնելէ ետքը… լսեր էր զայն աղիողորմ ու յուսահատական ճիչերու, պաղատանքներու, ոգորումներու մէջ… զգացեր էր զայն պատառոտուն մկանունքներու սարսուռներու մէջ. դպեր էր անոր երբ հոսած գաղջ արիւնը հետզհետէ պաղեր էր ձեռքերուն վրայ… Մահը՛… այս էր մահը՝ իրեն համար, ցնցուող անդամներ, ծամածռող դէմքեր, զարհուրած աչքեր ու կիսատ մնացած վանկեր ճերմկող շրթներու վրայ ու հեկեկանքները, հռնդիւնները, խորդումները… այս էր իրեն համար մահը՝ քստմնելի, ըմբոստացուցիչ. մահը՝ անձկալի, զարհուրելի՛. մահը՝ կեանքով ու խանդով զեղուն էակներու, մահը՝ ոճրապարտ, մահը՝ անժամանակ…

Ու այս մահը մէկ չէր իրեն համար, այլ անիկա կը բազմապատկուէր իր գործած ոճիրներու թիւովը, որովհետեւ իր ձեռքովը սպաննուածներուն ամէն մէկին տաժանելի հոգեվարքովը պիտի ոգեվարէր. ամէն մէկին դժնդակ մահովը պիտի մահանար:

Ու այդ մահուընէն Հապիպ հիմա կը վախնար, կը սոսկար, կը փախէր. կը վախնար հոգիով, կը վախնար մարմնով ու իր ամէն մէկ նեարդը առանձին կը սարսռային, կը խուսափէին այդ մահէն…

Երկրիս ամենէն քստմնելի ճակին վերածուիլ, բայց ապրի՛լ, ապրի՛լ, ապրի՛լ… սողուն ըլլա՛լ, մողէզ դառնա՛լ, աւերակներու և ծերպերու բնակիչ, ջուրի կարօտ մացառ ըլլա՜լ, քարանալ, ժայռի բեկոր մը դառնալ… ոտքի կոխան հող ըլլա՜լ, բայց ապրի՛լ, ապրի՛լ, ապրի՛լ…

Ու անսահման և դժնդակ թուլութեան մը մէջ, Հապիպ կ՚աղերսէր կեանքը ծերունիներէն, իր հէմշէրիներէն որոնք ցուրտ, կոյր կը մնային. կ՚աղերսէր անշունչ առարկաներէն, արեւէն, երկինքէն, օդէն ու հեռուներէն անցնող սեւ թռչուններու երամներէն. կը հայցէր զայն նոյնիսկ բզէզներէն և հողին մէջ զեռացող որդերէն, բայց ամէնքը, ամէնքն ալ կը մթննային, կ՚անհետանային և միջոցը կը դատարկուէր ու կը խաւարանար իր սոսկումին առջեւ:

Ծերունին կը շարունակէր խօսիլ, բայց Հապիպ այլեւս մտիկ չէր ըներ, չէր լսեր իսկ…

— «Ջեր ձեռքով թափուած արիւնը պիտի խղդէ մեզ… ամէն մէկ կաթիլ իր գինը կը պահանջէ… անմեղներ էին ու մեզի դրացի. աղի, հացի հախ կար մէջերնի՜ս… Հապի՛պ, օղլում, պատիժդ կրէ՛, հելալութիւն ա՛ռ ու այնպէս մեկնէ այս անցաւոր աշխարհէն…»

Այդ միջոցին չէրքէզը եկաւ կեցաւ իրենց դէմ և յայտնեց որ ձիու ոտնաձայներ կը լսէ հեռուէն. Հապիպ զսպանակէ մղուածի պէս ոտքի ելաւ և խուսափեցաւ ծերունիներէն որոնք շուարած՝ ենթադրութիւններ կը թոթովէին. հրամաններ կու տային մէկզմէկու կիսկատար վանկերով և խուճապի մատնուած էին. յետոյ մէկ քանին պառկեցան գետնի վրայ ու իրենց ականջը հողին դրած՝ փնտռեցին ձիաւորներուն ուղղութիւնը և հեռաւորութիւնը: Երկրիս խորերէն կը լսէին ձիերու սմբակներուն համաչափ աղմուկը. կարծես սիրտ մը կար գետնին տակ որ կը տրոփէր ու կը դղրդէր հողին զանգուածային անտարբերութիւնը:

Վերջապէս ձիաւորները երեւցան հորիզոնին վրայ. արագութեամբ կը յառաջանային ու իրենց համազգեստներուն կոճակները ու երիզները կը կայծկլտային. երբ ծերունիներու տեսողութեան սահմանին մէջ եղան, չէրքէզը ձեռքովը աչքերը պաշտպանելով արեւէն, նայեցաւ ու ճանչցաւ:

— «Ոստիկաննե՛ր… ժանտարմանե՛ր…»

— «Մէկ արիւնէ և մէկ ցեղէ եղբայրնե՛ր:»

Բայց չէրքէզը կարծես իբրեւ պատասխան, կրկնեց երկչոտութիւնով.

— Հուրրիյէթին ոստիկաննե՛րը…

***

Մութը պատեր էր երկիրը ու քանի ժամերէ ի վեր կատարեալ լռութիւն կը տիրէր ամէն կողմ. սեւ, որոտալից ամպեր կը թաւալէին երկնքին վրայ ու առանց անձրեւելու կ՚անցնէին: Ցորեկները՝ հակառակ արեւը ծածկուած ըլլալուն՝ տաքը աւելի հեղձուցիչ էր, ամէն կողմէ գարշահոտութիւններու ալիքներ յամրօրէն կու գային, կը ծածանէին ու կ՚անցնէին. անանուն և անծանօթ բզէզներ և մժեղներ՝ խայթելու պատրաստ՝ կը յարձակէին մարդոց մերկ անդամներուն վրայ և տղաքը կը ծածկուէին մանր և թարախոտ վէրքերով… Մօտալուտ փոթորիկներէ ճնշուած, օդին մէջ կայծակը կը փայլատակէր երբեմն, կարծես երկինքը պատռելով ու երբեմն ալ կ՚որոտար, բայց չէր անձրեւեր ու ամպերը սեւ, սպառնալից և ամեհի՝ կը թաւալէին անվերջ կիլիկեան երկնակամարին վրայ:

Մութը պատեր էր ամէն կողմ, այնպէս որ այլեւս երկինքը չէր կարելի որոշել և ճամբուն վրայ գիւղերը և գիւղակները լուռ և խաւար էին գերեզմաններու պէս. այդ գիշերին մէջ մոլորած, Հապիպ կը խուափէր ստուերի մը նման. անիկա կը խուսափէր այն րոպէէն սկսելով որ տեսեր էր ոստիկանները մեծ ճամբուն վրայ… կը փախէր խելահեղ և անիմաստ ընթացքով մը, առանց դադարի, առանց հանգիստի, իր չուքէն սոսկալով ու խրտչելով նոյնիսկ երեկոյեան հովին ազդեցութեամբը խլրտող գետնի աւազներու դոյզն աղմուկէն: Անիկա կը կասկածէր իր ընտրած ամենէն անմատչելի թաքստոցներէն ու իր մարմինը չէր վստահեր ոչ լեռնակողերուն և ոչ ալ հնամենի բերդերու աւերակներուն: Բայց այլեւս յոգնած էր ու անօթի. կարծես անշէջ ու հրահրուած կրակ մը կ՚այրէր իր պապակած կուրծքին և աղիքներուն մէջ ու գլուխը կը տրոփէր ինչպէս մուրճի շտապ հարուածներու տակ:

Հետզհետէ իր խօլ և աննպատակ վազքին մէջ մօտեցաւ մայրենի գիւղին և սկսաւ դառնալ շուրջը առանց հեռանալու:

Գիշեր մը հանգչիլ մօրը քո՜վը… գիշեր մը միա՛յն. առաջուց զգաց քաղցր անդորրութիւնը հայրենի սեմին, եզերուն բուրումնաւէտ արտաշնչումը, յարդի հոտը և ծարաւի շրթունքներուն վրայ հողէ կուժին զովութիւնը…

— «Նոնենիները ծաղկած ըլլալու են», մտածեց մեքենաբար…

Ու հրագեղ ծաղիկները պզտիկ բոցերու պէս պարեցին իր խռոված մտքին մէջ:

Մութը պատեր էր իրկինք և գետին, ձայն և շշուկ չկա՛ր. ինչպէս ճամբուն վրայի հանդիպած գիւղերը Ջարբունարն ալ լուռ էր գերեզմանի պէս… կարծես տուները և հիւղակները ամայացած ըլլային. այդ պահուն Հափիփ գողի պէս մտաւ գիւղին մէջ:

Գիւղապետին տղաքը քնացած էին, տաժանելի օրէն պարտասած, բայց մայրը կը հսկէր… Անիկա կը նայէր սպառանալի երկնքին ու տարակոյսով և կսկիծով կը խորհէր իր կրտսեր տղուն բախտին վրայ. անիկա գիշեր թէ ցորեկ խապրիկ կը սպասէր երկինքէն անցնող թռչուններէն, հովերէն և ամպերէն. երբեմն գիւղացի պառաւներ կը ճգնէին զինքը մխիթարել, բայց ան գլուխը կը շարժէր և կը մրմնջէր.

— «Տուները մայր չըլլա՛ն…»

Երբ Հափիփ հասաւ իր տունը, մայրը զգաց անոր ներկայութիւնը հեւքոտ շնչառութենէն. յուշիկ քայլերով իջաւ երդիքէն ու իր փախստական որդին առաջնորդեց տանը առաջին յարկին վրայ սենեակ մը՝ ուր սովոր էին տանը ցորենը ամբարելու. սենեակը մերկ էր այդ պահուն ու միայն յարդեր դիզուած էին մէկ անկիւնը. մայր ու տղայ մութին մէջ ճանկելով յառաջ քշեցին յարդերը, տարածեցին գետնի վրայ ու նստան: Հափիփ միշտ կը շնչէր աղմկալի շնչառութիւնով մը. կիսաբաց բերնէն լորձունքը կը վազէր առատութիւնով. արագ-արագ մայրը կը հոգար տղուն պէտքերը, առանց անոր բան մը հարցնելու, բնազդով և սովորութիւնով գիտնալով ամենէն ստիպողականները: Երբ կուժը հասաւ Հափիփի շրթունքին, անիկա շունչը բռնած խմեց մէկ ումպով. մութին մէջ աչքերը կը մոլորէին նուաղելու մօտ եղող մէկու մը պէս:

— «Հափի՛պ, օղլո՛ւմ», կը հեծէր չարուանակ պառաւը և աւելի չէր կրնար ըսել:

— «Աննէ՛», ըսաւ վերջապէս Հափիփ… «զիս կը հալածե՛ն, զիս կը փնտռե՛ն, ճամբան իմացայ թէ մահուան դատապարտուած եմ և այլեւ տուն չվերադարձայ. անօթի ու ծարաւ մնացի, աննէ՛, ու քարերը, ու լեռները անգամ անողորմ եղան ինծի համար:»

Կրկին աչքերը մոլորեցան… գլուխը պտոյտ ունէր. մութին մէջ աւելի մութ ծուէններ կ՚երթեւեկէին աչքին առջեւ, ծայրայեղ արագութեամբ:

Մայր ու տղայ աշխարհը մոռցեր էին. անոնց աչքին առաջ կը ցցուէր միայն իրենց սեփական դժբախտութիւնը ու բոպէ մը իսկ չէին անդրադառնար այդ դժբախտութեան սկզբնապատճառներուն, կատարուած ոճիրին և ուրիշ սգաւորուած մայրերուն վրայ:

— «Աննէ՛, պահպանէ զիս այս գիշեր», կականեց Հապիպ, «ու լոյսը չծագած կը մեկնիմ հոսկէ ու ոչ ոք կ'իմանայ իմ ներկայութիւնս:»

Կէս գիշեր էր արդէն ու Հապիպ տարածուած յարդերուն վրայ, կը քնանար խորունկ քունով. մայրը իր միւս տղաքներուն կասկածը չարթնցնելու համար բարձրացաւ երդիքը:

***

Երկու ժամէ ի վեր կը քնանար Հապիպ երբ յանկարծ արթնցաւ ինչպէս եթէ մէկը զինքը դրդած ըլլար. կարծեց որ մայրն է ու բերնին մէջ լեզուն ծանրացած և լեղի, հազիւ թէ թոթովեց.

— «Ուշ չէ՛, աննէ՛, դեռ աքաղաղը չկանչեց…»

Նոյն պահուն իսկ՝ կարծես պատասխանելու համար իր մտածումին, հեռաւոր հաւնոցէ մը աքաղաղը երգեց սուր, վճիտ և երկարաձգուող ձայնով մը…

Հապիպ նստաւ խշտեակին վրայ և մտիկ ըրաւ. վայրկեան մը կատարեալ լռութիւն յաջորդեց ու յետոյ յաջորդաբար ուրիշ աքաղաղներ երգեցին գիւղին այլաայլ կէտերէն:

Դեռ մութ էր ու իր պառկած սենեակին մէջ լոյսի ոչ մէկ ճաճանչ սպրդած էր, այլ սակայն մտածեց որ պէտք էր մեկնի:

Քունը զինք զինովցուցեր էր. սրունքը թոյլ և վիրաւոր էր, ոտքերը արիւնոտած, և իր բոլոր անդամները կը ցաւէին առանձին ցաւերով. օդը զգալի կերպով զովացած էր և քրտինքը կը պաղէր կռնակին վրայ. աչքերը մութին մէջ սեւեռած՝ սկսաւ մտածել.

— «Լոյս աչքով գիւղը չպիտի տեսնե՛մ… պէտք է մեկնի՛լ… կոյրի պէս ե՛մ… նոնենիները ծաղկած ըլլալու են, բայց ես չպիտի տեսնե՜մ… ու անոնց պտուղներէն խըմէթ չունիմ ե՛ս… աննէ՜… աննէ՛… աննէ՛…»

Մտքովը կ'երգէր իր ցաւը ու ամենէն աննշան մանրամասնութիւնները իր յիշողութեան մէջ մեծ համեմատութիւններ կ'առնէին. կը ցանկար տեսնել, կը ցանկար լսել, կը ցանկար հոտոտել և ճաշակել ինչ որ մանկութենէն ի վեր տեսած, լսած ու ճաշակած էր. իր զգայարանքները առանձին և սուր *կարօտներով կը տանջուէին ու ծարաւի էր իրեն ընտանի ձեւերուն և գոյներուն։ Ցանկարծ ամէն բան չփոթուեցաւ իր ուղեղին մէջ, ուժգին գլխու պտոյտ մը անկարող դարձուց զինքը շարժելու, մինչ տեսողութեան և լսողութեան պատրանքներ կ՚աՀաբեկէին զինքը։*

Ձայնե՛ր… ձայնե՛ր… ձայներ… կու գային քառատրոփ արագութիւնով ձիաւոր ժանտարմաները և ոստիկաննե՛րը… գիւղացին արԹնցե՞ր էր ուրեմն… ի՞նչ աղմուկ է, խուժանի աղմո՛ւկ… կ՚ոռնա՞ն Թէ կու լան… աննէ՛, աննէ՛, աննէ…

Երկվայրկեանի մը մէջ սենեակը լեցուած էր բազմութիւնով. զինքը շղԹայով կը կապէին ու կը տանէին, բայց ինքը չէր ուզե՛ր, կը քաշքշէին զինքը ու անդամները քսքսուելով կարծր Հողին՝ կ՚արիւնէին, ու այդպէսով կը տանէին, արիւնի Հետքեր ձգելով ետեւնին…

— «Ես մեռնիլ չեմ ուզե՛ր… աննէ՛, ես մաՀուընէ կը սոսկա՛մ… պաՀպանէ՛ զիս, ծածկէ՛ զիս… աննէ՛, զիս կախելու կը տանի՜ն…»

Ճերմակ լոյս մը կ՚երեւար երկնքին վրայ, երկիրը մութ էր տակաւին, բայց տուներուն տանիքները, Հեռաւոր լեռներուն գագաԹները սկսած էին տժգունիլ. ձայն մը ականջին կը փսփսար. «Ինչ որ գրուած է, գրուած է՛». բայց ինք մտիկ չէր ըներ այդ անպատեՀ ձայնին ու սոսկալով կը խորՀէր Թէ մաՀուան պատիժի ժամն էր, այգուն այդ ժամը։

Եւ աՀա վերջապէս տեսաւ մղձաւանջային գործիքը ու անիկա շատ աւելի բարձր էր քան կ՚երեւակայէր, շա՛տ աւելի ամուր կանգնած Հայրենի Հողին վրայ։

Ո՞ւր էին այդ ժամուն իր կռիւի ընկերները, գիւղացի իսլամները, ջարդի ու կողոպուտի Հրաւիրող իմամները. ո՞ւր էին… մարդիկ աչք ունէին ու չէին տեսներ, ականջ ունէին ու չէին լսե՜ր… ի՞նչ էր այդ խուժանը ծովի պէս ալեծածան և ոխերիմ իրե՛ն… Թշնամի իր կեանքին։

ՄԹին և դառն յուսաՀատութիւն մը պատեց իր Հոգին ու այլեւս չգոչեց, չպաղատեցաւ, չյուսաց։ Փետուրի պէս ԹեԹեւ՝ զինքը տեղափոխեցին կախաղանին առջեւ. Հոն էր. կեցած դէմը… ո՛չ մէկ ձայն այլեւս, ո՛չ մէկ շշուկ. մարդիկ կը շարժէին ու կը գործէին կատարեալ լռուԹեան մէջ ինչպէս եԹէ ստուերներ ըլլային… իր անձն իսկ ուրուականային տարտամութիւն մը ստացած էր… բայց Հոն էր… կախաղանին առջե՛ւ…

Այգուն լոյսը աւելի կը ճերմկէր տանիքներուն և հեռաւոր լեռներուն վրայ. եւեւ դարձաւ ու այլեւս մարդ չէր մնացե՞ր… փախե՛ր, խուսափեր էին ամէնքը. մինակ էր ու կանգնած կախաղանին առջեւ. ո՞ւր էին անհետացեր ոստիկանները, հետիոտն թէ ձիաւոր, մինակ էր ու չէր կրնար փախչիլ… մինակ էր կախաղանին առջեւ ու իր շուքը միայն կախաղանին շուքին զուգընթաց կ'երկննար առաւօտեան ճերմակ լոյսին մէջ:

Յանկարծ իր շուքը անջատուեցաւ իրմէն, առանձին մարմին առաւ ու կանգնեցաւ իր դէմ… Ո՛վ զարհուրանք, դահիճն է՞ր, ուրուականային, զառանցական, անդրաշխարային արարա՞ծ մը… անիկա դահիճն էր ու իրեն նման էր… կը ճանչնար զայն ինչպէս կը ճանչնար ինքզինքը առուներուն հայելիին մէջ. անիկա տժգոյն էր մեռելի պէս ու խենդի աչքերով իրեն կը նայէր:

Միջոց մը կեցան այդպէս, դէմ դիմաց, կախաղանին առջեւ և Հապիպ երբեմն դահիճը կ'ըլլար, երբեմն դատապարտեալը… Առաւօտեան լոյսը աւելի կը ճերմկէր և գործողութիւնը կ'ուշանար, որովհետեւ չուանը մոռցեր էին. դահիճը՝ հակառակ լոյսին՝ խարխափելով կը փնտռէր աստղին անդին, ու կարծես կոյր ըլլար՝ իր ձեռքերը կը մոլորէին: Հապիպ կը նայէր ու կը մտածէր.

— «Ցորենի ամբարանոցին անկիւնը չուան կար ու չէիք գիտեր, անօրէննե՛ր…»

Բայց հազիւ թէ այս մտածումը ուրուագծուեցաւ ուղեղին մէջ, չուանը գտնուած էր և դահիճը կու գար դէպ իրեն, յամր բայց անվրիպելի քայլերով:

— «Երբե՛ք… երբե՛ք…» Հապիպ կը գոչէր և կը հեւար ու կը պայքարէր դահիճին դէմ… երկար րոպէներ տեւեց այդպէս… Աքաղաղները սկսան կանչել երկրորդ անգամ ու Հապիպ իբրեւ հեռաւոր հանդիսական տեսաւ իր վզին անցնիլը չուանի օղակին մէջ ու իր մարմնին ճօճուելով կախուիլը կախաղանին:»

***

Լոյսը ծագելուն՝ գիւղապետին կինը վրդովուած Հապիպի երեւան չգալէն, ամբարանոցը մտաւ ու փնտռեց զայն և նորածագ արեւին լոյսով տեսաւ իր տղուն թշուառական մարմինը կախուած առաստաղի գերանէն:

Պառաւ մայրը կու լար եւ կը բացատրէր պատահածը. բայց մէկը չէր հասկնար իր խօսքերը. անիկա կ'երթար դուռնէ դուռ, կը զարնէր ու մազերը փեթռտելէն, երեսները ճանկելէն գթութիւն և ցաւակցութիւն կը մուրար. իր խօսքերուն ազդեցութեան տակ մարդիկ ու կիները կը դիտէին արբեցածի պէս. սարսափելի դէպքը վերջապէս կը թափանցէր գեղջուկի ուղեղներուն մէջ.

— «Հապիպը անձնասպա՜ն, ինքզինքը կախա՜ծ...»

Պառաւները կու գային իրենց հիւղակներու սեմերուն վրայ և իրենց գլուխները կը ճօճէին ցաւով ու տարակոյսով. տենդէ և կիրքէ վառուած երիտասարդ աչքերու մէջ զարմացումը կը խառնուէր սոսկումին և այդ պահուն շատեր ու շատեր, ճնշուած կը զգային իրենց կատարած ոճիրներուն յիշատակովը: Վերջապէս իմացան նաև ծերունիները և կոյրերը, ու իրենց աղօթքով դողդոջուն շրթունքներուն մէջէն երբեմն երբեմն կը գոչէին.

— «Բաւական է, Ալլա՜հ... ողորմութիւնդ ճառագայթէ մեր անբաւ մեղքերուն վրայ, որովհետեւ գերեզմանին հողը աւելի թեթեւ է մեռեալներու կուրծքին՝ քան այս ցաւը որ կը ճնշէ մեզ:»

Անդին ամբարանոցին սև ստուերներուն մէջ, փոշոտ գերանէ մը կախուած Հապիպի մարմինը կը ճօճուէր մեղմօրէն:

Կէսօրուան ժամանակները միայն, մօտակայ գիւղաքաղաքին իշխանութիւնները իմանալով դէպքը, ոստիկաններ ղրկած էին մարմինը վերցնելու համար:

Ջուանը կտրեցին, դիակը դրին պատգարակի մը վրայ ու անցուցին գլխաւոր ուղիէն. ամէնքն ալ, կին, այր թէ տղայ, եկած էին ու արեւին տակ շարուած երկու կողմէն... Ամէնքն ալ կը տեսնէին Հապիպի դժնեռեսիլ ու կապտացած դէմքը, աչքերը կապիճներէն դուրս, լեզուն սեւցած և փակած թուշին: Ձայն ու շշուկ չկար և կը նայէին, ու բոլոր ոճրապարտները իրենք զիրենք կը կարծէին տեսնել այդ այլակերպուած և ծամածռուած դիակին վրայ, որովհետեւ քանի մը վայրկեան ապրեցան այն տաժանքով որ կ'ապրին դատապարտեալները իրենց կախաղանին առջեւ:

***

Օրեր ու շաբաթներ անցեր էին. Զարբունարի գիւղացիներէն ոմանք գաղթեր էին հեռաւոր վայրեր և ոմանք ալ միացեր էին վաչկատուն և թափառական ցեղերուն. շատ տուներ փակուեր էին և շատ մը *երդիքներու մուխը մարեր էր. ամլացնող երաշտութենէն ետքը անդադրում և հեղեղանման անձրեւներ լպրծուն կաւի վերածեր էին նոյնիսկ իրենց բնակարաններուն գետինները. ափ մը չոր հող չէր մնացեր: Գետը կատղած ու զայրագին՝ յորդեր ու տարածուեր էր իր անդիմադրելի հոսանքով քշելով և տանելով ինչ որ պահած էին գետնափոր թաքստոցներու մէջ… Բան չէր մնացե՞ր, ու ջուրի հոսանքները տարեր էին ոչ միայն զոհերուն հարամ ինչքերը, այլև ինչ որ իրենց ճակատի քրտինքով շահած էին:*

Ջուրը կը մտնէր ամէն տեղ. երբեմն սողալով կու գար գետնին տակէն ու ահա կը պոռթկար պեղելով հողերը, սարսելով տուներու հիմերը և արմատախիլ ընելով դարաւոր ծառերը:

Նոյնիսկ գերեզմանները քրքրուած էին և գիւղացիին մեռելները հողէն դուրս նետուած՝ երկրիս երեսը եկած էին և ջուրը կը տարուբերէր անոնց ցրուած ոսկորները իր դաժան քմահաճոյքներուն համեմատ:

Օրեր ու օրեր գետը զայրագին և ոխերիմ գոռացեր էր իրենց մօտիկը. արտերը, դաշտերը ու մարգագետինները լիճերու վերածուեր էին, որոնց մէջ յարատեւ կ՚արտացոլային սպառնալի և մութ ամպերը երկնքին:

Ծերունիներ և պառաւներ, համակերպած և գիտակ իրենց ճակատագրին, կ՚ըսէին սահմռկած երիտասարդներուն.

— «Հայտան կէլէն հուլյա կիտէ՞ր…»

Կարծես երկինք ու երկիր, լեռներն ու գետերը ըմբոստացեր էին ու կը լրացնէին մարդկային արդարութեան անբաւականութիւնը. ու երբ անդադար ամպերը կը գոռային ու յորդած գետը կը մռնչէր, ոճրագործ գիւղացիներու գրգռուած երեւակայութեան կը թուէր որ զարնուած ցեղին վրիժառու ոգին էր, անմահ և արդար, լոյսի պէս անմատչելի, որ կը սաւառնէր միջոցին մէջ, իրենց տրամադրութիւններուն՝ չարիքին խաւար և քանդող զօրութեան սահմաններէն դուրս:

Սաֆիյէ

Ինչպէս ամէն օր, այն իրիկուն ալ վերջալոյսը պերճօրէն կարմրցուց մթնոլորտը: Լեռներուն կողէն ի վար ճաճանչագեղ լոյսը մարը մտնող արեւին՝ բեհեզի պէս տարածուեցաւ ու շողշողաց անհամար կայծկլտումներով: Ճիհանը արենագոյն կոհակներով կը յայտնուէր լեռնաշղթային մէջէն ու կը թաւալէր դաշտագետնին վրայ, ու իր դաշն աղմուկը հեծեծանքի պէս էր այդ ժամուն:

Սաֆիյէ կը սպասէր: Օրերէ, շաբաթներէ ի վեր գիւղին կտրիճները հաւաքուէր, փսփսացեր էին, ու տարտամօրէն ինքը լսեր էր որ *կեավուր*ները ոտքի են ելած ու կռիւի օրը չուշանար... կռիւը սկսեր էր այն առաւօտուն, ու գիտէր որ Ալլահին փառքին ու յաղթանակին համար զինուած իր տղուն բազուկը անյողդողդ եւ անագորոյն պիտի ըլլար. ինքն էր որ ղրեր էր սուրը անոր գօտիին մէջ, ու ինքն էր որ օրեր առաջ գնտակները թափեր էր անոր հրացանին համար ու այն առաւօտուն ձիուն սանձէն բռնած առաջնորդեր էր իր որդին մինչեւ իրենց գիւղին սահմանը:

Բոլոր երիտասարդները մեկներ էին, ու ծերերը կ'անիծէին իրենց ապիկարութիւնը որովհետեւ արեան գինովութիւնը իրենց գլուխներն ալ դարձուցեր էր. իսկ տղաքը կը ջանային փախուստ տալ, արդէն իսկ ամօթալի համարելով կիներու քղանցքներուն քով մնալ, երբ իրենց մեծ եղբայրները եւ հայրերը մեկներ էին՝ դանակներնին սուրցուցած եւ հրացաններնին լեցուն փամփուշտով:

Գիւղին կիները եւ աղջիկները հաւաքուեր էին սարահարթի մը վրայ ու ղէմքերնին կարմիր *եազմա*յով ծածկած օրն ի բուն հետեւեր էին կռիւին որ տեղի կ'ունենար շրջակայ գիւղերուն մէջ... իրենց հրայրքոտ աչքերը կը վառէին մութ *եազմա*յին տակէն ու իրենք լուռ էին ու հանդարտ. գրեթէ ապահով իրենցիններուն յաղթանակին:

Ամէն կողմէ *կեավուր* գիւղերը կ'այրէին... օրուան ընթացքին ձեռքովնին պաշտպանելով իրենց աչքերը արեւին լոյսէն, հետեւած էին խուժանին... հորիզոնին հեռաւոր գիծին վրայ արշալոյսին մէջ՝ խաղաղիկ գիւղը կ'արթննար զարհուրանքով... վայնասիւններ, կոչեր... երբ հովը նպաստաւոր էր, կը լսէին շատ մը մարդկային աղաղակներ, յետոյ հրացանի թնդիւններ, խառնակ, չփոթ... օտար

Հրացանի ձայները հետզհետէ կը մարէին, կը լռէին, ու իրենցինները՝ որոնց հարուածին ականջներնին վարժ էր, կը շարունակէին զարնել, զարնել, անդադար… յետոյ լռութիւն, իրենց ետեւէն գիւղը կը մխար… ու այսպէս մինչեւ իրիկուն…

Դանակներնին արիւնոտ ու պատեանէն դուրս, շապիկներնին արատաւորուած, հրացաններուն փողերը դեռ տաք, խումբ խումբ թէ առանձինն գիւղին կտրիճները վերադարձեր էին իրիկուան, իրենց հետ բերելով հինգ սպաննուած իսլամ եւ քանի մը վիրաւորներ, աւելի քան երբեք վառուած ատելութիւններով ու ապշած իրենց ըրած կողոպուտներուն հարստութեան վրայ:

Սաֆիյէ դեռ կը սպասէ՜ր. թէեւ նախապէս համակերպած ճակատագրին՝ այլ սակայն իր սպասումը կը դառնանար վրդովուած անհամբերութեամբ մը. կզակը սեղմած յօնքերը պռստած ու սիրտը ապառաժի պէս կարծր, մէկիկ մէկիկ բացեր էր կռուի դաշտէն եկած իսլամ նահատակներուն դէմքերը ծածկող քօղը եւ փնտռած իր տղան, մինչ անոնց այրիները ու որբերը կու լային երկարաձգուող, ողբագին աղաղակներով. «Ո՜ւ ո՜ւ… ո՜ւ…»

Լեռներուն վրայ վերջալոյսին ոսկեգոյն ցոլքերը կը տժգունէին… դէպի վե՜ր, դէպի ամպոտ երկնակամարը կը ցցուէին գագաթները գեղեցիկ եւ իր աչքերուն ընտանի լեռնաշղթային… անոնք նախ կապոյտ, հետզհետէ մանիշակագոյն, վերջապէս սեւցած:

Ծիհանը ալ աւելի հեծեծալով կը թաւալէր, ու դիակներու առատութենէն իր կոհակները ծանրօրէն կը բարձրանային եւ կը դանդաղէին իրենց ընթացքին մէջ:

Հեռաւոր գիւղերուն մէջ ձայները մարած էին, ու երբ գիշերուան հովը համր աչքերով դէպ իրեն կու գար, կը բերէր իրեն հետ հրկիզեալ վայրերէ խանձածի սուր հոտ մը, միացած այրուած մարմիններու եւ լճացած արիւնի արտաշնչումներուն… Ագարակներուն, բնակարաններուն, երկրագործական մեքենաներուն մնացորդները կը շարունակէին մխալ, եւ գիշերին մէջ երբեմն յանկարծ կը ժայթքէր նոր բռնկող բեկորի մը բոցը… երկնքին վրայ ծանր եւ սեւ ամպեր կը թաւալէին զիրար մղելով եւ երկրէն բարձրացած մուխի եւ բոցի ծուէններ կ'երթային կը միանային անոնց, աւելի մութցնելով երկնային կամարը…

Վերջապէս Սաֆիյէ աչքերը դարձուց այս չարագուշակ հեռանկարէն եւ իր հիւղակը եկաւ. իր տեսողութեան շրջանակին մէջ ոչ մէկ ձիաւոր չէր երեւար… ամէն կողմ գերեզմանային լռութիւն մը կար, որը կը խանգարէին երբեմն հեւքոտ կաղկանձիւնները իրենց բնագդէն տանջուած շուներուն եւ ողբագին աղաղակները խլամ այրիներուն:

«Ո՜ւ… ո՜ւ… ո՜ւ…»

Ծերութիւնը կքեր էր իր հասակը, ու աչքերը մարեր էին աշխարհիս ուրախութիւններուն համար… տաժանելի, չարքաշ կեանքի մէջ կարծրացած, օր մը կուշտ, օր մը անօթի, ինքը չէր ճանչնար կնոջական փղձկումները ու գորովալի փարանումները…

Իր զգացումները դանակի հարուածի մը պէս հատու եւ անգութ էին… փոքր հասակէն հալածուած ու իր Իսլամի արժանապատուութեան մէջ վիրաւորուած այն ժողովուրդներուն կը պատկանէր, որոնց վրայ ծանրացած էր օտարին լուծը… Հեռու տեղերէ եկեր էին, իր հայրը ու իր ամուսինը մեռեր էին կռուի մէջ, ու այդ կորուստներուն հետեւանքով ծննդավայրի մթնոլորտը ճնշիչ, ատելի ու օտար դարձեր էր իրեն համար, ու իր տղուն հետ գաղթեր էր դէպի աւելի ներողամիտ եւ հիւրընկալ երկիրները Փոքր Ասիոյ… Իրենց հետ բերեր էին իբրեւ միակ ինչք հօրը եւ ամուսնոյն դաշոյնները եւ հրացանը, որով խաղաղ օրերու մէջ տղան որսի կ՚երթար ու նեղ օրերու մէջ՝ կռիւի:

Յետոյ տէօվլէթը հող եւ սերմնացու ալ տուեր էր իրենց, ու գետեզերքի եղէգներէն իրենց հիւղակը շինելէ ետքը ինքզինքնին զերծ զգացած էին առօրեայ պէտքերէ… Նոյնիսկ պառաւ Սաֆիյէ կը խորհէր իր տղան երջանկացնել եւ սկսած էր արդէն իր խիստ եւ անաչառ դատաստանին ենթարկել գիւղին աղջիկները, երբ ահաւասիկ կռիւը վրայ հասեր էր…:

Հիմակ կը սպասէր իր որդւոյն եւ որովհետեւ արեւակէզ օրէն ետքը գարնանային իրիկունը զով էր՝ բամպակի խոզակներով կրակ վառեց պատրաստ ըլլալու համար տղուն վերադարձին:

Ժամերը կ՚անցնէին. գետինը ծունկի եկած՝ շունչովը կը հրահրէր կրակը, ու մուխը զինքը կը կուրցնէր, ու իր աչքերը կ՚արցունքոտէին, ու վայրկեաններ կային ուր չէր գիտեր թէ այդ արտասուքը ներքի՞ն թէ արտաքին պատճառէ յառաջ եկած էր:

Բարի դրացիներ կռիւէ վերադարձին տեղեկութիւն տուեր էին տղուն վրայ ու մինչեւ ուշ ատեն տեսեր էին զինքը. ամենէն քաջերէն աւելի քաջ եղած էր, տեսեր էին զինքը աչքերը վառած սրբազան զայրոյթով.

բազուկը պինդ, շապիկը կարմրած անհաւասարի արիւնով, եւ անխնայ՝ մարդոց թէ տղայոց կիներու թէ ծերերու համար… Պատուհասի մը ու մղձաւանջի մը պէս կը հասնէր անիկա հայ գիւղերու մէջ, գօտին կ՚ամուրցնէր ու արագ շարժումով մը ֆէսին շուրջը եազման սեղմելէ ետքը նշանը կու տար կռիւին:

«Պիսմիլլահ էլ րահման իւլ րահիմ…»

Ձիերը ռունգերնին թրթռուն կը խրխնջէին, ու սմբակները կը զարնուէին մարդկային արիւնոտ բեկորներու, բացուած որովայններու ու ջարդուած տղաքներու մատղաշ մարմիններու վրայ…

Ամէնէն քաջերէն աւելի քաջ եղած էր… այդ չէ՛ր որ կը զարմացնէր զինքը, բայց ինչո՞ւ չէր վերադառնար…

Յանկարծ իր վարժ ականջները գիշերին մէջ հեռաւոր աղմուկ մը լսեցին… ձիու սմբակներու համաչափ եւ արագ ոստոստումը խոնաւ հողին վրայ… արդեօ՞ք… աղմուկը մօտիկցաւ, գեղը մտաւ, ու պահ մը ետքը ձին կեցաւ հիւղակին մօտ… տղան էր… սպասեց որ անիկա կապէ կենդանին հինաւուրց թթենիին, եւ արդէն հանգստացած ընդունեց զայն:

Բամպակի խոզակներու կրակը կը ճարճատէր, ու անոնց բոցովը տեսաւ իր կտրիճը…

Մեռելատիպ տժգունութիւն մը անոր դէմքը փոխած էր. ֆէսը կորսնցուցած էր, ու եազման կ՚իյնար ծուռ մը երեսին վրայ… ածիլուած գլխուն ճակատին կողմը ածուխի պէս սեւ մազի փունջ մը թաց էր քրտինքէ, ու ոտքերը կթոտ էին ու թեւերը կը դողդղջէին…

«Եարալը՞ ես», հարցուց մայրը գրեթէ անտարբերութեամբ:

«Ոչի՛նչ, գրեթէ սկրթուք մը… անիծուածները ջարդելով չեն հատնի՜ր…»

Երկուքն ալ լուռ մնացին… տղան միջոց մը ուզեց խօսիլ, բայց կզակը կը կափկափէ՜ր…

– «Մսեր ես, կրակին մօտեցիր:»

Քայլ մը առաւ ու բոցին մէջ երեւցաւ իր ահռելի երեւոյթովը… հագուստները մորթին փակած էին, եւ արիւնը խտացած իր վրայ կը սկսէր նեխե՜լ…

«Ալլահին ողորմութիւնը մեզի՛ հետ, ի՞նչքան արիւն է. վէ՞րքդ է որ կ՚արիւնի:»

«Չեմ գիտեր, չկրցի հասկնալ, այնքա՜ն թրջուած է արդէն...»

Մէկիկ մէկիկ մայրը հանեց վիրաւորուած տղուն վրայէն պղծուած հագուստները ու վէրքը փնտռեց ու ձախ ստնքին մօտ գտաւ զայն... գրեթէ գոցուած էր ու չեղակի կը նշմարուէր տժգունած մորթին վրայ... քանի մը կաթիլ արիւն սառեր ու խտացեր էին կուրծքն ի վար ու վէրքին շրթունքները սեւ կ'երեւային... Պառաւը երկար նայեցաւ այդ դաշոյնի հարուածին ու իր երկար փորձառութեամբը հասկնալով՝ գլուխը շարժեց վրդովմունքով...

«Ցուրտ է,» փորձեց ձայնը *եարալը*տղուն ու նո՛ր շապիկ մը հագնելով մօտիկցաւ կրակին...

Մայրը դիմացը նստած կը նայէր իրեն ու չէր խօսեր. պառաւի խիստ դէմքին վրայ կնճիռները աւելի կը փօթթուէին, ու սիրտը կը դղրդէր անսպասելի յուզումով ու զայրոյթով մը...

Յետոյ ոտքի ելաւ ու կթոտ քայլերով մօտիկնալով հիւղակին պատն ի վար կախուած կապոցներուն, բացաւ զանոնք. խոտեր ընտրեց ու ըմպելիք մը պատրաստեց տղուն՝ մինչ միեւնոյն ատեն հին *եազմայի* կտորի մը վրայ բալասան մը կը տարածէր վէրքին համար:

«Օ՛ֆ... օ՜ֆ», լսելի եղաւ վերջապէս տղուն ձայնը, կազդուրուած այս կրկնակի դարմաններէն.

«օրը տաժանելի ու դժուար եղաւ... մինչեւ իրիկուն կռուեցանք... անիծուածները դիմադրեցին:»

«Ալլահի ողորմութիւնը մե՛ծ է...»

«Այլ սակայն այս ժամուս գիւղերը գետնի հաւասար եղած են, մարդիկ սպաննուած, ու իրենց բնակարանները մոխրացած են... դանակի ամէն մէկ հարուածիս *կեավուրի* մը կոկորդէն արիւնը շատրուանի պէս կը ժայթքէր. կուրծք կուրծքի, երես երեսի կը կռուէինք, ու հրացանս միայն փախստականներուն համար գործածեցի...»

«Ալլահին ողորմութիւնը մեզի հե՛տ է...»

Երկար ատեն խօսակցեցան այսպէս... հիւղակին մէջ կրակը կը մարէր. պառաւը գետինը տարածեց ոլորուած *քիլիմները*, ու պառկեցան. ինքը չէր քնանար ու մտատանջ էր որովհետեւ տղուն շնչառութիւնը կը լսէր արագ եւ աղմկալի:

Յանկարծ մութին եւ լռութեան մէջ խռպոտ ձայն մը լսուեցաւ... յետոյ խօսքեր տարտամ, շփոթ, տղան կը զառանցէր ու իր տենդագին քունին մէջ վերստին կ'ապրէր ամբողջ զարհուրելի օրուան դժնդակ վայրկեանները... իր մղձաւանջին մէջ յաջորդաբար թէ զարնողն էր թէ զարնուողը... յաճախ ձայնը կը փոխէր եւ արտակարգ կերպով կը նմանցնէր զոհերուն աղաղակներուն:

Պառաւը լսեց ամէն բան եւ իր կռչկռուած մկանունքներուն մէջ սարսուռի պէս բան մը անցաւ. թէ՛ մտահոգ էր տղուն վիճակին վրայ, եւ թէ՛ արհաւիրքը կը պատէր իր հոգին: Նոյն միջոցին հիւանդը ելաւ նստեցաւ ու կերկերաձայն աղաչեց.

«Աննէ ... Աննէ , կը մսիմ կոր...»

Սաֆիյէ երկար ատեն չէր լսած այդ ձայնը... անիկա տղուն մանկութեան ձայնն էր, ու մայրական գութով ձայնը ընդլայնեցաւ:

«Օղլու՛մ... օղլո՜ւմ... ցաւդ մեծ է... օղլո՜ւմ... Ալլահին գթութիւնը մեր վրայ ըլլա՜յ...»

Կեանքին մէջ չէր զգացած նման յուզում... կարծես հօրը եւ ամուսնոյն մահուան ժամանակ չթափած արցունքները կը խուժէին աչքերուն մէջ, կը խեղդէին զինքը... տղուն քովը գնաց ու մութին մէջ զգաց որ անիկա կը դողդղար բոլոր մարմնովը... կզակները իրար կը զարնուէին եւ չէր կրնար խօսիլ. մինչ մութին մէջ իր երկու աչքերը գայլի աչքերու պէս կը վառէին. պառաւը արտօրաց եւ ռեստինի մէջ թաթխուած փայտիկները վառեց. երբ ետին դարձաւ, տղան նստած էր *քիլիմին* վրայ ու մէկ ձեռքովը կուրծքը բռնած, խեղդուող աղմուկով մը կը փսխէր. արիւնը կը ժայթքէր բերնէն եւ ռնգունքներէն ու աչքերը կը մոլորուէին հոգեվարքի աչքերու պէս: Լուռ եւ շտապ շարժումներով Սաֆիյէ խնամեց իր տղան. իր անդամները երիտասարդ օրերուն ճկունութիւնը ստացած էին, ու երբ անիկա հանդարտեցաւ չուզեց կրկին պառկիլ ու քովը ծալլապատիկ նստեցաւ:

«Աննէ՛, աւելի աղէկ եմ, արիւնը զիս պիտի խեղդէր, եթէ չփսխէի:»

Բայց մայրը չէր բաժներ տղուն լաւատեսութիւնը, ու իր կնճռոտ դէմքին վրայ աչքերը նոր հրայրքով մը կը վառէին...

Մինչեւ այդ պահուն զգուշացած էր հարցնել թէ ով էր տղան զարնողը, եւ վիրաւորն ալ չէր խօսեր այդ մասին. բայց այդ րոպէին զայրոյթը զինքը պոռթկացուց:

«Եթէ քեզի արժանի հերոսէ մը վէրք ստացար, ըսէ՛, ու հեշա՜լ ըլլայ իրեն. բայց եթէ ճղճիմ

վիժած մըն էր, ըսէ՛ իր անունը ու երթամ զինքը գտնամ ու շան լակոտի պէս ոտքերուս տակ ճզմեմ, ու եթէ արդէն սատկած է եղունգներովս խանգարեմ իր գերեզմանը ու ոսկորները *թարումար* ընեմ։»

Այն ատեն տղան գովասանքը ըրաւ իր թշնամիին ու քանի՛ անոր քաջութիւնը կը գերագրգռէր, այնքա՛ն պարծանք կը զգար։

«Ամբողջ օրը հանդիպեցայ այդ ֆէտայիին, ու իմ դաշոյնս անկարող դարձաւ իր վրայ ու հրացանիս գնդակները վրիպեցան… ինքն էր որ գիւղացիները մեր դէմ կը հանէր, կռիւի կը մղէր, ու երբ յաղթուէին, չէր վհատեր եւ մեզմէ առաջ ուրիշ գիւղ մը կ՚անցնէր… իր հասակը իմ հասակիս կը հասնէր եւ ուսերը իմիններուս չափ լայն էին. իր գեղեցկութիւնը այնքան կատարեալ էր որ զարնելու տեղ իրեն նայիլ կը փափաքէի… իր քաջութիւնը իսլամի արժանի էր… գնդակներու կարկուտի մը մէջէն կը քալէր եւ կարծես սուրբ մըն էր… իր տեսքը վհատութիւն եւ թուլութիւն յառաջ կը բերէր մեր գիւղացիներուն մէջ, թէեւ ինքը կը զգուշանար զարնելու եւ մեր կեանքերուն կը խնայէր, ինչպէս եթէ իրը ըլլա՜ր… եթէ իրեն պէս հինգ ֆէտայի ըլլար, կռիւը կը շահէին։»

Պահ մը լռեց ու հազաց եւ բերնին մէջ կրկին արիւնի համ զգաց։

«Աննէ՛, ծարաւ եմ… կոկորդս չոր է, ականջներուս մէջ ձիերու սմբակներուն աղմուկը կը թնթայ։»

Սաֆիյէ հողէ կուժ մը առաւ եւ անոր բերանը ծածկող տերեւները մէկ կողմ դնելէ ետքը կարկառեց տղուն. անիկա մէկ ումպով խմեց հեւալէն ու գրեթէ շնչասպառ՝ դարձուց կուժը եւ միջոց մը հանգչելէ ետքը շարունակեց։

«Բոլոր տուներն այրած էին. *միլլէթը* կործանած… մեր անցած տեղերէն կենդանի շունչ չէր մնացեր, բայց *անիկա* չէր սպաննուած. իսլամները թալանով բեռնաւորուած եւ յոգնած կը վերադառնային իրենց գիւղերը, երբ հեռուն նշմարեցի զինքը. լեռներու կողերուն վրայէն կ՚երթար, գլուխը բարձր եւ միայնակ. եթէ հրացանով զարնէի, կրնար վրիպիլ ու կ՚ազատէր. ձիս քշեցի ու տասը վայրկեան ետքը հասայ իրեն. անիկա երբ լսեց սմբակներուն աղմուկը ետին դարձաւ ու սպասեց ինծի. իր աչքերը հանդարտ էին ու տխուր եւ շարժումները դանդաղ։»

«Ո՜վ ստրուկի զաւա՜կ», գոչեցի իրեն, «եթէ կտրիճ ես դէմս եկո՛ւր։»

– «Անիկա անշարժ ու հանդարտ մնաց, արձանի նման։ Կատղած արհամարհանքէն ձիէս իջայ եւ յարձակեցայ իր վրայ. իրար փաթթուած կռուեցանք. իր սիրտը իմ կուրծքիս մէջ կը զարնէր, իմս անոր կուրծքին մէջ… իր բազուկները պողպատի պէս կարծր էին, բայց միջոց մը մէկ թեւս ազատելով դաշոյնս բարձրացուցի ու երեսին վրայ շեղակի զարկի. արիւնէն կուրցած էր բայց իյնալու ատեն թեւիս կառչեցաւ եւ վար քաշեց զիս. ակնթարթի մէջ միւս ձեռքով պզտիկ դաշոյն մը խոթեց կուրծքս, որը մխուեցաւ մինչեւ կոթը ինչպէս աւազի մէջ… գլուխս դարձաւ, ինքզինքս կորսնցուցի. երբ սթափեցայ անոր դիակին հետ գիրկ գիրկի էի. ծունկի եկած ջանացի ինքզինքս ազատել իր ինծի կառչած մատներէն, ու անիկա շատ երկար տեւե՜ց… ահաւասի՛կ։»

Մութը կրկին կը խտանար գիւղակին մէջ, եւ վիրաւորը յոգնած իր պատմութենէն կը քնանար խռովուած քունքով. պառաւը միշտ ծալլապատիկ նստած կը հսկէր անոր քով ու երբ ձեռքը տղուն ճակտին կը դնէր, փոխն ի փոխ հրակէզ կամ քրտինքի մէջ սառած կը գտնար զայն։

Դարձեալ զառանցանքներ տղուն շրթունքը դողացուցին. բայց այս անգամ ձայնը ողբագին քաղցրութիւն մը ունէր եւ իր բնական ձայնը չէր։

«Մէկ հատիկս է՛, խնայէ իրեն… կեանքը քու սուրիդ ծայրն է, իրեն դարձուր… Աստուած եղի՛ր ու զաւկիս կեանքը ինծի բաշխէ՜… գերիդ ըլլա՜մ, ոտքերուդ հողը ըլլա՜մ, ու խնայէ իմ զաւկիս…»

Յանկարծ Սաֆիյէ իր հոգիին խորէն դրդուած գոչեց անգիտակից զգացումով մը.

«Օղլո՛ւմ, խնայեցի՛ր չէ՞, խնայեցի՛ր։»

Տղան իր տենդին մէջ պատասխանեց իր մօրը ինչպէս պատասխաներ էր հայ մայրիկին։

«Կեանքը հարամ է ձեզի համար, հողէն ու արեւէն հախ չունիք այլեւս… Ալլահը վճռեր է ձեր ճակատագիրը ու իմ բազուկս ան զինա՛ծ է։»

Խորին լռութիւն յաջորդեց այս խօսքերուն, ու կրկին լսելի եղաւ հայ մօրը ողբագին ձայնը վիրաւորին բերնին մէջ։

«Մէկի տեղ տասը զա՛րկ ու առաջ ինծի զա՛րկ որ չտեսնեմ... մօր սրտին վրայէն կոխելով մի՛ անցնիր. շնորհ ըրէ ու առաջ իմ աչքերս փակէ արեւին... ցաւով կեանք տուեր եմ իրեն եւ դողալով մեծցուցեր, ու ամէն մէկ միսս իրեն համար կը ցաւի: Վախցի՛ր մօր անէծքէն... քու ժամդ ալ պիտի հնչէ ու տղուս դիակը ոտքերուդ պիտի կառչի ու քեզ հետը գերեզման պիտի տանի... իր մատղաշ արեւին, իր մանկական անմեղութեանը խնայէ՜...»

«Օղլում խնայեցի՛ր, չէ՞, խնայեցի՛ր...»

«Աւելի կարմիր ու աւելի գաղջ հայ մանկան արիւնը ժայթքեց իմ վրաս, Աննէ՜...»

Արշալոյսին բոլոր գիւղը վրդովուեցաւ ու հաւաքուած խորհրդակցեցան... ամենէն ազդու դեղերը ի դերեւ ելան, ու Սաաֆիյէի տղան հոգեվարքի մէջ մտաւ, երեք օր ինքզինքը կորսնցուցած խորդաց. իր շնչառութեան աղմուկը կը նմանէր ջրահան գործիքի մը խուպոտ աղմուկին, ու նոյն իսկ հեռուներէն կը լսէին զայն. երբ մարմինը հետզհետէ կը պաղէր, ի զուր յաջորդաբար նոր մորթուող ոչխարներու տաք, տաք մորթովը կը փաթթէին հիւանդը, որ կարծես կը կռուէր մահուան հետ դժնետեսիլ գալարումներով: Այլեւս չէր զառանցեր, բայց իր մոլորուն, զարհուրած աչքերուն մէջ կարծես կ՚անցնէին յաջորդաբար բոլոր կատարած ոճիրներուն պատկերները:

Երբ վերջապէս մեռաւ անիկա՝ Սաֆիյէ չհաւատաց այդ մահուանը... իր մայրական անսահման ու վայրագ սիրոյն մէջ կարծեց որ նոր երկունքով մը կեանքը պիտի դարձնէր անոր. ու գիշերն ի բուն, մինչ հիւղակին մէջ հաւաքուած գիւղացիները ցիր ու ցան կը քնանային, անիկա կ՚աղերսէր Ալլահին ողբագին ու յամառ աղաչանքով.

«Առաջ ինծի զա՛րկ ու չտեսնեմ իր մեռնիլը... գետնի փոշին ըլլա՛մ... ամէնէն ստորին գերին դառնամ, ու խնայէ իմ մէկ հատիս... զաւկիս կեանքը քու ձեռքերուդ մէջն է, ինծի բաշխէ անիկա. իր արեւին երիտասարդութեանը խնայէ՛ ու զայրոյթդ իմ վրաս դարձուր:»

Ու Սաֆիյէ չէր զգար որ իր բերնին մէջ կը կրկնուէր գրեթէ բառ առ բառ հայ մօրը ճգնաժամային պաղատանքը:

Նոր Հարսը

Խաղաղութիւնը վերահաստատուած էր և թունդ ելած սիրտերը սկսած էին հանդարտիլ. գիւղը գրեթէ մոռցած մոլեգնութեան և ոճիրի օրերը, կը ստանար հետզհետէ իր սովորական երեւոյթը։

Նոյնիսկ անոնք որ դեռ բանտարկեալներ և աքսորեալներ ունէին հեռաւոր գնտաններու և բերդաքաղաքներու մէջ՝ ամոքուած էին իրենց մտահոգութիւններէն. ինչպէս շատերը՝ անոնք ալ անշուշտ պիտի վերադառնային և տարին չբոլորուած պիտի մոռնային բոլորովին կարմիր մղձաւանջը։

Եթէ երբեմն անպատիժ մնացած ոճրագործներ անդրադառնային իրենց արարքներուն, զարհուրանքով կը զարմանային և կը մղուէին հաւատալու թէ չար դեւ մը այդ օրերուն իրենց ականջները խուլ և աչքերը կոյր դարձուցած էր, որովհետեւ չէ՞ որ այդ օրերէն առաջ դրացի օտար ցեղին հետ քոյր-եղբօր պէս էին, մէկ ամանէ կ՚ուտէին, մէկ գաւաթէ կը խմէին և իրենցմէ շատերուն համար աղի, հացի հախ կար մէջերնին…

Բայց այդ գիտակցութեան րոպէները արագ և կարճատեւ էին և անմիջապէս ամէն մտածում կը չփոթուէր տարտամութեան մը մէջ։ Թալանուած գոյքերը իւրացուցած էին այնքա՛ն կատարելապէս որ այլեւս իրենց միտքէն իսկ չէր անցներ որոշել թէ ո՞ր իրենցն էր, ո՞ր հուրի և սուրի միջոցաւ ստացուած։ Կիները կը զարդարուէին սպաննուած հայ կիներու զարդարանքներով, կիսամեռ աղջիկներու թեւերէն խլուած ապարանջաններով. ոսկեշար մանեակներ կը պճնէին իրենց թեւերը և կուրծքը ու ասդին անդին կը պսպղար նոյնիսկ սրբատեղիներու անօթներէն գողցուած յակինթներու արենագոյն կայլակը և զմրուխտներու կանանչագեղ շողիւնը։

Մոռցած էին նաև աւերակները, չնայելով որ մոխիրներու ընդարձակ դաշտ մը կը տարածուէր գիւղին կողքին, անբուժելի և ամօթալի վէրքի մը պէս. մոռցած էին թէ եղեր էր օր մը որ իրենց ձեռքերով կրակ ձգած էին այդ շէն թաղերուն, այդ խաղաղ բոյներուն և մոլեգնած հրէշներու պէս խոյացեր էին դրացի միլլէթին վրայ. գիրար խրախուսած, գիրար գերազանցած էին վայրագ եռանդի մը մէջ ու գինովցած թափուած արիւնէն, շլացած՝ կողոպուտներէն, սրտերնին ցամքեր էր մարդկային զգացումներու համար:

Բայց այսօր այլեւս մարդիկ կը մերժէին եւ կ'ուրանային իրենց ձեռքերուն գործած աւերները. խաղաղութիւնը վերահաստատուած էր եւ զուլումը կը հեռանար, կը կորսուէր անցեալի մշուշներուն մէջ ու թալանով յափրացած գիւղը սկսած էր մտահոգ ըլլալ վաղուան համար ու այս պատճառաւ էր որ ոճրագործ ձեռքեր արդէն կը սկսէին մօտենալ բահի ու բրիչի:

***

Այն առաւօտուն Սէլիմէ արթնցաւ իր քունէն երկունքի ցաւերով. արշալոյսին արդէն ամուսինը եւ կեսուրը մեկնած էին դաշտային աշխատութիւններու համար. մինակ էր եւ անյաղթելի տխրութիւն մը ստուեր կը ձգէր իր մօտաւոր մայրութեան յոյսին վրայ: Ոտքի ելաւ եւ երդիքին վրայէն նայեցաւ շուրջը. բամպակի հունձքը հասած ըլլալով գիւղին բոլոր աղջիկները եւ կիները մօտակայ արտերը գացած էին աշխատելու համար: Ամէն կողմ անշարժ լռութիւն կը տիրէր: Երկնակամարին վրայ արեւը կը բարձրանար իր հեղեղ ճառագայթները սփռելով շուրջը. Սէլիմէ շլացաւ եւ աչքերը գոցեց. ծունկերը կը կթոտէին եւ անսահման տկարութիւն մը կը ջլատէր զինքը. իր կացութեան յատուկ տենդագին ջղագրգռութեամբ անդրադարձաւ իր վիճակին. գէշ բախտ կար իր վրայ. տգեղցած ու նիհարցած էր. հինայած մազերը որոնք ծովի պէս առատ ու վէտվէտուն էին կռնակին վրայ, թափած ու սպառած էին գրեթէ. երեսին կարմիրները գետինը կը կաթէին…: Ո՞ւր անհետացեր էին անոնք… Ի՞նչ եղած էր իր նայուածքին բոցը, իր հուժկու եւ մսեղ գեղջկուհիի եռանդը. թեւերը թոյլ, սրունքները դեղեւուն, իր նախորդ անձին շո՛ւքն էր մնացեր… Ուրի՞ն անէծքը կար իր վրայ… Երկունքի վերադարձող ցաւեր պահ մը գալարեցին զինքը… ուզեց աղաղակել, բայց շուրջի լռութիւնը զինքը կասեցուց. սպասեց որ ցաւը անցնի ու կառչելով խարխուլ ձողերու, դժուարաւ իջաւ երդիքէն վար:

Սէլիմէ նոր հարս էր. դէպքերէն քիչ առաջ ամուսնացած էր գիւղին ամենէն կտրիճ եւ ամենէն անվեհեր երիտասարդին հետ: Կռուի օրերուն անիկա կռուած էր վագրի պէս. անոր քաջութեան համբաւը հեշտագին սարսափ մը պատճառած էր իրեն եւ սրտատրոփ սպասած էր անոր վերադարձին:

Ինչպէս շատերը՝ իր ամուսինն ալ դարձեր էր Թալանով բեռնաւորուած. չէնցեր ու հարստացեր էին. խալամի արժանի գեղեցիկ առարկաներով լեցուեր էր իրենց խեղճուկ հիւղակը. ոտքերնին գետինը չէր հասներ, որովհետեւ հողը ծածկուած էր գունագեղ կապերտներով: Ու Սէլիմէ զգացած էր նաև որ իր ամուսինին սէրը, կռիւէ դարձին, կրակի պէս սաստիկ եղած էր. հովէն արծարծուած բոցի պէս հեւքոտ անհամբերութիւն մը ու տենդագին եռանդ մը կը գերագրգռէր զինքը, ինչպէս եթէ մահը եկած կեցած ըլլար հիւղակին սեմին վրայ…

Սէլիմէ նախ հպարտացած էր իր ամուսինով, յետոյ սարսափած էր անկէ. անբացատրելի զգացում մը օրը օրին կ'օտարացնէր իր սիրտը. գիշերները մէջ երբ անոր շնչատ ու աճռելի մշձաւանջներով խանգարուած քունին վրայ կը հսկէր չարիքի տարտամ ու վայրագ ախորժակներ կ'արթննային իր մէջը. անոր փայփայանքներէն նուաճուած մարմինը կ'ըմբոստանար ու իր զգացած նողկանքը կը խենթեցնէր զինքը. Թշնամական կը գտնէր անոր հրայրքը, որովհետեւ երբեմն ամուսնին խայթող համբոյրներուն ընդմէջէն կը լսէր նախատինք ու հայհոյութիւն և անոր սեւեռած բիբը, գիշատիչի անողոք բիբը կ'իյնար իր վրայ, ինչպէս ինկած ըլլալու էր այն օրերուն արիւնոտած զոհերուն վրայ:

Ցուրտ քրտինք մը պատեց Սէլիմէյի մարմինը և ուզեց մտքէն վանել այս խորթ զգացումները: Ցուրթիւնը տաժանելի և ցաւագին եղած էր, զաւակ չէր որ ունէր իր կողերուն մէջ, այլ՝ անէ՜ծք… կարծես անհամար արիւնարբու ժանիքներ կը բզկտէին զինքը. երբ երկունքի ընդհատ ցաւերը կը բռնէին, կ'ուզէր փախչիլ ինչպէս մղձաւանջէ մը, արագ-արագ կը պտըտքէր հիւղակին նեղ միջոցին մէջ մինչեւ որ ուժասպառ իյնար գետին… Երբեմն կու գար խրճիթին սեմին վրայ ու կը նայէր դուրսը արեւով ողողուած գիւղին. ինչպէս օրը երկար է՜ր… Դեռ ուշ պիտի վերադառնային արտերէն. կարծես երկինք և երկիր անշարժացեր էին հրեղէն ջերմութեան մը մէջ. օդը դժուարաւ կը շնչուէր, աչքերը կը պղտորուէին ու Թմրութեան մասնաւոր վիճակ մը կը սքօղէր ու կը հեռացնէր իրականութիւնը երիտասարդ կնոջ հասկացողութենէն:

Շփոթ և պատառոտուն յիշատակներ կը վերադառնային իր հիւանդագին մտքին: Կը տեսնէր իր ամուսինը կիրքի և գինովութեան գիշերներու մէջ, երբ կը հարկադրէր զինքը պճնուիլ անիծեալ զարդարանքներով. մեռելի պէս տժգոյն՝ ինքը կը հպատակէր անոր քմահաճոյքներուն. բայց միշտ յուսահատական ճիգով մը մերժած էր նոր հարսի ապարօշ մը… Հազարատրներու Թափած արիւններուն մէջ այդ մէկ մատղաշ կնոջ արիւնը զինքը տանջած էր դժոխքի զրահներու պէս…

— «Ալլահը վկա՛յ», կը գոչէր ամուսինը, «լոյսի պէս գեղեցիկ էր… ու քեզի համար սպաննեցի զայն, որովհետեւ ցանկացի իր զարդերով քեզ զարդարել…»

Սկիզբները ծանր և ճնշիչ տխրութիւն մը զգացեր էր այդ փոհարեղէնը տեսնելով. կարծես սպաննուած նոր հարսի ոգին կու գար և կը կանգնէր իր կեանքի շաւիղին վրայ. երբեմն զայն կը տեսնէր տօնական օրերու մէջ, լաչակին շուքին տակ սքօղած իր ամչկոտ ճակատը. սեւ լայնաբիբ աչքեր մանկական զուարթութիւնով մը կը խնդային. շրթներուն վրայ լոյսը կը խաղար ժպիտին հետ… Երբեմն ալ կ'երեւար ան իրեն զարհուրանքով այլակերպուած. ոճրագործի բիրտ ձեռք մը անոր դիւականային ճակատէն կը խլէր նոր հարսի զարդարանքը, բոցեր կը պարէին հորիզոնին վրայ, անհաշտ ատելութիւնով վառուած մարդիկ գիրար կ'ոչնչացնէին գազանային վայնասուններով… մինչ դաշունահար և արիւնոտ մարմիններ, անհոգի և կոյր, դիւային փախուստի մը մէջ կ'աներեւութանային…

***

Սէլիմէ ուզեց մոռնալ բոլոր ասոնք և վերադառնալ իր մայրական երազներուն… Քանի մը ժամէն առ առաւելն մանկիկը պիտի ճչէր. իր սրտին մէջ գորովանքի վայրագ արիւն մը զգաց և ցաւերը աւելի տանելի Թուեցան: Մատակ արիւծի պէս պիտի պաշտպանէր անոր կեանքը, փորձանքներէ ու ամէն կարգի պատահարներէն. ընդվզեցաւ իրենց գլխուն վերեւ կուտակուած անէծքներուն դէմ ու սարսափով խորհեցաւ որ այդ ապարօշը գէշ բախտ կրնար բերել նորածինին վրայ… ու մտադրեց զայն ոտքերուն տակ ջախջախել, փոշիի ու մոխիրի վերածել…

Երբ ոտքի ելլել ուզեց, կարծես Թեթեւ հպում մը ուսին վրայ զինքը հրեց դէպի ետ. Սէլիմէ ինքզինքը դէմ առ դէմ գտաւ սպաննուած նոր հարսին ոգիին հետ… Երկար և տաժանելի րոպէներու մէջ պայքարեցաւ անոր անչօչափելի և չարաշուք զօրութեան դէմ… Իր գերագոյն ջանքին մէջ անդամները կը գալարուէին, աղաղակները կը խեղդուէին կոկորդին մէջ ու սեղմուած ակռաներուն մէջտեղ լեզուն սեւ և փայտացած կ՚անշարժանար, մինչ լորձունքը փրփրոտ կը վազէր կուրծքն ի վար, ցաւի տագնապներ կը գգետնէին զինքը, մինչեւ որ պարտուած ու նուաղած ինկաւ կապերտին վրայ…

Երբ ինքզինքին եկաւ անզօր և տկար էր. բայց գետնին վրայէն սողալով, կարծես զգուշանալով արթնցնել ոխերիմ ոգին, գնաց գզրոց մը բացաւ և ճազմայի մէջ ծրարուած ապարօշը առնելով եկաւ հիւղակին սեմին վրայ. լոյսը և օդը զինքը կազդուրեցին. ցաւերը զգալի կերպով տկարացեր էին ու երեկոյեան հովը քրտինքը կը զովացնէր քունքերուն վրայ. վերջապէս բացաւ ճազման և երկար նայեցաւ ոսկեշար ապարօշին. քանի՛ կը նայէր իր զգացումները կը յեղաշրջուէին։ Շատ հարուստ և գեղեցիկ էր անիկա ու անշուշտ նշանածը նուիրած էր իր հարսնցուին։ Սէլիմէ առաւ զայն մատներուն մէջ ու մօտեցուց աչքերուն. ու յանկարծ դող մը ցնցեց զինքը. մազի թելեր մնացեր էին զարդարանքին վրայ, երկայն էին այդ թելերը, մետաքսի պէս նուրբ և արեւին մէջ կը փայլէին ոսկիի պէս… Սէլիմէյի շրթները անգիտակցօրէն մրմնջեցին.

— «Քո՜յրս, քո՜յրս…»

Ո՞ր գեղեցիկ գլուխը զարդարեր էր այդ ապարօշը. ի՞նչ երջանիկ օրերու մէջ նուիրուած էր անիկա. ինչո՞վ մեղաւոր էր այդ լոյսերով և երազներով լեցուն գլուխը որուն վրայ ծանրացեր էր ոճրագործին բազուկը… բոցերու մէ՞ջ այրեր էր անոր դեռատի մարմինը թէ դաշունահար և պատառոտուն՝ լքուած ճամբու մը վրայ յամրօրէն հատեր էր արեւին տակ։

— «Քո՜յրս… քո՜յրս…»

Ու Սէլիմէ գլուխը մէկ կողմին հակած արտասուեց երկարօրէն։

***

Երբ ուշ ատեն գիւղացիները վերադարձան բամպակի արտերէն, գտան Սէլիմէն խեղդուածի պէս սեւցած և անդամները կարծրացած մահուան ցրտութիւնով. բաց գզրոցը, տարտղնուած գոհարեղէնները այլեւայլ կասկածներու տեղի տուին, բայց ոչ ոք մտքէն անցուց Սէլիմէյի բուն ցաւը ու ոչ ոք խորհեցաւ անոր յուսահատական ոգորումներուն և ոգեվարի սարսափներուն վրայ. միայն երբ ամուսինը վիշտէն տանջուած եկաւ իր նոր հարսը վերջին անգամ տեսնելու և քօղը *վերցնելով նայեցաւ անոր մեռելական դէմքին՝ յանկարծ խորհեցաւ իր ձեռքով սպաննած նոր հարսին վրայ ու մրմնջեց.*

— «Ալլահը վկա՜յ, գեղեցիկ էր լոյսի պէս։ Աչքերս շլացան և անոր համար սպաննեցի զինքը, բայց մահուան շուքին մէջ ի՛նչպէս իրարու նման են…»

Ու առաջին անգամը ըլլալով երկար և ցաւագին սարսուռ մը սողոսկեցաւ ողնայարին մէջ ու անոր ազդեցութեամբ իր չոր և փտիտ մարմինը գալարուեցաւ օձի պէս։

Փառքը

Աշնանային վերջալոյսը արագօրէն կը նուաղէր ընդարձակ դաշտագետիններուն վրայ. Հնձուած արտերու մերկ տարածութիւններէն լայն և մթին ստուերներ կը բարձրանային ու կը սաւառնէին առասպելական թեւաւորներու նման՝ մինչ երկինքին վրայ պղնձագոյն ցոլքեր կը տժգունէին հետզհետէ: Հեռաւոր ծառերու տերեւազուրկ սիլուէթները հազիւ թէ կ'ուրուագծուէին տակաւ ստուարացող մթութեան մէջ և խիտ ու ամփոփ մացառուտներ կը սպասէին կարծես գիշերուան մերձաւոր խորհուրդին:

Դեռ ընտանի արտերէն յետամնաց հօտաղներուն տխուր և երկարաձգուող բառաչիւնները կը լսուէին. սայլ մը կռնչալով կը յառաջանար ու մինչ փարախներու մէջ ապաստանած արօտականները իրենց մեղմ մայիւններով կը պատասխանէին դուրսէն լսուող բառաչիւններուն, գիւղացիները կը շտապէին աւարտելու իրենց առօրեայ գործերը որովհետեւ ահա՛ գիւղին փայտաշէն մինարէին վրայէն *մուէզզինին* ձայնը պիտի երգէր:

Գլուխնին քօղով ծածկած դեռատի աղջիկներու խումբ մը կը վերադառնար աղբիւրէն իւրաքանչիւրին ուսը բեռնաւորուած ջրով լի սափորով մը. դեռ ծղրիթները կը ճղէին ու տնակներու առաջ պարտասած մշակներ կը դանդաղէին խօսակցելով երբ աղօթողին ձայնը զիրենք ընդհատեց ու երեկոյեան աղօթքի հրաւէրը կարդաց երկարաձգուղ և քաղցրօրէն տխուր երգով մը:

Մուսթաֆա *տայի* իր կնոջը հետ նամազը ընելէ ետք՝ հողաշէն խրճիթին մէջ գետինը փռուած փսիաթին վրայ ծալապատիկ նստած կ'ընթրէին. երկուքն ալ հակառակ տարեց ըլլալնուն դեռ ուժեղ և կայտառ կը թուէին. իրենց անդրանիկը, Սիւլէյման, տարիներէ ի վեր զինուորութեան գացած էր ու փոքրերը վարձքով կ'աշխատէին մօտակայ ագարակներու մէջ. իրենք, երկուքը բաւական էին իրենց սեփական հողերը մշակելու…: Փա՜ռք Ալլահին, հունձքը առատ եղած էր, հողը մէկի տեղ հազար տուեր էր, կենդանիները առողջ, պարարտ ու տոկուն էին ու մարգագետինը թաւիշի կանանչութիւնով ծածկուած… Երկու ծերունիները կ'ընթրէին առանց իրարու հետ խօսելու բայց յարատեւ կերպով կը մտածէին այս բաներուն վրայ և այնքա՜ն վստահ էին իրենց մտածումներուն նոյնութեան որ երբեմն ակնարկով մը իրարու կը պատասխանէին. քովի ախոռէն երբեմն խուլ բառաչիւն մը կարծես կ'ընկերանար իրենց խօսքերուն. երբեմն ալ իրենց մտածումը կը լռէր. անասելի հանգիստ մը իրենց կը տիրապետէր, նման՝ հիւանդագին թմրութեան որ կ'օրօրուէր ընտանի կենդանիներու հեւքոտ և բուրումնաւէտ շնչառութենէն։

Ծներ, մեծցեր, ու ապրեր էին այդ գիւղին մէջ ու ընդարձակ դաշտագետիններէն ուրիշ հորիզոն չէին ճանչնար։ Տարին անգամ մը մարդը կը մեկնէր իրենց շրջանակներուն մէջ գտնուող վտիտ և մացառուտ անտառները ու տարեկան փայտը կը բերէր բեռնաւորած իր սայլին վրայ։ Իբր կեանքի ցայտուն պատահար՝ կը յիշէր «չէկ»ին մահը որ յանկարծակի ինկեր էր կարծես տապարի հարուածէ մը զարնուած, որովհետեւ խեղճ եզը աչքի էր եկեր. ու ի՛նչ հաւատքով և խանդով կրկնապտկեր, եռապատկեր էին հմայեկները ու կապոյտ ուլունները իրենց կենդանիներուն կուրծքերուն և գլուխներուն վրայ, այնպէս որ երբ անոնք խմբով արածելու կ'երթային տօնական երեւոյթ մը ունէին ու մանրիկ բոժոժները կ'երգէին իրենց ցնծուն և յարատեւող երգը։

Իրենց փառասիրութիւնը, հոգը, սէրը անոնք էին, թերեւս անոնք աւելի գուրգուրանքի ենթակայ եղած էին քան չորս մանչ զաւակները որոնք կորիւններու պէս առողջ ու շիտակ մեծցեր էին առանձին... է՜հ կարելի է՞ր ըսել թէ Մուսթաֆա *տայի քէյֆ* չէ՛ր ըներ երբ իր անդրանիկին վրայ խօսէին. իր երիտասարդութեան պատկերն էր ու նմանը չկար գիւղին մէջ. անիկա քաջ էր ու գեղեցիկ. բարտիի հասակը, ուժեղ մէջքը, պողպատի պէս բազուկները, արծուային աչքերը ու մաքուր գոյնը ո՞ւր տեսնուած էր. երբ ձիուն վրայ հեծած, հրացանը ուսին որսի կ'երթար հեռաւոր անտառներու մէջ չէին գիտեր ո՞ր հերոսի մը և յաղթական ոգիի մը պէտք էր նմանցնել. Թռչող թռչունը, խուսափող նապաստակը իր նշանէն չէ՛ր ազատեր ու հրացանը դեռ ոչ մէկ անգամ վրիպեր էր։ Երբ զինուորութեան տարիքը մտաւ, հայր ու մայրը առաջարկեցին *պետելը* տալ որպէս զի անիկա իրենց աչքին առաջքէն չհեռանայ, բայց Սիւլէյման արհամարհանքով մերժեց. ինքը նոր հա՞րս էր որ տունը մնար. մօրը քօ՞ղը պիտի լուար փոխանակ երթալու ու մարդ ըլլալու. ոտքը, ձեռքը կը բռնէր, աչքը բէք ու սիրտը հզօր էր. ու առաւօտ մը այր ու կին մինչեւ գիւղին սահմանը գացին ճամբու դնելու համար գիւղին նորակոչները։ Ամէնքն ալ քաջ էին ու գիւղին մէջ կտրիճները չէին պակսեր բայց ո՞վ կ՚ուրանար Սիւլէյմանին գերազանցութիւնը. կարծես ամէն ոք իրենց զաւակները մոռցած անով կը հպարտանային, անով կը մխիթարուէին ու մինչ նորակոչներու կարաւանը կը հեռանար երկար և զիկզակ ճամբաներուն վրայէն կը տեսնային դեռ անոր ֆէսին վրայէն կապած կարմիր *խազման* որուն ծայրերը կը թռչկոտէին կարծես հրաժեշտ տալու համար:

— «Փառք քե՜զ, Ալլա՜հ, փառք քեզ», ու երջանիկ մօրը աչքերը կը տամկանային յուզումէն..., «փառքով գացիր, փառքով վերադառնաս ու բազուկդ պարտութեան չենթարկուի երբե՛ք:»

***

Մուսթաֆա տայի հիւղակին դրան առաջք նստած *չիպուքը* կը ծխէր ու կը մտածէր մեղմօրէն իր հեռաւոր զաւակին վրայ երբ դիմացի կիսաստուերին մէջ տեսաւ զոյգ մը ճերմակ եզերու ճակատները, որոնք կը յառաջանային դէպի իրեն տատանելով և յամրաբար քաշելով Հայտար աղային փայտով բեռնաւորուած սայլը որ օր մը առաջ մեկներ էր գիւղէն դէպի մօտակայ գիւղաքաղաքը:

— «*Մէրհապա՜*...»

Մուսթաֆա *տայի* ձեռքը կուրծքին դնելով բարեւը առաւ ու հարցուց անմիջապէս, զարմացումով:

— «Փայտդ չե՞ս ծախեր:»

Հայտար աղա ուժասպառ նայեցաւ գետին. հակառակ զով օդին տագնապագին բան մը ունէր իր քրտնած դէմքը. աչքերը մոլոր էին ու կարծես կը տատամսէր խօսք բանալու. յանկարծ խոր և երկար ատենէ ի վեր զսպուած հառաչանք մը դուրս ելաւ իր կուրծքէն:

— «Օ՜ֆ... Օ՜ֆ... *տայի՛*, ի՞նչ գէշ օրի հասանք, ի՞նչ սև օրի հասանք:»

— «*Խեր ըլլա՜յ, օղո՜ւլ*...» Ինքն ալ դող ելած էր. Թուլցած ձեռքէն *չիպուքը* ինկած էր գոգին մէջ ու իր կռնակէն կը զգար կնոջը շնչատ հեւքը:

Հայտար ծունկերուն վրայ ցցուեցաւ, գլուխը դէպ անոնց հակեց և ձեռքովը ցոյց տալով հեռաւոր և տարտամ հորիզոնը մրմնջեց ակռաները սեղմելով.

— «*Հարպ կայ, տայի՜, հարպ կայ*...»

Միջոց մը լուռ մնացին ու իրենց ընտանի անասունի բարի ու միամիտ նայուածքները վարանեցան գիշերուան մթութեան մէջ:

Այր ու կին գիշերն ի բուն չքնացան ու այգուն առաջին լոյսին վազեցին գացին իմամին, հասկնալու համար եղելութիւնը. պառաւը դժուարաւ կը քալէր ու կ՚ողբար:

— «Օղլո՜ւմ, ո՞ւր ես հիմա, ո՞ր լերան կատարը, ո՞ր ցորին մէջ... անգամ մըն ալ պիտի տեսնե՞մ նոճիի հասակդ...»

Մուսթաֆա տայի ինքզինքը կը բռնէր ու պեխերուն ներքեւէն կը խնդար:

— «Հոգի, վախի ի՞նչ կայ, կնի՛կ, Սիւլէյմանը քաջ է, այդ ապուրէն մենք ալ խմեր ենք ժամանակին. *հարպի* գացողը անպատճառ կը մեռնի՞...»

Օրերէ շաբաթներէ ի վեր հանդարտիկ ու անշուք գիւղը ալեկոծուած էր գէշ հովերէ խռովուած լճի մը պէս: *Հարպ կա՜յ...* պահեստները կը կանչուին, գիւղացիները փախստական, ոմանք լեռները քաշուած, կենդանիները կը տանին... մօր ու որբի արցունքոտ աչքեր, չուարուն և այսահարած դէմքեր:

Քանի մը անգամներ Մուսթաֆա *տայի* ուրիշ տարեց գիւղացիներու հետ գնաց մօտիկ գիւղաքաղաքը ու կայարանին մէջ կզկտուած սպասեց լուրերու. մթութեան ու անստուգութեան մէջ խարխափելով կ՚ապրէին կոյրերու պէս. մայրաքաղաքէն եկողները լուր ունէին թերեւս բայց իրենց աչքերուն առաջքէն կ՚անցնէին միայն վերէն եկող կառախումբերը որոնց պահեստիներով և նորակոչներով հոծ վակոնները առանց կայարան կենալու կ՚անցնէին կ՚երթային...

— «Հարպ կա՜յ, արիւնը հեղեղի պէս կը հոսի՜...»

Ի՞նչ ըսելու է կիներուն որոնք իրենց սիրականներուն և զաւակներուն վրայ տեղեկութիւն կ՚ուզեն. շրթները համր դարձեր են, մարդու բերնէ խօսք չելլար: Անզսպելի և ահագին ցասումներ կ՚արթննային գիւղացիներուն մէջ մինչ անընդհատ վերի գիւղերէն եկող կառախումբեր, նախ հեռուէն, հետզհետէ մօտիկցող դղրդիւնով, վայրաշարժին հեւքը, մթնշաղին մէջ բոցավառող կարմիր լոյսերը, սուր և պատառող սուլումները զիրենք կը վրդովէին և երկչոտ կը դարձնէին:

Գիւղին մէջ մնալն ալ դժուար էր. ձեռքերնին ծալած, աչքերնին ճամբուն կը սպասէին. անձրեւները եկեր էին ու հողը կակղեր էր բայց ո՛վ կը մտածէր վար ու ցան ընել... քանի՞ բերան պիտի մնային ուտելու համար. տեսնենք *խըմէքթ* ունէ՞ն յառաջիկայ տարուան հունձքէն. անգործ մշակները կը հաւաքուէին սրճարանին մէջ ու իրենց անձկալի սպասումը խաբելու համար երկարօրէն կը խօսէին նախկին կռիւներու վրայ որոնց ոմանք մասնակից եղած էին ու կ'ոգեկոչէին յաղթական ու պատմական անուններն իրենց պատերազմական փառքերուն, բայց կիները անհաղորդ կը մնային այդ արբեցութեան ու ծալապատիկ նստած, ձեռքերովնին ծունկերնին ծեծելով կը մտաբերէին իրենց կտրիճները որոնց երակները բացուած էին թերեւս այս պահուս:

***

Առաւօտ մը կանուխէն նշմարեցին գաղթականներու առաջին կառավանը. երկար շարքերով, փսիաթներու տակ ծածկուած սայլեր դանդաղօրէն կը յառաջանային չիտակ ճամբան ամբողջովին բռնելով ու պարտութեան առաջին գոյժը անոնք բերին իրենց: Մռայլ ու յուսահատ տխրութիւն մը մարեց ամենուն սիրտերը երբ յանկարծ ուրախութեան կայծակ մը փայլատակեց: Գիւղացի տղաքը առիւծի պէս կռուեր էին. անոնց քաջութեան ու յանդգնութեան համբաւը ամենուն բերանն էր. ոմանք նահատակուեր էին, բայց շատերը փախստական ու վիրաւոր, իրենց կարգին կը սպասէին ծննդավայր դառնալու համար. գիւղին իմամը կը խրախուսէր ու կը քաջալերէր ամէնքը. լաւ տեղէ իմացեր էր, ըսածներուն կասկած չկար. իսկ Սիւլէյմա՜ն... օ՜ֆ... օ՜ֆ... փա՜ռք իր ծնողքին ու հայրենիքին:

Կնձնիի մը բունին կռթնած Մուսթաֆա *տայի* և իր կինը ուրախութեան արբեցութեան մէջ էին. կարծես երազի մէջ էին ու հոն՝ իրենց խանդավառութեան մէջ կը ծրագրէին բան մը սարքել Սիւլէյմանը ընդունելու համար. գիտէին, վիրաւոր էր անիկա, վիճակը ծանր, բայց կ'առողջանար. եթէ Աստուած թշնամիին հարուածէն փրկեր էր զայն, ինչո՞ւ չպիտի պահէր այլեւս... կը մտածէին, ուրեմն թէ անոր վերադարձած օրը շրջակայ ագարակները և գիւղացիները թունդ պիտի ելլէին. Մուսթաֆա *տայի* գիտէր ընելիքը, հիւղակներու մէջ պատերէ կախուած որսի հրացանները անգործ չպիտի մնային այդ օրը. մէկով, երկուքով չէ՛, հարիւրներով գնդակներ պիտի որոտային:

— «Ամա՜ն *օղլում*», կ'ըսէր մայրը կուրծքը ուռած պարծանքէն, «մեր գէշ օրը աղէկի դարձուցիր, քեզի ամէն բան հէլալ է:»

Գիւղացիները այլեւս ամոքուած իրենց ցաւին մէջ, կը սպասէին հանդարտ համբերութեամբ մը. առաւօտէն մինչեւ իրիկուն, անդադար գաղթականներու կարաւանները կ'անցնէին մեծ ճամբուն վրայէն. երբեմն երբ աշնանային երկինքը պայծառանար անոնք կանգ կ'առնէին, կրակ կը վառէին ու կը գիշերէին մացառուտներու ետին. խարտեաշ և պայծառ աչքերով Րումելիցի մանուկներ մինչեւ գիւղ կու գային ուեւէ ծառայութիւն խնդրելու համար. այդ ատեն կը լսէին ահռելի մանրամասնութիւններ որոնք երկար սարսուռներով կը համակէին տեղացիները ու իրենց մէջ կ'արծարծէին հին ցաւեր, հին ոխեր:

Գորշ և անձրեւոտ իրիկուն մը գաղթականներու վազքերուն ետեւէն նշմարեցին հնոտի և անձեւ սայլակներ. սրտերնին տարտամ վախով մը բռնուած կիները յառաջացան ու սպասեցին. սայլակները շեղեցան ճամբէն, մտան պարարտ դաշտերուն մէջ ու կեցան. յաջորդական անձրեւներ ճամբաները անանցանելի դարձուցեր էին. խումբ խումբ մարդիկ իջան անոնցմէ. *մուհաճի՞ր* կը բերէին արդեօք գեղը. բայց ո՛չ. աւելի ուրուականներու կը նմանէին անոնք, կորաքամակ, փտիտ, մոլորուն քայլերով. կարծես գինով էին կամ ոգեվար. քանի կը մօտենային այնքա՛ն սոսկալի կը թուէին. անոնք կը քալէին կարծես անկամք շարժումներով ու կոյրերու պէս կը դեգերէին. անոնք զարհուրած կը թուէին յարատեւ մղձաւանջէ մը հալածուող տենդահարներու նման: Պառաւները անշարժ և սեւեռաբիբ կը նայէին մինչ երիտասարդուհիները կ'ընկրկէին արհամարհանքի ու զզուանքի զգացումներով. երբ ահա մէկը խումբէն անջատուելով, աճապարեց. անիկա դժնդակօրէն կը քալէր ցնցոտիներով պատած ուսերը ցցած, փտիտ սրունքները դողդոջուն, չարագուշակ ու քստմնելի... Ալլա՜հ... կիները սարսափած կ'ուզեն խուսափիլ ու ահա ձայն մը ողբագին, գոռ ու ըմբոստ կը բարձրանայ միջոցին մէջ:

— «*Սիւլէյմա՜ն, օղլո՜ւմ...*»

Սոված ու անտէր մնացեր էին օրերով, քար ըլլար չէ՛ր դիմանար. երբ կարենային խօսիլ, ինչե՞ր ունէին պատմելիք. իրարու վրայ յարձակեր, զիրար յօշոտել, իրարու արիւն ծծելու ձգտեր էին, այնքան ծարաւը դժոխքի պէս կ'այրէր իրենց տենդագին քիմքերը... ու հիմակ մարդիկ չէին որ կը վերադառնային իրենց ծնողներուն այլ գերեզմանէ փախած ուրուականներ. ու աղէկ որ անոնց դեղնած և դիակնային շրթները թոյլ ու լործունքոտ, չէին կրնար արտաբերել ու պատմել իր բոլոր մանրամասնութիւններով այն դժոխքը որուն մէջ ոգեվարած էին:

Սրճարաններու մէջ գիւղացիները թէեւ նուազ եռանդով կը չարունակէին փառաւորուիլ իրենց կտրիճներով. դեռ երկար ատեն պիտի խօսէին անոնց վրայ և թերեւս յաջորդ սերունդներուն աւանդէին անոնց սխրագործութիւնները. Հետզհետէ ձերբազատուելով վերադարձողներու առթած սոսկումէն փառասիրութեան գինովութեան մէջ անոնք կը մոռնային իրականութիւնը. միայն կիները, մանաւանդ մայրերը չէին կրնար ըմբռնել թէ ինչո՞ւ և ինչո՞վ կը պարծենան էրիկ մարդիկ և աչքերնին յառած իրենց սիրելիներու ուրուականներուն կը խորհէին թէ գէշ կատակ մը չէի՞ն ըներ երբ փառքի մասին կը խօսէին և անով կը ջանային մխիթարել իրենց չարաչար վիրաւորուած մայրական զգացումները։

1914

ԱԶԱՏԱՄԱՐՏ

AZATAMART

ՕՐԱԹԵՐԹ

Գինը 10 փարա

ԹՈՒՐՔ ԿՆՈՋ ԱԶԱՏԱԳՐՈՒԹԵԱՆ ՀԱՐՑԸ

ՄԻՈՒԹԵԱՆ ԿՈՉ ԱՆԳԼԻԱԿԱՆ

Թուրք Կնոջ Ազատագրութեան Հարցը

Մեր ժամանակներուն և մանաւանդ Թուրքիոյ ամենէն շահեկան, ամենէն կենսական և ստիպողական հարցերէն մէկն է Թուրք կնոջ ազատագրութեան հարցը:

Անիկա թէ՛ մասնաւորապէս և թէ՛ ընդհանուր մարդկային տեսակէտներով չի կրնար մեզ անտարբեր թողուլ, որովհետեւ եթէ երկրին քրիստոնեայ կիներուն յառաջընթաց դիրքը իր անխուսափելի ազդեցութիւնը պիտի գործէ, և սկսած է գործել իսլամ կնոջ բարքերուն մէջ, միւս կողմէ անկարելի է նոյնիսկ երեւակայել թէ ոեւէ փոփոխութիւն Թուրք կնոջ զանգուածային ամբողջութեան մէջ, առանց հետեւանքներու պիտի ըլլայ մեզի համար:

Մտնալէ առաջ բուն իսկ նիւթին մէջ, թերեւս աւելորդ չէ նշանակել թէ այսքան յայտնապէս արդար և յստակ դատի մը դէմ եղողները, յաճախ կ'արժեցնեն անգործնականութիւնը այն երկդիմի, անորոշ, ծայրայեղ ու մանաւանդ կնոջ բնախօսական վիճակին հետ անհաշտ պահանջումներուն, որոնք ընդհանրապէս իբրեւ վերնագիր կը կրեն «ֆէմինիզմ» տիտղոսը: Արդ՝ ըստ բաւականին ծիծաղելի դարձած և խեղճ բառին հովանաւորութեան ներքեւ այնքան հակասական, անիմաստ, վիճելի և մանաւանդ հակագեղեցկագիտական յայտարարութիւններ և պահանջումներ եղած են որ անհրաժեշտ է որոշ կերպով յայտնել թէ ի՛նչ կը հասկնանք կնոջ ազատագրութիւն ըսելով:

Անիկա իր ամենապարզ և պայծառ ձեւին ներքեւ, առաւելապէս, մարդկային անբռնաբարելի իրաւունքներու պաշտպանութեան դատն է: Կինը, իբր մարդ՝ պարտաւորութիւններ և իրաւունքներ ունի. իր անհատականութիւնը և անոր արտայայտման բոլոր կարելի եղանակները պէտք է հասնին իրենց գագաթնակէտին.

արտաքին ոեւէ արգելք և ճնշում անոնց ազատ բարեշրջման դէմ, անհանդուրժելի է: Եւ արդէն, քաղաքակիրթ երկիրներու մէջ կնոջ ազատագրութեան հարցը մարդկային մէկ սեռին հաւաքական պահանջումները ըլլալէ հետզհետէ դադրելով՝ կը դառնայ ընկերային հարցին մէկ փուլը: Եթէ մէկ քանի երկիրներու մէջ օրինական արգելքներ կան կիներու դէմ այսինչ կամ այնինչ ասպարէզին մէջ մտնելու համար, ասիկա այնքան մասնակի և ընդհանուր կարեւորութենէ զուրկ արգելք մըն է՝ որուն մասին չարժեր վէճի բռնուիլ և հառաչանքներ արձակել:

Արուեստներու բոլոր ճիւղերը և դաստիարակութեան մեծ գործը՝ բաց ասպարէզներ են աշխարհիս բոլոր կիներուն համար և այսքանը արդէն բաւական կարելի է համարել առ այժմ: Կրնանք վճռականապէս ըսել թէ այլեւս յաղթահարուած են այն կարգ մը մեծ, էական արգելքները՝ որոնք կնոջ ընկերային իրաւունքները կը բռնաբարէին և կը խափանէին անոր իմացական ազատ և լայն զարգացումը. ամէն կին կրնայ իր կարողութեանց գագաթնակէտին հասնիլ. արգելքները անյաղթելի չեն և միայն միջակները արդէն ամէն դասակարգի ու ամէն սեռի մէջ զուրկ են շահեկանութենէ:*

Բայց, Թուրքիա կը գտնուի, իր իսլամ կիներու դէմ յատուկ արգելիչ օրէնքներով, եզական դիրքի մը մէջ: Եթէ ուրիշ երկիրներու ընտանեկան և ընկերային սովորոյթները և նախապաշարումները կը կաշկանդեն կնոջ շարժումները, դժուարին դարձնելով անոր ազատութիւնը՝ զայն կը պահեն տեւական ստորադասութեան մը մէջ, սակայն միւս կողմէ տեսանք որ էականապէս արգելիչ լուրջ բան մը չի կայ: Եթէ կին մը կարենայ արհամարհել այդ նախապաշարումները և սովորութիւնները, եթէ կին մը ունենայ հարկ եղած կորովը և իր սեփական ուժերուն գիտակցութիւնը և կարենայ ինքզինքը ազատել այն անհամար պզտիկ արգելքներէն՝ որոնք զինքը կը շրջապատեն ցանցի մը պէս, կրնայ կատարելապէս ազատ ըլլալ. միայն Թուրք կինն է որ ոչ միայն պէտք է պայքարի դարաւոր և լճացած սովորոյթներու դէմ, այլև երկրին օրէնքներուն դէմ: Այս է պատճառը որ, այն ինչ ուրիշ երկիրներու մէջ կնոջ ազատագրութիւնը ընկերային հարցին մէկ փուլն է, Թուրքիոյ մէջ պետական խնդիր է: Եթէ ուրիշ երկիրներու մէջ ազատագրուիլ փափաքող կինը իր դէմ ունի ծնողք, ամուսին, ազգականներ, Թուրք կինը ունի իր դէմ այս բոլորին հետ նաև ու մանաւանդ ոստիկանութիւնը:

Ուրեմն Թուրք ցեղին կէսը անդամալուծուած է. Թուրք կինը վերածուած ըլլալով անպատասխանատու, անչափահաս և արգելափակուած տարրի մը, ոչ մէկ կերպով կրնայ գործօն դեր մը

---

*. Ճշմարտապէս ուժեղ խառնուածքի մը համար գրեթէ նուաստացուցիչ է իբր կին գնահատութեան արժանանալը արուեստագիտական և այլ ասպարէզի մէջ. ասիկա բաղդատական արժէք մը միայն ներկայացնել պիտի նշանակէր:

կատարել իր հայրենիքին այնքան բազմակարօտ ջանքերուն մէջ: Ընդհակառակը, անիկա իբրեւ արգելք կը հանդիսանայ լուրջ և հիմնական բարեփոխութիւններու ժամանակ. անիկա փոխանակ օժանդակ տարր մը ըլլալու՝ կ'ըլլայ ծանր լուծ մը, որ կ'արգիլէ բոլոր շարժումները դէպի քաղաքակրթութիւն առնուելիք քայլերուն:

Այն մասնակի ջանքերը և ձեռնարկները* որ կ'ըլլան Թուրք կնոջ կողմէ, թէեւ շատ գնահատելի փորձեր՝ որոնք ամէն կարգի քաջալերութեան կարօտ են, սակայն անկարող են այսքան ծանր և արմատացած լուծ մը թօթափելու համար. լուրջ, հիմնական, անխոնջ և կազմակերպուած աշխատանք անհրաժեշտ է մանաւանդ դաստիարակութեան գործին մէջ՝ որպէսզի հնարաւոր ըլլայ վերջնական զարթումը և յաղթանակը: Չեմ ուզեր հոս անուններ տալ բայց գիտեմ շատ մը արժանաւոր, զարգացած և զգացումներով հարուստ իսլամուհիներ՝ որոնք կրնան այսպիսի ազգային շարժումի մը ղեկավարները հանդիսանալ: Ընկերային կեանքի բացակայութիւնը պատճառ կը դառնայ որ այդ թանկագին ուժերը ցրուած և կղզիացած մնան, բայց այն օրը որ վերջապէս ամէն զոհողութիւն աչք առնելով (բայց ամէ՛ն զոհողութիւն) անոնք ուզեն դիմադրութեան հաստատուն կորիզ մը կազմել, ամբողջ կիները իրենց կողմը կ'ունենան ու շարժումը անդիմադրելի կը դառնայ: Որքան կապանքները ամուր են, արձակուելու կորովը այնքան ուժեղ պէտք է ըլլայ և Թուրք կինը իր ազատագրութեան ջանքին մէջ ունի այն օժանդակութիւնը՝ որ բռնաւորներն իսկ կ'ընծայեն, —այն է՝ իրենց վրայ դրուած լուծին բացարձակ անհանդուրժելիութիւնը:

Արդարեւ, այն պատկերը որ Թուրք կնոջ կենցաղը կը ներկայացնէ ամէն օր մեր սովորած աչքերուն, ըմբոստացուցիչ և քստմնելի է. ամբողջ իսլամ կանացիութիւնը կը գտնուի ամենախիստ արգելքներու ներքեւ. Թուրք կինը ո՛չ միայն մարդուն գերիշխանութեան ենթարկուած է իր ներքին, հոգեկան և մտաւորական իրաւունքներէն զրկուելովը, այլ և նոյնիսկ իր առօրեայ և սովորական շարժումներուն մէջ. մշտնջենական քօղարկուածն է անիկա. իր արդուզարդը, որ միմիայն հնազանդելու էր գեղեցկագիտական պահանջներու և կնոջական քմահաճոյքներուն, ենթարկուած է ամենախիստ և ոստիկանական հսկողութեան. անիկա չի կրնար իր երեսը բանալ

---

*. կանանց յատուկ թերթ, կանանց միթինկ, ևլն.:

ի՛նչպէս և երբո՛ր կ՚ուզէ. չի կրնար առանց գայթակղութիւն և երբեմն ալ պետութեան գրգռուած ուշադրութիւնը հրաւիրելու իր վրայ, իր տարազին մէջ փոփոխութիւն մտցնել. յաճախ Շէյխ-իւլ-Իսլամութիւնը հրամաններ կ՚արձակէ այդ մասին. «Արգիլուած է իսլամ կիներուն կրել այսինչ կամ այնինչ ձեւ փէրաճէ. հրամայուած է անսաստողները խստիւ պատժել»։ Ու պատահեցաւ որ զինուորական ատեանները պատկառելի սպանե՛րը վճիռ արձակեն արդուզարդի մանրամասնութեան մը մէջ անսաստող իսլամ կիներուն դէմ։*

Թէեւ բոլոր այս արգելքները էականապէս ոչ մէկ կերպով կ՚արգիլեն իրերու բնական ընթացքը և երիտասարդ իսլամուհիները յաճախ կը յաջողին պարտադիր պայմաններէն դուրս չելլելով իսկ, գոհացնել իրենց նորաձեւութեան և պերճանքի բոլոր ախորժակները, իրականութիւնը չդադրիր ըմբոստացուցիչ ըլլալէ և գերազանցապէս վիրաւորիչ՝ մէկ կողմէ եւրոպական դաստիարակութիւնով սնած և միւս կողմէ քօղարկուած Թուրք կնոջ մարդկային զգացումներուն համար։

Վիրաւորանքը յաճախ կը ստանայ դաժան և վայրագ հանգամանք, երբ խնդիրը տարբեր արգելքներու վրայ է. արգիլուած է իսլամ կնոջ այր մարդու հետ պտտիլ, կառք նստիլ և այլն, եթէ այդ մարդը օրէնքին ներած մտերմութեան պայմաններուն մէջ չէ (հայր, եղբայր, ամուսին). բայց ի՞նչպէս մէկ նայուածքով անծանօթի մը վրայ հաստատել ներելի հանգամանքը. ուրեմն ոեւէ անփափկանկատ ոստիկան իրաւունք ունի ամենէն նախատելի հարցաքննութեան մը ենթարկելու պարկեշտ քաղաքացիներ։ Ուրեմն, ամէն մէկ իսլամ կին, ըլլայ ան բազմաթիւ զաւակներու մայր, հաւատարիմ ամուսին թէ մաքուր ու դեռահաս աղջիկ, կրնայ կասկածելի համարուիլ. օրէնքը և պետութիւնը կը զլանան իրեն այն ամբողջական վստահութիւնը՝ որ անհրաժեշտ է մաքուր և ազնիւ բարքերու մէջ։

Թուրք կնոջ ընտանեկան ներքին կեանքը այլեւս գաղտնիք չունի. շատ բան գրուած է անոնց մասին ու գիտենք որ —մէկ կողմ ձգելով թերթօնային և վիպական գրոյցները— անիկա իրականութեան մէջ կը

---

*. Զանազան կուսակցութեանց պատկանող դահլիճներ ամենակարեւոր համարեցին անմիջապէս յայտարարութիւններ ընել Թուրք կնոջ հագուստին պատկանող մանրամասնութեանց վրայ և ազատական կողմը աւելի մեծ նախանձախնդրութիւն երեւան բերաւ. այս ցաւագին փութկոտութիւնը յատկանշական է։

ներկայացնէ աշխարհիս ամենէն մռայլ, խոր և թագուն յուզումներով առլի, ամպամած և սպառնալի մթնոլորտը: Հոս առիթը չունինք մանրամասնութիւններու մէջ մտնելու, բայց կը բաւէ միայն խորհիլ թէ այդ միակ, լռին և մութ վանդակներուն ետեւ կ'ապրին մտածող, զգացող և յուզուող արարածներու համախմբումներ անընդունելի բռնութեան մը ներքեւ, և կը բաւէ պահ մը մտածումը փոխադրել այն խոր ատելութիւններուն, քննանքներուն, կեղծիքներուն, դաւերուն և մանաւանդ վիշտերուն և ցաւերուն վրայ որպէսզի սարսռալով խորհինք թէ Թուրք կնոջ ազատագրութեան հարցը, անյետաձգելի է այլեւս:

Երբ բռնութիւն մը այնքա՛ն անիրաւ և բացարձակ է որ այդ բռնութեան ենթարկուած անձին ներելի կը դառնէ առանց խորութեան օգուտ քաղել առաջին ներկայացած առիթէն, բոլոր բարոյական հիմերը խախտուած են արդէն և այլեւս եթէ ամէն բան ներելի չէ, ամէն բան կարելի է:

Արեւելասէրներ և Թուրք կնոջ ճակատագրին խստութիւնը չքաժնող հեռաւոր օտարներ շատ անգամ գեղեցկութիւն մը կարծած են տեսնել իրաց այս վիճակին մէջ. քօղարկուած կին մը միշտ խորհրդաւոր հմայք մը ունի, հարէմը հրապուրիչ է սովորականութենէ յղփացած նրբաճաշակներու համար. բայց իրապէս գեղեցի՞կ է տարազ մը որ ստրկութեան կնիք մըն է միեւնոյն ատեն, իրապէս հրապուրի՞չ է բնակարան մը որ բանտի հետ նմանութիւններ ունի:

Վերջացնելէ առաջ, կ'ուզէի նաև յիշատակել թէ Թուրք կնոջ ազատագրութիւնը էականապէս հակառակ չէ իսլամական կրօնքի* և թէ անոր սկզբնական տրամադրութիւններէն շեղելով է որ ստեղծեր են այն քմահաճ, մանուածապատ և կասկածոտ կեանքի պայմանները՝ որոնց մէջ կը խեղդուի բնական զարգացումը ամբողջ ցեղի մը կիներուն, որոնք կը ներկայացնեն աշխարհիս ամենէն գեղեցիկ, ընդունակ, սիրազեղ և զգայուն կնոջ տիպարներէն մէկը և ըլլալով եզականօրէն օժտուած, կը տառապին այնպիսի լուծի մը ներքեւ, որուն նմանը մեր ժամանակներուն մէջ գոյութիւն չունի այս երկրիս վրայ:

*. Շէրիի կարգ մը օրէնքները որոնք գործադրութեան մէջ են, կ'ապացուցանեն թէ Իսլամութիւնը ինչ բարձր աստիճանի վրայ դրած է կինը. սեփականութեանց յանձնումի, ամուսնական, բնական զաւակներու և ասոնց ժառանգութեան իրաւունքի օրէնքները կնոջ ազատութիւնը կ'երաշխաւորեն. այս բոլորի մասին կարելի է առանձին յօդուածով խօսիլ:

Թուրք կնոջ կեանքէն՝ Նամէհրամը

Յայտնի ֆէմինիսթ եւ համբաւի տէր գրագիտուհի մը, Տիկին Մարիա Շէլիկա, անգամ մը կը հարցնէր Թուրք ծանօթ անձնաւորութեան մը, այն ատեն տարագիր, իսկ այսօր պետական բարձր պաշտօնատար, թէ ի՞նչ բան է որ Թուրք կնոջ կացութիւնը այնքա՛ն բացառիկ կը դարձնէ եւ անոր ազատագրումը՝ գրեթէ անկարելի:

— «Նամէհրամը...» պատասխանեց անիկա. «եթէ խնդրին մօտենանք ուղղակի կերպով եւ չխրտչինք ելլելիք փոթորիկներէն, Թուրք կնոջ ազատագրութեան հարցը իր բնականոն եւ ընկերային փուլին մէջ կը մտնայ այն ատեն միայն՝ երբ Նամէհրամը վերնայ:»

Ի՞նչ է ուրեմն այդ ճնշիչ կարգ ու սարքը որ այնքա՛ն տխուր դեր մը կը կատարէ միլիոնաւոր մարդկային արարածներու վրայ՝ խափանելով անոնց զգացական եւ իմացական բնաշրջումը, արգելք հանդիսանալով ամէն մէկ ձգտումի եւ թռիչքի, կասեցնելով բոլոր տարաբախտ հնարաւորութիւնները եւ վերջապէս ազատագրումի համար Թուրք կնոջ ամէն մէկ շարժումը ծանրացնելով, ոտքի կապուած շղթայի մը պէս:

Կրօնական անփոփոխելի պատուէ՞ր մըն է անիկա՝ թէ ցեղային աւանդական սովորութիւններու մէկ կէտամնաց բեկորը. ի՞նչ հիմք ունի եւ ո՞ւրկէ սկիզբ առած է:

Նամէհրամի մասին կարծիքները անհունօրէն կը տարբերին եւ եթէ այդ խնդրին վրայ եղած զանազան արտայայտութիւնները ի նկատի առնենք, վերջապէս կը հասնինք սա՛ եզրակացութեան՝ թէ Նամէհրամը, այնպէս ինչպէս կը կիրարկուի այսօր, հետեւանքն է միակողմանի կերպով բացատրուած կրօնական պատուէրներու եւ որոնք համաձայն եղած են ցեղին մէջ գոյութիւն ունեցած սովորոյթներու, եւ ժամանակի ընթացքին նուիրագործուելով, երբեմն թուլնալով, երբեմն խստանալով, այսօր դարձած է այնպիսի հիմնական եւ անխախտելի հաստատութիւն մը՝ որուն գործնականապէս չէ կարելի դպչիլ, առանց մոլեռանդութիւններ գրգռելու եւ մեծ յուզումներ յառաջ բերելու:

Այլ սակայն, գիտենք թէ շատ մը տեղերու մէջ, ինչպէս գիւղերը, ուր ժողովուրդը շատ աւելի հաւատարիմ է իր կրօնքին եւ ուր իսլամութիւնը պահպանուած է իր բոլոր պարզութեամբ եւ մաքրութեամբ, Նամէհրամը գրեթէ գոյութիւն չունի: Գեղջուկ իսլամուհին արտին մէջ կ՚աշխատի՝ գլուխը հագիւ թէ ծածկած պարզ լաչակով մը, կը ճաշէ իր ազգականներուն կամ դրացիներուն հետ, ձիով թէ ոտքով կ՚ընկերանայ անոնց, կը վաճառէ ու կը գնէ և վերջապէս իր ապրելակերպին մէջ չունի այն որոշ տարբերութիւնը քրիստոնեայ գեղացի կիներու բարքերէն, որ այնքան խոր է քաղաքացի տարբեր կրօններու պատկանող կիներու միջեւ: Նոյնպէս, զանազան երկիրներու մէջ, ինչպէս Եգիպտոս, ինչպէս Կովկաս, իսլամուհին չէ արգելափակուած այն խստութիւններով և մանուածապատ օրէնքներով՝ որոնք մեր մայրաքաղաքին յատուկ են կարծես:

Միւս կողմէ, իմաստասէր Թուրք մը որուն նոյնպէս առիթը ունեցած եմ հանդիպելու օտար երկրի մէջ, կը պնդէր թէ նամէհրամը առաւելապէս բիւզանդական սովորութիւն մըն է. անիկա ժէնէզէն է փոխադրուած իսլամութեան մէջ, որուն հետեւանքով նաև ներքինիներու հրէշային դասակարգին ստեղծումը, և թէ կրօնական պատուէրները՝ որոնք կը վերաբերին կնոջ մեկուսացումին, քօղարկուելուն, իր հրապոյրներով մարդուն մոլորուելու առիթ մը չընծայելուն, շատ չեն տարբերիր ուրիշ կրօններու նոյնատեսակ պատուէրներէն, և զանոնք գնահատելով լայնախոհութեամբ և վեհանձնութեամբ՝ ինչպէս որ յղացուած են, համարժէք են հրէական և քրիստոնէական այդ կարգի կրօնական պատուէրներուն: Արդարեւ քօղարկուիլը, համեստ և անանձնական երեւոյթի մը ներքեւ սքօղուիլը՝ առաջին քրիստոնեայ կիներուն ալ մտահոգութիւնը չէ՞ եղած միթէ. բայց ժամանակն ու բարոյականը, և անհատական արժանաւորութեան մասին եղած ըմբռնումները չէին կրնար անխախտ և քարացած օրէնքներ դառնալ, և արդէն, նոյնիսկ իսլամուհիներու համար, արգելիչ օրէնքները յաջողա՞ծ են բացարձակապէս. կարելի՞ է ըսել թէ ահագին տարբերութիւն չի կայ հարիւր տարի առաջուան Թուրք կիներու ընտանեկան, բարոյական, հասարակական ևայլն բարքերուն, և այսօրուան կիներու ըմբռնումներուն և սովորութիւններուն միջև:

Ինծի կը թուի թէ կարեւոր է Թուրք կիներու համար պարզաբանել և իր ճիշդ արժանիքին վերածել այն գլխաւոր, ընդհանուր և հիմնական արգելքը՝ որ կը ծանրանայ իրենց վրայ: Պէտք է փնտռել անոր հիմքերը, անոր պատմականը, ժամանակի ընթացքին կրած փոփոխութիւնները: Անիկա, այսօր ներկայանալով իբր կրօնական ծագումով, խորհրդաւոր և անձեռնմխելի օրէնք մը, աՀագին և անպարտելի պատուար մը դարձած է։ Պէտք է մօտենալ անոր, քննել իր անկիւնները և մասնայատկութիւնները, ծանօթանալ իր սկզբունքին և նպատակին, և թերեւս այն ատեն Հնարատր ըլլայ ընդունիլ թէ անիկա, *նամէ՜Հրա՛մը*, այնքան ալ անխոցելի բան մը չէ։ Եւ այդ մեծ գործին ձեռնաՀասութիւնը կը պատկանի անշուշտ Թուրք կիներուն։

ԸնդՀանրապէս, կնոջ ազատագրութեամբ մտաՀոգուող օտար ընկերաբաններ, գրագիտուՀիներ և իմաստասէրներ շատ մեծ յոյս դրած էին այն կորովի և նախապաշարումներէ զերծ գործունէութեան վրայ, զոր կը խոստանային կիրարկել բռնապետութեան օրով, եւրոպական մեծ քաղաքները ապաստանած իրիտասարդ Թուրքերը։ Այս վերջինները չէին դադրեր դաւանելէ թէ Թուրք կնոջ ստրկային վիճակը բռնապետութեան գործած չարիքներուն մէկ եղանակն է, և թէ երբ անգամ մը շղթաները քակուին, սաՀմանադրական *րէժիմը* Հաստատուի՝ առաջին բարենորոգումը պիտի կատարուի Թուրք կնոջ քաղաքացիական իրաւունքները Հարթելով։

Բայց ես երբեք չպիտի մոռնամ այն զարմացումը, որով Տիկին Շէլիկա կը խօսէր ինծի, իրեն բարեկամ Թուրք անձնաւորութիւններու զգացած զայրոյթին վրայ առաջին խանդավառութեան օրերուն իսլամուՀիներու արձակունակ վարմունքին նկատմամբ։

— «Պէտք էր տեսնել թէ ինչպէ՛ս փոխուած էին և իրենց գայթակղութիւնը այնքան մեծ էր որ բառ չէին գտնար որակելու այդ ամբարիշտներուն վարմունքը. ըսէ՛ք իրենց անձամբ թէ Հրապարակաւ պէտք է բաժին Հանել այն անակնկալ ուրախութեան և խանդավառութեան, որով Համակուած ըլլալու է ա՛յնքան երկար ատեն և ա՛յնքան բազմատեսակ լուծերու ներքեւ Հեծող Թուրք կիներու մեծամասնութիւնը։ Այս օրերու արբեցութիւնը կ՚անցնի և իրենց բնական Հաւասարակշռութիւնը կը գտնեն, պէտք չէ երբեք զսպողական միջոցներու դիմել. այն առարկութիւնը թէ իսլամուՀին արժանի և Հասուն չէ ազատութեան Համար, սխալ է և բռնաւորներու յատուկ արդարացում մը միայն...»

Մինչև այսօր սակայն, իշխանութեան գլուխ գտնուողները —որոնք անՀատապէս անշուշտ կողմնակից են կնոջ ազատագրութեան և լայնախոՀութեամբ մը արձակուած կը թուին բոլոր նախապաշարումներու կաշկանդումներէն— Հաւաքաբար ո՛չ միայն չեն ուզեր իրենց անհատական համոզումներուն անսալով գործել, այլ կարծես նախանձախնդրութիւն կը դնեն հակառակը ցոյց տալու: Կարելի՞ է պահ մը իսկ մտածել թէ վարիչ շրջանակները, որոնք յարատեւ կերպով շփման մէջ են եւրոպական մեծ քաղաքակրթութեան հետ, սնած ու կազմուած են անով, երբ կ՚ընդունին երկրին ամէն կարգի գործերուն մէջ արեւմտեան մեթոտներու կարեւորութիւնը, երբ կը տեսնեն որ արեւմուտքը իր բարքերով, իր կենցաղով, իր քաղաքակրթական բոլոր ազդակներով կը թափանցէ երկրին ամենէն խոր անկիւնները, կարելի՞ է մտածել թէ անոնք պիտի հաւատային թէ կինը անմասն պիտի մնար այդ բնաշրջումէն՝ եթէ զայն պահպանէին հնամենի և խիստ ձեւերու ներքեւ: Կրնայի՞ն ուրանալ թէ այն սովորութիւններու ամբողջութիւնը որ անկարելի կը դարձնէ այրերու և կիներու գործակցութիւնը ընկերային, կրթական, արուեստագիտական և այլ գործունէութեանց մէջ, մեծապէս վնասակար է երկրին ընդհանուր զարգացման: Իրաց այս վիճակէն ո՛չ միայն կը վնասուին կիները, այլեւ այրերը. արգելափակողները և արգելափակուածները դէմ դէմի են թշնամիներու պէս և ընտանիքը հիմնուած է այդ անհաշտելի տրամադրութեանը վրայ: Մարդիկ պզտիկ հասակէն կիներէ հեռու ապրելով՝ կը դառնան բիրտ, անքաղաքավար և կը տարուին նկատելու կինը իբր պերճանքի և հաճոյքի առարկայ մը, ուրիշ ոչինչ: Նոյնիսկ ազգային բարոյականի տեսակէտով, անհրաժեշտ է երկու սեռերու ընտանութիւնը և գործակցութիւնը. զաւակներն իսկ յաճախ իրենց մօրը հանդէպ զուրկ են այն յարգանքի և ակնածանքի բնազդէն՝ որ կը յատկանշէ արեւմուտքցի մանուկը. երբ Թուրք տղեկ մը արհամարհանքով և նախատինքով կը խօսի իր մօրը հետ, գիտցէք որ հրամայական շեշտին մէջ հօրը շեշտը կայ յաճախ: Մօր, քրոջ, մօտաւոր ազգականուհիներու բարձր հեղինակութիւնն է որ ցեղի մը տղաքը փոքր հասակէն կը կազմաւորէ ասպետական, վեհանձն և արի տրամադրութիւններով. ամէն սրբազան բանի վրայէն կոխոտելով անցնիլը ուժ չի նշանակեր, ընդհակառակը՝ բռնաւորներու յատուկ պատրանք մըն է ատիկա:

Իսկ արդէն այսօր ժամանակը իր դերը կատարած է. արտաքին կեղեւը անփոփոխելի պահելու ջանքերը միայն մէկ արդիւնք կ՚ունենան, այն է՝ աւելի սուր և աւելի անհանդուրժելի դարձնել այն կացութիւնը, որուն մէջ կը տառապի Թուրք կինը: Արդիական գաղափարներն ու զգացումները մուտք գտած են հարեմներու մէջ՝

գրականութեան և արուեստներու շնորհիւ և մանաւանդ այն դաստիարակութեան հետեւանքով, որով տոգորուած են այրերը և հետեւաբար նաև փոխուած են իրենց մտատիպարները և խտէալները: Կարելի՞ բան է որ կինը չձգտի իրականացնել այն կնոջ խտէալը, զոր կը կրէ իր մէջ ամէն եւրոպականացեալ Թուրք երիտասարդ: Օտարուհիներու հետ ամուսնութիւններու շատնալը կ՚ապացուցանէ թէ ցեղը դէպի ո՛ր ուղղութեամբ կ՚երթայ: Ամէնքն ալ, այր թէ կին, կարօտն ունին լոյսի և ազատութեան, պէտք է դռներն ու պատուհանները բացուին որպէս զի արեւը մեծ ճառագայթներով ողողէ վանդակապատ սրահները ու փարատէ անոնց մէջ վարանող կիսաստուերները, մութն ու խոնաւութիւնը:

Սիրտ, զգացում և իմացականութիւն ունեցող հազարաւոր էակներ այլեւս յոգնած ստուերի և քօղի ներքեւ տժգունելէ ու մաշելէ, լաւագոյն վիճակի մը արժանի կը նկատեն ինքզինքնին: Անոնք կը տառապին իբր կին և իբր մայր, և իրենց այժմու կացութիւնը նախատինք մը կը համարեն: Կ՚ուզեն հանդէս բերել իրենց ընդունակութիւնները, զանոնք զարգացնել ազատ կերպով և օգտագործել հանրային պարտաւորութիւններ ստանձնելով: Կ՚ուզեն ապրիլ ազատ և արժանաւոր կեանքով, պարկեշտ մնալ առանց հարկադրութիւններու, ինքզինքնին յարգել տալ առանց ոստիկանութեան օժանդակութեան: Անոնք կ՚ուզեն իրենց դերը կատարել իրենց ցեղին ու մարդկութեան մէջ, որ կրնայ ինքնատիպ ու գեղեցիկ դեր մը դառնալ. կ՚ուզեն զեղուլ և բաշխել այն ամբարուած կորովը և հոգեկան ուժերը՝ որոնք անգործ և անօգուտ կը մնան ու յաճախ կը դառնան իրենց իսկ դէմ, մոմի պէս վառելով և հատցնելով իրենց նրբին և դիւրազգաց հոգիները:

Քանի՜ քանի՜ անգամներ յուզումով դիտեր եմ խոհուն և տժգոյն ճակատներ՝ որոնք հազիւ թէ կը բացուին ու ահա կը գոցուին սեւ քօղին ներքեւ, որ կ՚իյնայ իրենց դէմքերուն վրայ մշտնջենական սուգի մը պէս. քանի՜ քանի՜ անգամներ արցունքոտ և տենդագին աչքերու մէջ ընդնշմարած եմ մեծ և անսասան վիշտի մը գոյութիւնը և անօգուտ անցած կեանքի մը մորմոքը՝ թառամած շրթներու վրայ:

Բայց մանաւանդ պէտք է մտածել անյոյս թշուառութեանը վրայ անոնց, որոնք այլեւս դադրած են պերճանքի առարկայ մը ըլլալէ և հարեմի մը, թերեւս հարեմներու զարդը կազմելէ ետքը սկսած են պառաւիլ յաճախ արձակուած ու մոռցուած, զաւակներնին ցիր ու ցան ու մնացած անոք և առանձին:* Վերջապէս իրաւունքի և մարդասիրական կրկնակ տեսակէտներով, Թուրք կնոջ ազատութեան հարցը անյապաղ կը ստանայ իր սուր հանգամանքը և թերեւս ուշ չէ այն օրը երբ ամէնքն ալ համաձայն կ՚ըլլան վերցնելու այն սեւ վարագոյրը, որուն ետեւ այնքան սերունդներ խամրեցան և որոնց տալիք ծաղիկներէն ու պտուղներէն զրկուած մնաց նոյնիսկ Թուրք ցեղը:

*. Կարելի չէ խօսիլ այն Թօշակին վրայ, որ արձակող ամուսինը կամ պառաւի մը զաւակները պարտական են յատկացնել իրենց կնոջ կամ մօրը: Տնտեսական պահանջներէն դուրս՝ կան հոգեկան և մտաւորական պահանջներ, և վերջապէս արձակուած կիներու և զաւակներէն զրկուած մայրերու հարցը կարելի չէ լուծել, հանգստեան կոչուած պաշտօնեայի մը նման, օրապահիկ մը յատկացնելով անոր:

Սպասումը

Կեանքի ամենամեծ չարչարանքներն են՝ անքուն մնալ,
ծարաւէ տանջուիլ եւ սպասել:
Արեւելեան առած

Մութը կ՚իջնայ հեռզհեռէ քաղաքին վրայ եւ աշնանային մրրիկներէ վարուած ամպի թուխ ու ծանր վէտվէտումներ արագօրէն կ՚անցնին լուսնային գիշերի տժգոյն երկինքին վրայէն: Դուները փակ ու վանդակները իջած են, եւ թաղերը լուռ ու ամայի՝ ինչպէս եթէ անոնք մարդաբնակ ըլլային: Հազիւ թէ մէկ կամ ուրիշ կէտերու վրայ գոց վանդակներու ետեւէն մարդկային ստուեր մը ուրուականի մը պէս կը յայտնուի եւ կ՚անհետի՝ սենեակներու խորերէն պլպլացող լոյսերու տմոյն ցոլքերուն մէջ: Ուրախ թէ տխուր տուները լուռ են դամբաններու պէս ու անթափանցելի, ինչպէս եթէ սիրտերը մեռած ըլլային կուրծքերու ներքեւ:

Հեռաւոր թաղի մը վերջին սահմանին վրայ, որուն դիմաց կը տարածուի դալար ու ներկուած դաշտերու ընդարձակութիւնը, տուն մը աւելի տրտում եւ աւելի լուռ, լքուած ու ամայի կը թուի: Բայց ահա վանդակի մը ետեւէն լոյսը կը շողշողի ու կարծես կը սպասէ: Լոյսը կը վառի ամէն գիշեր եւ ի զուր կը սպասէ:

Շատ մութ է գիշերը ու լռութիւնը կը տիրէ ընդարձակ դաշտերուն վրայ, վանդակին ետեւ վառուած լոյսին առաջ սիրտ մը անխօնջ յոյսով կը սպասէ ու լռութիւնը այնքան կատարեալ է, անշարժ ու հանդիսաւոր մթնոլորտին մէջ՝ որ սպասման երկար եւ անձկագին ժամերը նոյնիսկ չեն ընդհատուիր պատրական յոյսերով:

***

Խալիտէ հանըմ այլեւս թառամած է. անոր ծիւրած եւ տժգոյն դէմքը դժուարաւ կը կրէ չպարին ծանրութիւնը. անոր ծարիրով շրջանակուած աչքերն ու մրոտած յօնքերը տխրօրէն կ՚երկարին իր սպասումէ ցաւագինօրէն պրկուած դէմքին վրայ: Գորգերով ծածկուած ու հալուէյով բուրումնաւէտ սենեակը գաղջ ու հեշտագին, միշտ նոյնը մնացած է. բայց սէրն ու գեղեցկութիւնը անհետացած են այլեւս: Ո՞ւր գնաց իր սիրականը ու ինչո՞ւ այլեւս չվերադարձաւ:

Տարիներէ ի վեր ամէն առաւօտ յոյսը կը վերածնի իր տրտում սրտին մէջ ու ամէն օր կը սպասէ:

Ինչպէս այնքա՛ն ուրիշներ, ինքն ալ արձակուած կին է, բայց երբեք չէ ուզած անդրադառնալ իրականութեան: Ինչպէս որ գնաց իր սիրականը այն գեղեցիկ առաւօտուն, ձիուն վրայ հեծած, ասպանդակներովը զարնելով կենդանիին կողերուն, այնպէս ալ անշուշտ պիտի վերադառնայ անիկա:

Ինչպէ՛ս արագ հեռացեր էր այն առաւօտ իր ձիաւորը դիմացի չիտակ ճամբուն մէջէն, հետզհետէ անհետանալով բարձրացած փոշիին մէջ, որ հիւլէանալով արեւին ներքեւ, ոսկեղէն մշուշի մը կը վերածուէր: Անիկա գացեր էր ինչպէս կ՚երթան յաղթանակի մը, փառքի մը ընդառաջ, ժպիտը շրթունքին, սեւ աչքերը վառուած հուրքով, մինչ վանդակներուն ետեւէն Խալիտէ հանըմ իր նայուածքով կ՚ընկերանար անոր մեկնումէն ետք, երկա՜ր, երկա՜ր ժամերու ընթացքին:

Ու իր սիրականը չէր վերադարձեր: Ի զո՜ւր ուզած էին զինքը համոզել իր դժբախտութեան եւ զայն ընտանեցնել իր ցաւին: Անիկա կ՚անգիտանար իր կացութիւնը եւ ամէն օր յոյսը կը վերարծարծուէր սրտին մէջ, ամէն օր կը սպասէր ամուսնոյն վերադարձին, երկարօրէն ու քաղցրօրէն պատրաստուելով իր սիրականը ընդունելու: Ահա՛ ծարիրը իր խոր աչքերուն շուրջը, ահա՛ բարկ բուրումները իր մազերը օծելու համար, ահա՛ աննիւթական եւ ճկուն շրջազգեստները՝ որոնց ծալքերն իր շարժումներուն ճկունութիւնը կը ստանային եւ անոնց ներդաշնակութիւնը կը շարունակէին ստուերի մը պէս. ահա սանտալը՝ որով լոգանքը կը խնկաւէտի, եւ հինան որով իր եղունգները կարմրագեղ վարդի թերթիկներու նման պիտի թրթռան, շեշտելով սպիտակութիւնը իր ձեռքերուն եւ հոլանի բազուկներուն, իր կաթնային լանջքին եւ կարապի վիզին, որուն վրայ գլուխը կը ծաղկի իբր գերագոյն արտայայտութիւնը իր գեղեցկութեան:

Ի զո՜ւր… ի զո՜ւր… մեկնող սիրականը այլեւս չի վերադառնար. ինչպէս ծաղիկները շուտ կը թառամին ամառուան մէջ, այնպէս ալ սէրը արագօրէն աճելով եւ գեղեցկութեամբ ծաղկելով՝ թառամեր էր անոր սրտին մէջ: Բայց Խալիտէ հանըմ իր գեղեցիկ եւ երազուն աչքերը յառած ամայի ճամբուն վրայ՝ նախ զարմացումով, հետզհետէ տրտմութեամբ սպասող իր սիրականին ու անոր արի եւ վեհանձն սէրը երբեք օր մը վհատութիւնը չի ճանչցաւ…

***

Ամիսները անցան ու նաև տարիները: Հիմա այլեւս պառաւած է արձակուած կինը, Թառամա՜ծ առանձնութեան ու վիշտի մէջ, բայց հզօր սիրտը իր երիտասարդութիւնը կը պահէ տառապելով: Անիկա ամէն օր նոյն մանրակրկիտ ուշադրութեամբ իր արդուզարդը կ'ընէ, կը զարդարուի ու կը պատրաստուի իր սիրականը ընդունելու: Իր աչքերը մարած են անոր ճամբուն սպասելով, իր մորթը գունատած ու խորշոմած է և ծիւրած դէմքը կը կրէ տառապած կնոջ անջնջելի դրոշմը. բայց անիկա կը սպասէ՝ վերապրելով անցեալի յիշատակներուն մէջ, իր յոյսը վառ պահելով անմոռանալի պահերու վերյիշումով, ու իր տխուր ծերութիւնը կ'ոսկեզօծէ այդ խուսափուկ և այնքան հեռաւոր երջանկութիւնովը:

Ինչպէ՛ս սիրած էին զիրար այն ժամանակ ու ինչպէ՛ս գեղեցիկ ու հզօր էին սիրոյ ու գորովանքի մէջ: Իրենց սէրը արծարծուած խառոյկի մը պէս կը վառէր ու անոր ուժգին Թափովը կը սլանային երկրային մակարդակներէն դէպի վեր: Ինչպէս սրարշաւ երիվարի մը սմբակներուն ներքեւ երկիրը կը տրոփէ, այնպէս իրենց կուրծքերը կը Թնդային տարփանքով և հեշտանքով, ու մէկ կեանք չէ որ կ'ապրէին այլ բիւրաւոր կեանքերու երջանկութիւնը՝ իրենց մէկ համբոյրին մէջ, այնքա՛ն հզօր էր ու տիրական իրենց սէրը:

Խալիտէ հանըմ փետուրի պէս Թեթեւ ու ճկուն, իր մատղաշ և լոյսի պէս ճերմակ դէմքին վրայ կը կրէր այն սև ու անյատակ աչքերը, որոնց նայուածքը երբեմն կը սքօղուէր քաղցր երազներով, երբեմն ալ կը վառէր անշիջելի հրայրքով մը՝ որուն մէջ երջանկութիւնը կը փայլատակէր: Իր ամուսինը, կտրիճ ու քաջ զինուորական, որուն ոտքերը քիչ անգամ ասպանդակները Թողած էին, ահա գերին դարձեր էր այդ աչքերուն նուաղուն և կախարդիչ գեղեցկութեան:

Եղանակ մը միայն, ամառնային շքեղ ու արեգնաւէտ եղանակ մը, երջանկութիւնը տիրեց իրենց բոյնին մէջ՝ մինչեւ որ արագօրէն հասունցած վարդերու և յասմիկներու Թերթերը Թափթփեցան Թառամելով իրենց վերջին բուրմունքին մէջ և գալարագեղ ոստերը պատատուկ բոյսերուն՝ տժգունեցան արեւին տակ գունատելով:

***

Գիշերը յառաջացած է և աշնանային մրրիկները երկինքը պատեցին սև ամպերով, մուԹը բարդ բարդ աչքերով կը Թաւալի պարապին մէջ ու լռին և այլեւս անբնակ տանը կից, ընտանեկան գերեզմանատան մէջ խումբ մը նոճիներ, աւելի սեւ՝ կ’’ուրուագծուէին գիշերին մէջ՝ անշարժ և Հանդիսաւոր: Օրն ի բուն սլացիկ և մթին, կը կանգնին անոնք սպասելով Հովերուն որ շունչ ու ձայն տան իրենց մշտադալար ծառերուն: Հարաւային Հովը իր լայն և գաղջ ընթացքով կ’օրօրէ զանոնք մեղմօրէն, մինչ իրենց բարկ և թափանցիկ Հոտը կը բուրումնաւէտէ պայծառ մթնոլորտը: Անծանօթ երկիրներէ գաղթած սեւ և վայրի թռչուններ, գինով՝ լոյսէ և բուրմունքէ, խելապտոյտ թռիչքով մը դարձդարձիկ կու գան կը թառին անոնց վրայ ու մտիկ կ’ընեն անոնց դաշն Հեծեծանքը:

Գիշերը մութ է և լռին, ու նոճիները աՀա կը սարսռան ցրտին Հովերէն ու անոնց սօսաւիւնը, տրտում մրմունջի մը պէս, կը փսփսայ ընտանեկան գերեզմանոցին մէջ:

Օր մը թերեւս ձիաւորին սմբակներուն ներքեւ երկայն ու ամայի ճամբան պիտի տրոփէ վերջապէս. բայց այն աչքը որ կը Հսկէր սպասելով՝ մարած է այլեւս, վանդկապատ շիրիմի մը վրայ թամբանական կանթեղ մը կը պլպլայ. կա՛նգ առ, ձիաւո՛ր. մինչ դուն ազատ և նոր երջանկութեանց ակնկալու, կ’անցնէիր կեանքիդ ընթացքին մէջէն՝ սիրտ մը, փակուած վանդակներու ետեւ, ի զուր սպասեց քեզի:

Մութ է գիշերը և Հովը ցուրտ շունչով կ’անցնի թաղերուն մէջէն, որ ընդարձակ գերեզմանի մը պէս լուռ է և անթափանցելի: Միայն Խալիտէ Հանըմին ճերմակ շիրիմին վրայ կանթեղը կը պլպլայ և դեռ յուսալով կը սպասէ իր սիրականին, որովՀետեւ անոնք որ սիրելով և սպասելով կը մեռնին՝ սուրբ են և նոյնիսկ գերեզմանին ցուրտ Հողին մէջ իրենց յոյսը վառ կը պաՀեն:

Քօղը

(Հարէմական կեանքէ)

Ամառուան առաջին գեղեցիկ օրերն էին. գարնան յամեցող զովութենէն կարծես ձանձրացած բնութիւնը մէկ քանի օրուան մէջ աճապարեր էր իր բոլոր շքեղութիւնը ստանալու: Ջերմ և պայծառ արեւ մը կը շողշողար կապոյտ երկնակամարին վրայ և անոր ճառագայթներուն փայփայանքին ներքեւ Մարմարայի կուրծքը խտղտալով կը փայլփլէր: Ոսկեղէն անձրեւ մը կը տեղար ամէն կողմ և մօտակայ սեւ նոճիներու գագաթներն իսկ արագ և բեկբեկ կայծկլտումներ կը փոխանակէին իրարու. լուսաւոր և ակնախտիղ մշուշի մը մէջ Սթամպոլի սիլուէթը անօսրանալով և տեսիլքի մը պէս խուսափելով կ'անէանար հեռաւորութեան մէջ:

Շոգենաւը ճերմակ փրփուրներու ակօսի մը մէջէն յառաջանալով կը մօտիկնար ասիական ափունքին և Սալաճաքի արուարձանը ամբողջովին կը պարզուէր արդէն աչքի առաջ՝ իր մանուածապատ և անձուկ շաւիղներով և փտած փայտի գոյն ու կարմիր կղմինտրներով ծածկուած տուներով, որոնք աստիճանաբար կը դիզուէին բլրակի մը կողին վրայ:

Ալի Հասան պէյ, գեղեցիկ և բարեկազմ զինուորական սպայ մը, ոտքի ելաւ և կանգնած սպասեց որ շոգենաւը հանդիպի նաւամատոյցին: Իր թխորակ և խրոխտ դէմքը բարութեան և քաղցրութեան հակամէտ կը թուէր՝ այն չեշտուող գիրութեան պատճառաւ, որ կարծես լեցնելով դէմքին գիծերը, կորսնցնել կու տար անոնց խստութիւնը. իր աչքերը թեթեւ մը կարմրած կոպերու մէջտեղէն երազուն անստուգութիւն մը ունէին: Լաւ սնած, լաւ հագուած և ամէն կարգի անմիջական հոգերէ զերծ մարդու անփութութիւն և ինքնավստահութիւն մը՝ իրեն հպարտ կեցուածք մը կու տար: Հագեր էր ձիաւոր զօրաց յատուկ համազգեստը և մինչև ծունկերը կը կրէր դեղին կաշեայ մոյկեր:

— «Այս ի՜նչ զուգադիպութիւն, պէ՛յս», ձայնեց մէկը որ վարի խուցերէն դէպի շոգենաւին կամրջակը կը բարձրանար: «Ի՞նչ բարեպատեհ առիթի կը պարտինք ձեր մեծութեան մեր խոնարհ թաղերը գալու դիտաւորութիւնը:»

Խօսողը աստիճանակից սպայ մըն էր, նիհար, ջղուտ և արաբացիի մը նման Թուխ. իր պղնձագոյն դէմքին վրայ պեխերը ձիւնի պէս ճերմկեր էին, բայց աչքերը պահած էին արծիւի սրատեսութիւն մը և հուրք մը:

Ալի Հասան իր ընկերակցին ձայնը լսելով՝ ետեւ դարձաւ, մեծ սէլամ մը տուաւ և փոխարինելով անոր քաղաքավարական չափազանցեալ բացատրութիւնները, խօսքերու և ձեւակերպութիւններու ապշեցուցիչ արագութեան և դիւրութեան մը մէջ, յայտնեց Թէ Սալաճաք եկած էր՝ երԹալ տեսնելու համար իրենց վաղեմի և ծերուկ աշխատաւորներէն մէկը որ անդամալուծուած էր և անկողնի կը ծառայէր:

— «Ո՞րն է, պէ՛յս… Թերեւս ես ալ ճիշեմ:»

— «Իպրահի՛մը. ձեր մեծուԹիւնը գիտէ Թէ անոր քոյրը իմ դայեակս եղած է և ինքն իսկ իմ հօրս հետ պատերազմի դաշտին վրայ գտնուելով լուսաղբար եղած են. այս այն Իպրահիմն է որուն շահաբեր գործ մը առաջարկուելով Րումէլիի սահմանագլխին վրայ, մերժեց…»

— «Մերժե՞ց…»

— «Այո՛, իր ճերմակ մազերով գլուխը գետին խոնարհեցնելով նախարարին ոտքերուն փարեցաւ և արտասուագին աչքերով ըսաւ. Ես քու ստրուկդ եմ, և քու հրամաններուդ ենԹակայ, բայց Րումէլիի սահմանագլխին վրայ, ո՜վ իմ տէրս, միայն բանակի մէջ և իբր զինուոր երԹալու երդում ըրած եմ»:

Խորհրդաւոր և անխօս դառնուԹիւն մը երեւցաւ երկու սպաներուն դիմագծերուն վրայ. ծերունի և ստորադաս Իպրահիմի հայրենասիրուԹիւնը զիրենք դղրդեց խոր, բայց չփոԹ զգացումով մը. երկուքն ալ Թերեւս ներքնապէս կը զգային որ իրենք ծերունի զինուորին —որ պարզ պայտար մը մնացեր էր զօրանոցին մէջ— փափկանկատուԹիւնը չպիտի ունենային եԹէ պաշտօնի կամ աստիճանի բարձրացումով զիրենք ղրկէին Րումէլիի սահմանագլխին վրայ: Տեսականօրէն երկուքն ալ ունէին դառն կսկիծ, երբ անդրադառնային այդ մտածումին, բայց կեանքը իր բարդ և տիրական պահանջները ունի և իրենց հայրենասիրական եռանդը կը կորսուէր տարտամ և բազմատեսակ ախորժակներու զգայնուԹեան մէջ:

Երկու պէյզադէները արագուԹեամբ մտածեցին այս բաներուն վրայ՝ երբ շոգենաւը արդէն հանդիպած էր նաւամատոյց. ցանցառ ճամբորդներուն մէջէն լայն տեղ բանալով եւ մէջքերնէն վար կախուած *սուրերը շխշխացնելով գետնին վրայ, յառաջացան և մտան փոշոտ ու նեղ փողոցներու մէջ:*

Ալի Հասան իր ձեռքը բռնած ծրարը ցուցնելով՝ ընկերոջը ըսաւ.

— «Նարինջ պիտի տանիմ Հիւանդին:»

— «Ընկերանամ ձեզի, եթէ կ'ուզէք, բայց ես ալ բան մը տանիմ Իպրահիմին:»

— «Անուշեղէնը կը սիրէ ծերուկը», ըսաւ Ալի Հասան, «եկուր փախլավա ալ առնենք իրեն Համար:»

Սպաները շեղեցան իրենց ճամբէն և մտան շուկային մէջ. խիտ և մթին կրպակներ իրարու քով շարուած էին բայց անոնք պարապ էին, որովհետեւ խանութպանները իրենց բոլոր ապրանքները դուրս Հանած և զետեղած էին կրպակներուն դրանը առաջք: Նոր Հասած ձուկերու դէզէ մը ծովային բարկ Հոտ մը կը բարձրանար, անդին՝ կարմիր և դեղին գիծերով շերտաւորուած ղենջակը մէջքերնուն, Հուժկու և ըմբիշի երեւոյթով խոնարՀներ, բացօդեայ վառարաններու վրայ տեսակ տեսակ խմորեղէններ կը պատրաստէին:

Անանուն և գարշաՀոտ արտաշնչում մը կը տարածուէր ամէն կողմ. Հողէն նոր ելած բանջարեղէններու աղբային խոնաւ Հոտը, օրերէ ի վեր մնացած և շարունակ ջրուած կանանչեղէններու վերաՀաս փտութեան Հետ՝ կը խառնուէր ձուկի և տապկուած խմորեղէնի Հոտերուն: Բայց այս ամենուն վրայ շլացուցիչ արեւը կը ծագէր, կը լուսաւորէր և իր ճառագայթներու ոսկեղէն խաղովը կ'այլափոխէր ամէն ինչ. կարմիր և դեղին շերտերով ղենջակները իրենց երանգներուն ամենէն ուժգին արտացոլումը ունէին և շուկային մէջտեղը մորացած ցեխի ճաՀիճը դանդաղօրէն շոգիանալով, կապտորակ և գետնին վրայ ծածանող մշուշի մը կը փոխուէր՝ ուրկէ նոյնիսկ երբեմն կը սլանային ոսկեզօծ ճանճեր:

Ալի Հասան և Ատիլ պէյերը բեռնաւորուած պտուղներով և անուշեղէններով՝ մտան Թաղերուն մէջ: Երկար ատեն քալեցին անձայն և ամայի ուղիներէ, որոնց երկու կողմը փլատակի վիճակին վերածուած Հին տուներ իրարու կը կրթնէին և կարծես զօրաւոր Հովէ մը տարուիլ, քշուելու վտանգին ենթարկուած էին: Վանդակապատ պատուՀաններու ետեւէն ո՛չ մէկ ձայն, ուրախութեան թէ տխրութեան, չէր լսուէր: Ո՛չ մէկ մանկական աղաղակ չէր բարձրանար այդ պաՀուն՝

Հնամենի այդ տուներէն որոնց ամբողջութիւնը աւերակի, քանդումներու և անասելի աղէտի մը տխրեցնող զգացումը կը ներշնչէր:

Փողոցի փոշիէն գորշացած տերեւներով ծառեր, վտիտ և չոր ոստերով կը ցցուէին երբեմն տուներու ետեւէն և կ'աւելցնէին այս աւերուածութեան տպաւորութիւնը:

Հակառակ շողշողուն արեւին, անոր ճառագայթները չէին սպրդեր այս խոնաւ և տղմուտ փողոցներուն մէջ ուր երբեմն երեւցող պարտէզներու փլփլած քարաշէն պատերուն վրայ, ստուար մամուռ մը թաւշային և հում կանանչով կը սողար ամէնուրեք:

Բայց երբ երկու զինուորականները ելան ցից և կարճ զառիվերէ մը, տուները հետզհետէ ցանցառցան, ընդարձակ և արեւոտ պարտէզներ յայտնուեցան իրենց նայուածքին և նոյնիսկ ասդին անդին վաղահաս կլխիններու մանիշակագոյն և քաղցր ողկոյզներ, որոնք մագլցելով տուներն ի վեր՝ զանոնք կը հագուեցնէին իրենց փարթամ և գարնանային պատմուճանով:

Բարձունքին վրայ երկուքն ալ կեցան և իրենց առնական կուրծքերը ցցելով՝ լայն մը շնչեցին, իրենց աչքերը պտտցնելով Մարմարայի ընդարձակ և փայլփլուն տարածութենէն մինչեւ Վոսփորի մշուշոտ և ոլորապտոյտ գիծը:

Մինչեւ այդ միջոցին, երկու ընկերները կը խօսակցէին սովորական և ընթացիկ բաներու վրայ, իրարու կը հաղորդէին իրենց զօրանոցի յատուկ բամբասանքներ, յառաջացումներ, տեղափոխութիւններ եւայլն: Կը խօսէին նաև քաղաքական խնդիրներու մասին, զգուշանալով վճռական կարծիք մը յայտնելէ և իրարմէ սպասելով որոշ ուղղութիւն մը դէպքերու և դէմքերու վրայ, ինչ որ առանց եզրակացութեան մը յանգելու՝ կ'երկարաձգէր իրենց խօսակցութիւնը և կը թուլցնէր անոր շահեկանութիւնը: Բայց երբ բարձունքին վրայ եկան, Ալի Հասան ընդհատեց իր խօսքը, շուրջը նայեցաւ և գոչեց խանդաղատանքով.

— «Աման Ալլա՜հ, ինչպէ՛ս գեղեցիկ է:»

Լայն և ամառնային շունչ մը կը մտնար իր էութեան մէջ, կը բարձրացնէր իր տրամադրութիւնները, յուզուած զգայնութիւն մը թռիչք կու տար իր հոգւոյն: Դողդոջուն և արեգնաւէտ բանաստեղծականութիւն մը թրթռաց իր մէջ երկարատեւ և հեծեծագին երգի մը պէս, ու քաղցր տխրութիւն մը պատեց զինքը: Մահուան և սիրոյ տարտամ և աննպատակ իղձեր զիրար խաչաձեւեցին իր տպաւորութեանց մէջ և ինքզինքը տրամադիր զգաց ղուրպան ըլլալու ռեւէ ջախջախիչ գեղեցկութեան և մեծութեան համար…

Ատիլ պէյ իր սրատես արծիւի աչքերը սեւեռած Սթամպոլի պարիսպներուն՝ կը մտածէր բոլորովին ուրիշ բաներու վրայ և երկուքն ալ յանկարծ սթափեցան և շարունակեցին ճամբանին:

Թաղերէն հեռու, պարտէզներու մէջ կորսուած էր Իպրահիմ աղային տնակը: Բարակ ձողիկներէ կազմուած ցանկապատ մը կը յայտնէր իր համեստ կալուածին սահմանը. ոչ ոք չէր երեւնար այդ միջոցին, բայց հեռուէն Գուրան կարդացող պառաւ կնոջ մը խուպոտ և ծեքծեքուն ձայնը կու գար, ձայն մը որ պահած էր սակայն երբեմնի սրտառուչ գեղեցկութեան հետքերը:

Երկու սպաները բացին ցանկապատին դռնակը, մտան հերկուած և պարարտ արտերու մէջ և ուղղուեցան դէպի տնակը: Յանկարծ վարդագոյն էնթարի մը երեւցաւ իրենց աչքին. երիտասարդ աղջկան մը ճկուն և դիւրաթեք հասակը կը ծածկէր անիկա, որ ոստոստող քայլերով, չհերկուած դաշտի մը դալարիւններուն մէջէն բանջար կը հաւաքէր:

Չէին տեսնար անոր դէմքը և իրարու հետ չէին խօսեր, իրենց ձայնովը զայն չխրտչեցնելու համար: Մթնոլորտը լեցուն էր բուրումնաւէտ բոյսերու գլխիչ հոտով և պառաւին ձայնը մաշած նուագարանի մը բեկբեկ թրթռացումով կը շարունակէր երգել: Հեշտագին սարսուռ մը կը դողար ամէն կողմ և զինուորականները զգուշութեամբ կը յառաջանային, բայց իրենց սուրերուն աղմուկը հասաւ աղջկան ու անիկա ետեւ դարձաւ երբ շատ մօտիկցած էին արդէն իրեն: Խպնելով՝ գլուխը բաց երեւնալուն համար անծանօթ երիտասարդներու, անիկա հապճեպ շարժումով մը քօղը վերցուց ուսերուն վրայէն, գլուխը ծածկեց և եղնիկի մը պէս խուսափելով իրենցմէ, հեռացաւ գնաց:

Բայց երկու ընկերները տեսեր էին անոր ժպտուն և ճառագայթող դէմքը, ականջներէն կախուած արծաթէ խոշոր օղակներով շրջանակուած, տեսեր էին անոր պատանեկան բոցավառ և հեզնոտ նայուածքը և իրարու նայեցան բարեացակամութեամբ ժպտելով:

***

Քանի մը վայրկեանէ ի վեր երկու զինուորականները նստեր էին Իպրահիմին քով պզտիկ աթոռակներուն վրայ և կը խօսակցէին բարեկամաբար: Վանդակապատ պատուհաններէն լոյսը մաղուելով կը ծածանէր և կէտկիտուելով կը խաղար ճերմակ տախտակամածին վրայ. ծայրայեղ մաքրութիւն և պարզութիւն կը տիրէր սենեակին մէջ. Իպրահիմ կը հանգչէր կզկտելով իր յօդացաւէ կարկամած սրունքները՝ որոնք ոչ միայն զինքը կ՚անդամալուծէին այլ ցաւագին ցնցումներ կը պատճառէին իր ամենափոքր շարժումերուն իսկ: Բայց անոր արեւագուրկ և կնճռոտած դէմքը շուտով կը ստանար իր սովորական անդորրութիւնը և ստոյիկեան համբերատարութեամբ մը կը տոկար բախտին իրեն վերապահած ցաւերուն:

Անոր քթանի պէս ճերմկած մազերուն և մօրուքին մէջէն չափազանցօրէն թուխ դէմքը համակրելի էր և բարձր զգացումներու դրոշմը կը կրէր. յայտնի էր որ ոեւէ խտէալ յարատեւ կերպով ընդլայնած էր իր հոգին ու զինքը ընդունակ դարձուցած էր վերացումներու: Իր սեւ և ծերութենէ նուաղած աչքերը հանդարտ և մեղմ լոյս մը ունէին, որոնց մէջ կ՚արտացոլար իր անխարդախ և ջինջ մտածումը, չըթունքը միայն, մթնցած և գալարուն, իր ֆիզիքական տանջանքներուն հետքը կը կրէր և ձեռքերը ջղուտ, ուռած յօդուածներով կը յայտնէին իր երկարատեւ և չարքաշ կեանքը:

Անիկա կը խօսէր կամ կը պատասխանէր երկու սպաներուն՝ խաղաղ հանդիսաւորութեամբ մը: Ցուցուեր էր անոնց իր վիճակին համար ցոյց տուած շահագրգռութենէն, բայց իր զգացումը կը յայտնէր արժանաւոր պարզութեամբ մը, հակառակ որ իր այցելուները իր գերադասեալները ըլլային. ո՛չ մէկ կողմէն ամբարտաւան խրոխտութիւն և ո՛չ ալ միւս կողմէն ծառայական խոնարհութիւն կ՚արտայայտուէր և ասիկա կը դիւրացնէր իրենց տեսակցութիւնը:

Միջոց մը Ատիլ պէյ ծերունի պայտարին հետաքրքրութիւնը կը գոհացնէր՝ զօրանոցի պատմութիւններ ընելով, երբ Ալի Հասան հակառակ իր ջանքերուն, ուշադրութիւնը չէր կրնար կեդրոնացնել խօսակցութեան վրայ. իր մտածումը սուրալով հեռուները՝ կը ցրուէր զանազան ուղիներով: Անսահման յոգնութիւն մը կը ջլատէր զինքը և ներքին վայելք մը կը զգար սենեակին զովութեանը մէջ հանգչելով և ծերունիին համաչափ և պատկառելի ձայնը լսելով. կարծես թէ գինով էր ու չէր գիտեր որ զգացածը ուրախութի՞ւն էր թէ տխրութիւն: Ամէն անգամ որ ջանք կ՚ընէր սթափելու, իր վրդովուած յիշողութեան մէջ կը կանգնէր վարդագոյն էնթարիով աղջիկը, արծաթեայ օղակներով զարդարուած և որուն հեգնոտ և բոցեղ աչքերը կարծես թէ հոգին կը դղրդէին ցաւագին եւ հեշտաւէտ զգացումով մը: Մայրամուտէն առաջ մեկնեցան, որովհետեւ Ալի Հասան կը բնակէր Ոսկեղջիւրի հեռաւոր թաղերէն մէկուն մէջ եւ կը շտապէր: Իպրահիմի սենեակին սեմէն հեռանալէ առաջ՝ կը լսէին նալըններու համաչափ աղմուկը պարտէզին մէջ եւ պառաւ կնոջ թաւ եւ սրտագրաւ ձայնը որ ատենը մէկ մը կը գոչէր.

— «Ամիլէ՜ ... հո՜ւ...»

Ոսկի ձայն մը հեռաւորութեան մէջ նուաղած, ձայն մը՝ որ դեռ մանկական էր բայց արդէն ստացեր էր երիտասարդուհիի շեշտի ջերմութիւն մը՝ կը պատասխանէր մօրը, ու ասիկա անբացատրելի եւ արբեցուցիչ երաժշտութեան մը պէս քաղցր թուեցաւ երիտասարդ սպային:

Անցան պարտէզներէն, առանց մէկու մը հանդիպելու. բայց Ալի Հասանի գրգռուած երեւակայութեանը կ'երեւար ամէն թաւուտներու, ամէն կիսաստուերներու մէջ ճերմակ քօղի մը ծածանումը. անթիւ անգամներ խուսափուկ եւ սպիտակ հեւք մը անցաւ իր հմայուած աչքերուն առաջքէն, ինչպէս եթէ աղաւնիներուն աննիւթական թռիչք մը ըլլար, ու իր խռովուած էութեան մէջ այդ տեսիլքը մաքուր եւ անբիծ զգայնութիւն մը ներշնչեց ու իրեն թուեցաւ նաեւ որ մատղաշ աղջկան հոգին պչրանքով եւ հեգնանքով կը խաղար իր զգացումներուն հետ՝ առանց այդ բանին կարեւորութիւնը զգալու:

Նաւամատոյցը բաժնուեցաւ իր ընկերոջմէն եւ նետուեցաւ վերջին շոգենաւին մէջ. մարդ չկար գրեթէ, եւ մութը կը բարձրանար երկրէն ստուերներու թանցր ծուէններով: Երկինքը թեթեւ ամպերով ծածկուած էր եւ հեռաւոր փարոսներ իրենց լուսեղէն նայուածքը կը քթթէին, երբեմն նուազելով լուսարձակներու արագ եւ ճերմակ ճառագայթներուն մէջ:

Անսահմանելի խաղաղութիւն մը կ'իջնէր բնութեան վրայ. հեռաւոր գիւղանկարներ շուքով պարփակուած, հանդիսաւոր բան մը ունէին: Քաղաքը լուռ էր եւ հանդարտ, ու միայն ուժգնօրէն ակօսող ջուրերուն շաչիւնը, շոգենաւին մեքենաներուն համաչափ հեւքին խառնուելով՝ կը լեցնէր միջոցը:

Ալի Հասան մտազբաղ եւ շփոթ տրամադրութիւններով կը պտտէր կամրջակին վրայ. այդ միջոցին իր միտքը պարապ զգաց. կարծես ոեւէ զգայնութիւն չկար իր հոգիին խորը, բայց ահա այդ ներքին լռութեան եւ դադարի մէջէն լսեց խրոխտ եւ անուշ ձայն մը, լսեց ինչ որ *անգիտակցութեան մը րոպէին իր հոգին արտասանած էր թերեւս և որուն արձագանգը կը վերադառնար իր զօրեղ և եռանդուն էութեան մէջ։*

— «Իմ աղաւնի՛ս, իմ վա՛րդս, իմ սիրակա՜նս...» փաղաքշիչ բառեր կը խուժէին իր մտքին մէջ։ Անգամ մըն ալ իր հոգին լեցուեցաւ մահուան և սիրոյ խորհուրդով։

— «Ղուրպա՜ն ըլլամ քու հասակիդ որ վարդի թուփի մը կը նմանի, ղուրպա՜ն ըլլամ քու աչքերուդ որոնց լոյսը սիրտս փայփայեց, ղուրպա՜ն այտերուդ որոնց վրայ արծաթէ օղերուն ցոլքը լուսնի լոյսին կը նմանի՜...»

Ալի Հասան այդ գիշերը անցուց խռովուած վիճակի մէջ. քանի՛ անգամներ արթնցաւ քաղցր և մոլորեցնող անրջանքներէ որոնք զինքը կը ցնցէին ու իրեն համար անդիմադրելի բան մը դարձաւ այդ հազիւ թէ ընդնշմարուած աղջկան ցանկութիւնը։

***

Հետեւեալ առաւօտ Ալի Հասան նախաճաշիկի միջոցին իր մօրը յայտնեց.

— Աննէ՜, ես պիտի ամուսնանամ. է՜հ... կեանքը անհամ է առանց ընկերուհիի, ես պիտի ամուսնանամ և շուտով։»

Մայրը իր դէմքը խոժոռեցուց. ամուսնաթող կին էր և մինակը մեծցուցեր էր տղան, դժկամակելով կրկին ամուսնանալու։ Ալի Հասան իր մխիթարութիւնը, իր փառքը, իր հարստութիւնը եղած էր։ Զէհէր հանըմ գեղեցիկ եղած էր ու տարիներ ետքը իր դէմքը պահած սարայլըի նրբութիւնն ու ազնուապետական վէսութիւնը. իր բարձր ու ճկուն հասակը, իր կամարաձեւ յօնքերուն ներքեւէն փայլող սեւ ու գեղեցիկ աչքերը, իր նուրբ քիթը, ու վաղեմի սովորութեամբ մը քռմէնով կարմրած շրթունքը՝ մոռցնել կու տային թառամած մորթը և քունքերուն խորշոմները։ Նախկին պալատական, հեռաւոր և անծանօթ երկիրներէ բերուած չէրքէզուհի, անիկա մէկ օր միայն փառքի գագաթնակէտին վրայ ըլլալէ ետք, անկողինէ անկողին հասեր էր շատ անփառունակ և համեստ ամուսնութեան մը։ Բայց Զէhէր հանըմ համակրեր էր Ալի Հասանի հօրը ու առաջին անգամ զգացեր էր սիրոյ սարսուռը, առաջին անգամն ըլլալով նաեւ իր կնոջական կողերը բացուեր էին մայրութեան համար։

Իրեն համար, իր կնոջ արժանաւորութեան եւ զգացումներու կեանքը կը սկսէր այդ օրէն. բախտաւոր և երջանիկ եղած էր, բայց կարճատեւ ժամանակի մէջ: Իր ամուսինը հարճի մը հետ կրկին ամուսնացած ըլլալով, յանկարծ նախկին պալատական գերուհին զգացեր էր որ այդ կացութիւնը անհանդուրժելի է իրեն և խնդրեր էր իր սիրած ամուսինէն որ արձակէ զինքը: Այդպէս ալ եղեր էր ու Ջէհէր հանըմ առանձնացեր էր այլեւս իր տղուն հետ —որ աստիճան մը անտարբերութեամբ, քիչ մըն ալ իբր փոխարինութիւն, ամուսինը իր քով թողեր էր եւ առնելու պայմանով այն օրը որ կրկին ամուսնանար, ու Ալի Հասանի մայրը չէր ամուսնացած:

Շատ բան տեսած ու շատ բան կրած կնոջ փորձառութեամբ ու նաեւ բնական խելքով՝ազատ թողեր էր տղան և միջոցներ գտեր էր զայն պահելու և ուրիշ կնոջ մը մուտքը արգիլելու համար տան մէջ: Բայց իր այդ դիտաւորութիւնները գաղտնի մնացած էին, ընդհակառակը՝ իր տղուն կը խօսէր երբեմն ամուսնութեան վրայ:

Կէօրիւճիւ կիներ յաճախ կ'այցելէին իրենց և հարէմներու խորհուրդին մէջ ծածկուած գեղեցկուհիներու նկարագրութիւնը կ'ընէին մօրը եւ զաւկին. անիրական հեքեաթի մը պէս կը լսէր Ալի Հասան աստնք. նկարագրուած կիներուն մէջ ամէն ճաշակի ու ամէն ախորժակներու համար կային:

— «Հաւկիթէն նոր ելած վառեակի պէս միամիտ և փափուկ է. աչքերը որ ըսե՛ս, հեշտութեան ծով մըն է, կարծես մթին գիշեր մըն է որուն մէջ կայծակ մը կը փայլատակէ, կարծես երկնքի հրաշալիքներուն վրայ բացուած պատուհան մըն է, ո՜վ պէյս, իր ճկուն իրանը հովերէ տարուբեր բարդենի ոստի մը կը նմանի և անիկա վայել է քու նոճիի հասակիդ…»

Ու նկարագրութիւնը կը շարունակուէր ուրիշի մը վրայ:

— «Անոր խօսուածքը, վերջալոյսի պահուն յոգնած և պապակած ճամբորդի մը ականջին հեռուէն հասած աղբիւրի մը կարկաչիւնին կը նմանի. անոր մշքահոտ և մատղաշ մարմինը, ձիւնափառ լանջքը, ծառերուն շուքին մէջ աճած ծաղիկի մը թերթերուն փափկութիւնը ունին. իսկ բերանը որ ըսե՛ս, նոր բացուած նռան ծաղկի կը նմանի, ցօղազարդ վարդի կոկոնի մը պէս է որ համբոյրի կը սպասէ բացուելու համար. անոր ծովի պէս մազերը անաստղ գիշերի մը նման սեւ են, նայուածքը երազ մըն է, ու անունը շրթներու վրայ քաղցր է մեղրի պէս…»

Ալի Հասան ու մայրը վանդակապատ պատուհաններուն ետեւ, կապերտներով ծածկուած ցած բազմոցներու վրայ ծալլապատիկ նստած մտիկ կ'ընէին ու բարեացակամութեամբ կը ժպտէին. երկուքն ալ մղուած տարբեր տարբեր զգացումներէ, մինչ իրենց բուրումնաւէտ ծխախոտէ մշուշապատ միջոցին մէջէն գեղեցկուհիներու պատկերներ իրարու կը յաջորդէին եւ կ'անհետանային խկոյն:

Այլ սակայն այս իտէալ կիներու տեսիլքը ոչ մէկ խորունկ ազդեցութիւն կ'ընէր Ալի Հասանի վրայ, որուն երեւակայութիւնը խաղաղ էր եւ որուն ճաշակները դրական էին: Միւս կողմէ, իր ազատ կեանքը գինքը զերծ կը պահէր այդ կարգի հրապուրանքներէ եւ ամուսնութեան անհրաժեշտութիւնը չէր ներկայացներ:

Երբեմն ալ ճարպիկ միջնորդ կիներ ուզելով գգուել իր զինուորականի ախորժակները՝ տարբեր պատկեր կը ներկայացնէին.

— «Ցորենի հասկի մը պէս խարտեաշ է ու աչքերը կապոյտ են Մայիսի երկնքի մը պէս, նորածագ արշալոյսի նման լոյս եւ շնորհ կը ճառագայթէ իր անձէն: Անիկա բուրումնաւէտ է շուշանի բաժակի մը պէս… պէ՜ս… քեզի որուն այնքա՛ն կը վայելէ սուրը եւ հրացանը, կը վայելէ նաեւ այս աղջիկը որ կարծես անհաւատներէն յափշտակուած գանձ մըն է:»

Ալի Հասան բոլոր այս խոստումներուն փոխարէն կը ժպտէր, կը կատակէր եւ ի վերջոյ քաղաքավարութեամբ կը ճամբէր յուսախաբ միջնորդները:

Բայց այս անգամ խնդիրը տարբեր էր: Ծերուկ Իպրահիմի նորահաս աղջիկը ոչ մէկ կերպով համապատասխան չէր այդ հուրիներուն, բայց անիկա իր զգացումները վրդովեր էր ուժգնօրէն եւ ուզածը անմիջապէս ունեցող մարդու քմահաճոյքով՝ կը դժգոհէր որ ինքը չկրցաւ անմիջապէս մօտենալ վարդագոյն էնթարիով աղջկան ինչպէս պիտի մօտիկնար եւ քաղէր ճամբուն վրայ ծաղկած ծաղիկ մը: Մտքէն իսկ չանցուց նաեւ մտածել թէ անիկա զինք հաճելի կը գտնա՞ր թէ ոչ, ինքը զայն ընտրած էր իբր կին, սիրած էր անոր ճկուն մարմինը, սիրած էր անոր ճերմակ քօղին տակ ծածկուած ճակատը, հեզնող ու կայծկլտուն աչքերը, արծաթէ օղերը թխորակ եւ տժգոյն այտերուն վրայ՝ որոնք վայրկենապէս գունաւորուեր էին վարդագոյն ալիքով մը իրենց ներկայութեան, ու անոր փախուստն անգամ պարտէզին ծառուներուն մէջէն, իր փափաքը կը գրգռէր ու կ՚ուզէր զայն ձեռք անցնել երկչոտ և սիրուն թռչունի մը պէս:

Ալի Հասան նախաճաշիկը վերջացնելով մօրը անհանգիստ նայուածքին ներքեւ, կը մտածէր արագօրէն բոլոր այս բաներուն: Ու անգամն ալ ներկայացուց.

— «Աննէ՛, ես որոշած եմ ամուսնանալ:»

***

Զէհէր Հանըմ բոլոր իր հնարամտութիւնը ի զուր գործածելէ ետքը հաւաներ էր Իպրահիմի աղջիկը կնութեան ուզելու իր տղուն համար, թէ՛ գոհ, թէ՛ դժգոհ էր այս ընտրութենէն. արդեօք իր կտրիճ տղուն, իր գեղեցիկ և արժանաւոր տղուն կարելի չէ՞ր բարձր տեղէ կին մը ընտրել… կարելի չէ՞ր այնպիսի մէկու մը աղջիկը առնել որ կարենար փեսան մղել դէպի առաջ, անցնելով զայն արագօրէն բոլոր աստիճաններուն, մինչեւ փաշայութիւն:

Իր տղան արժանէ չէ՞ր արդեօք այդպիսի բախտի մը. անիկա կաղնիի պէս շուք կու տար ուրիշներու վրայ, անիկա իր ձիուն վրայ յաղթականի երեւոյթ ունէր եւ երբ սրարշաւ կ՚անցնէր մեծամեծներու ճերմակ պալատներուն առաջէն՝ գետինը կը թնթար իր ձիուն սմբակներուն ներքեւ եւ կարծես կը բաբախէր սիրտի մը պէս:

Քանի՜, քանի՜ բարձր տեղերէ աղջիկներ երազած ըլլալու էին այդպիսի սպայի մը վրայ, ու քանինե՜ր վանդակներու շուքին ետեւ՝ շուշանի պէս ճերմակ, բարձր եւ ճկուն, կը սպասէին այդ երազուած ձիաւորին:

Զէհէր Հանըմ իր միտքը կը պտտցնէր վաղեմի ծանօթներու վրայ ու յանկարծ իր մտածումները կ՚ամպոտէին, կը սեւնային… Իրաւ է որ այդ բարձր տեղերէ առնուած աղջիկները պատուհաս կը դառնային յաճախ. ինքը եւ տղան անոր գերին պիտի դառնային, անոր չփացած պուպրիկի սին փառատենչ քմահաճոյքներուն պիտի զոհուէին. իր տղուն, իր առիւծին կը վայելէ՞ր կնոջ ոտքերուն առաջ մնալ ու անկէ հրամանի սպասել փոխանակ զայն իր հրամաններուն ներքեւ պահելու, սէ՞ր էր այդ պայմաններու մէջ սէրը, տղուն ուրախութիւնները հարամ պիտի ըլլային. կը տեսնէր տղան խաղալիք բարձր ազդեցութիւններու, իր յառաջացումին ամէն մէկ աստիճանը ձեռք բերուած *դառնութեամբ, ստորնացումներով, եւ ահա յանկարծ իր չերքէզուհիի վեհ հոգին կ՚արթննար ու կ՚ըբոստանար:*

Չէ՛, չէ՛, ինչ որ ինք կրեր էր, բաւական էր, ու հիմակ որ այդ տղմուտ եւ լպրծուն միջավայրէն հեռացեր էր ինքը, ի՞նչ սրտով իր զաւակը պիտի մղէր այդ դժոխքին մէջ:

Չէ՛, լաւ էր որ իր տղուն կէօնիւլը խոնարհ էր. անիկա իր աչքերը իր հասակէն վեր չէր հաներ. անիկա այդ աղջիկը կ՚ուզէր ինչպէս տղայ մը խաղալիք մը կ՚ուզէ ու պէտք էր գոհացնել զայն:

Չէհէր հանըմ պահ մը կը մտածէր Աթիլէի վրայ տարտամ արհամարհանքով մը որուն մէջ բարեացակամութեան երանգ մը կար. անիկա կը մտածէր Իպրահիմի աղջկան վրայ ինչպէս գողտր եւ ընտանի անասունի մը վրայ: Աթիլէ կարեւորութիւն չունէր իր աչքին եւ հազիւ թէ նշանակութիւն կը ստանար իրեն համար՝ Ալի Հասանի ուշադրութիւնը գրաւած ըլլալուն համար:

Չէհէր հանըմ... մտածեց նաեւ գերբնական միջոցներու դիմել իր զաւկին խելքը խզելու համար այդ անշուք աղջիկէն. նոյնիսկ օր մը սեւ էրթիւ առաւ վրան, սեւ բէչէով ծածկեց երեսը, երթալ խորհրդակցելու համար պառաւ պիւիճիի մը հետ որ հարկ եղած թըլըսըմները կու տար մէկու մը սէրը կապելու կամ քակելու համար, բայց վերջ ի վերջոյ ետ կեցաւ այդ այցելութենէն. ինչ որ գրուած էր՝ թո՛ղ ըլլար. Ալլահին տրամադրութիւններուն դէմ երթալ մեղք էր, եւ յետոյ այդ խոնարհ պայտարի աղջիկը, ինչքան ալ ամուսնութեամբ իբր իր տղուն օրինաւոր կինը բարձրացած պիտի ըլլար, չէ՞ որ իրականութեան մէջ պիտի մնար հնազանդ աղախին մը, որուն նաեւ հարկ եղած օրը արձակելու կարելիութիւնը կար:

Սալաճաքի բարձունքին վրայ, իր առանձնացած տնակին մէջ՝ ծերունի Իպրահիմ կը շարունակէր ապրիլ իր տաժանելի կեանքը խաղաղութեան մէջ: Իր հաւատարիմ կինը որ իր երիտասարդութեան առաջին սէրը եւ առաջին բարիքը եղած էր եւ որուն հետ քով քովի քալած էր կեանքի դերբուկներէն, կը խնամէր զինքը մեծ անձնուիրութեամբ:

Համեստ սենեակը միշտ ժպտուն եւ հաճելի էր կատարեալ մաքրութեան պատճառաւ որուն միակ զարդը կը կազմէին պատուհանին վանդակներուն ծակերէն ներս սպրդող արեւին ճառագայթները որոնք հմայքով կը խաղային գետնին վրայ:

Երկար ժամեր, Իպրահիմ իր նուաղած աչքերը սեւեռելով այդ խուսափուկ եւ ոստոստուն կէտկիտումներուն, կը մնար առանց մտածումի. երբեմն աշխարհիս մէկ ծայրէն սուրացող հովի ալիք մը յանկարծակի օրօրելով պարտէզին ծառերը, տերեւազարդ ճիւղերու շուքեր արագօրէն կ՚անցնէին այդ արեւի արատներուն վրայէն երազի մը պէս:

Օրը քանի մը անգամ մուէզզինին քաղցրալուր եւ կրօնաշունչ հրաւէրէն մղուած, կինը տնական գործերը ընդհատելով կը մտնար սենեակ եւ իր նամազը կը կատարէր, որուն ամուսինը միայն իր աչքերով կրնար հետեւիլ. սրբազան խօսքի ծուէններ կը թափառէին ծերունի հիւանդին գալարուած շրթներուն վրայ, իր հոգին կը վերանար, երկնային ոգի մը կը թեւածէր կարծես միջոցին մէջ, եւ մահուան համակերպութիւնը օրէ օր աւելի կատարելապէս կը գրաւէր իր կարկամած մարմինը:

Իր հոգին ջինջ ու պարզ էր ակէն նոր բխող առուակի մը պէս ու ինքզինքին մեղադրելիք բան չունէր, իր յիշատակները նոյնքան վճիտ էին. մեծ ու սասանեցնող փոթորիկներ անցեր էին իր երկրին վրայէն բայց ինքը մի՛շտ՝ ճշմարիտ իսլամի պայծառատեսութեամբ որոշեր էր չարիքը բարիքէն եւ իր հոգին երբեք չէր պղտորուեր այնքան ուրիշներու նման:

Ամենակարող Ալլահը որ մարդիկը կը դատէր ոչ միայն իրենց արարքներէն՝ այլ նաեւ իրենց թագուն դիտաւորութիւններէն, վստահ էր որ գոհ պիտի ըլլար իրմէ: Տեսակ մը փառասիրութիւն կը գգուէր զինքը մտածելով իր ամբողջ կեանքի միջոցին ունեցած արդարադատութեան, ողջմտութեան եւ իմաստութեան: Իբր պարզ պայտար սկսած էր իր կեանքը եւ այնպէս ալ կը վերջացնէր. պատերազմի օրերու մէջ առիւծի պէս կռուած էր, բայց խաղաղութեան միջոցին գառնուկի նման հեզ եւ բարեհամբոյր դարձեր էր: Միակ նուիրական գայրոյթ մը կը գոռար իր հոգւոյն մէջ, այն ալ իր հայրենիքին պատառ-պատառ կորսուելուն ցաւն էր: Իր մէջ կար երբեմնի իսլամներու հերոսական եւ վեհանձն ոգին եւ ինք միշտ ապրած ըլլալով խոնարհ խաւերու մէջ եւ գրեթէ առանձնացած, այդ ոգին անեղծ մնացած էր եւ պայծառ ճաճանչով մը կը բոցավառէր հարկ եղած րոպէին:

Գեղեցիկ ձայն ունէր իր կինը ու նամազէն ետքը իր ծերունի ամուսինը մխիթարելու համար Գուրան կը կարդար, ինչպէս ժամանակաւ օրօրած էր իրենց երջանկութիւնը տարփաւէտ եւ գորովագին երգերով։ Մթնշաղի տարտամ եւ ստուերոտ պահերուն երբ գիշերուան մերձաւորութիւնը խորհուրդով կը պատէր իրենց միամիտ հոգիները, այդ ձայնը յստակ եւ եղանակաւոր կ'արտասանէր ամենասուրբ բառերը։

Այս պարզ, կրօնական, մաքուր մթնոլորտին մէջ խօլ ծաղիկ մըն էր Աուիլէ եւ իր հօրը ամենամեծ ուրախութիւնը։

Երբեմն ինքնափոփման լուռ րոպէներուն, գարնան սիւքի մը պէս կը մտնէր սենեակ եւ իր թարմ ու հնչուն ծիծաղներով կը վանէր տխրութիւնը։

— «*Պապաճիմ*... ահաւասիկ քեզի ծաղիկներ, վայրի ու գունաւէտ ծաղիկներ...»

Աուիլէ կը նստէր հօրը անկողնին եզերքը, քօղը կը ձգէր ուսերուն վրայ եւ կը նայէր ծերունիին խորունկ գուրգուրանքով։

Ու Իպրահիմ իր աղջկան համար կը գտնէր վաղեմի խօսքեր որով խանձարուրը կապած էր, որով զայն օրօրած էր։

— «Իմ *մինիմինիս*, իմ աղաւնիս, աչքիս լո՜յսը...», բայց ահա Աուիլէ անհանգիստ եղնիկի մը պէս կ'ոստնուր, իր ճռուողիւնով կը լեցնէր սենեակը եւ պարտէզ մեկնած պահուն մօրը յանդիմանութիւններուն կը պատասխանէր չարաճճիօրէն երգելով երբ արդէն բաւական հեռացած էր։

«Աննէս ալ ինծի քեզի չի տար կոր.

Պարապ տեղը *կէօրիւճի* ալ մի՜ ղրկեր,

Ամա՜ն, ամա՜ն, ամա՜ն։»

Մայրը կը զայրանար ու գլուխը կը շարժէր դժգոհութեամբ։

— «Ա՜խ այս աղջիկը, ի՞նչ պիտի ըլլայ այսպէս։»

Անմիջապէս Իպրահիմ Աուիլէի կողմը կը բռնէր։

— «Դեռ ափ մը ջուր ճահիճ է, դեռ մանկութիւն կայ հոգիին մէջ։»

Անիկա կ'ուզէր որ իր ժպտուն ներողամտութիւնը աղջկանը մասին փոխանցէր նաեւ մօրը որ կը յամառէր դժգոհ մնալ իր վայրենի, իր անզուսպ աղջիկէն։

***

Երբ օր մը տարեց եւ յարգելի երեւոյթով կին մը իրենց եկաւ յայտնելու համար որ Ալի Հասան իրենց աղջիկը կնութեան կ՚ուզէր, այր ու կին տատամսոտ մնացին։ Ոեւէ մեծամտութիւն չէր կուրցներ զիրենք, ծնած ու ապրած ըլլալով խոնարհ խաւի մէջ բայց միանգամայն վայելած ըլլալով իրենց առաքինութեան եւ տարիքին ընծայուած յարգանքը, ոեւէ սին եւ ունայնամիտ ձգտում չունէին իրենց աղջկան միջոցաւ ոստնելու իրենցմէ բարձր գտնուած շրջանակի մը մէջ։ Ընդհակառակը՝ այդ խնամիութեան գաղաբարն իսկ զիրենք անհանգիստ կ՚ընէր ու երկար ատենէ ի վեր խաղաղ եւ անվրդով ապրած մարդոց նման կը զգուշանային իրենց կեանքին մէջ ոեւէ փոփոխութիւն մտցնել։

Բայց *խըսմէթի* դէմ ալ երթալ չէր ըլլար ու այր եւ կին մտատանջ էին չկրնալով որոշումի մը յանգիլ։ Քանի մը օրէն պատկառելի *կէօրիւճին* իր սեւ մետաքսեայ *պիւրիւմով* պիտի երեւար ճամբուն ծայրէն. ի՞նչ պատասխան պիտի տային։

Յաճախ մայրը, իրենց կեանքին մէջ այս նոր մտած մտահոգութեան պատճառներէն գանգատելով բոլոր յանձանքը կը բեռցնէր աղջկանը վրայ։

— «Ա՜խ ան անզուսպը, անպիտան աղջիկը, եթէ եկող գացողին աչքին չերեւար, եթէ ինքզինքը աղէկ պահէր, ուրկէ՞ ուր զինքը նշմարած պիտի ըլլային։»

Ծերուկ Իպրահիմ իր խաղաղ դէմքը կարկառած, աչքերը տենդոտ, մտիկ կ՚ընէր, բայց միեւնոյն ատեն տարտամ ժպիտ մը կը լուսաւորէր իր թուխ դէմքը։

Այս անակնկալ դէպքը պատճառ եղած էր որ ամենախիստ հսկողութեան ներքեւ մտնար Ատիլէ։ Իրեն արգիլուեցաւ պարզ գեղջկուհիի մը պէս այլեւս թափառիլ իրենց եւ դրացի պարտէզներու մէջ. այլեւս մայրամուտին չէր կրնար երթալ հորէն ջուր կրել տուն. իր մօրը հետ միայն դուրս պիտի ելլէր տնակէն եւ այն ալ քօղարկուած՝ աւելի պատշաճ խստութեամբ։ Իր պարմանուհիի արդուզարդը փոփոխութիւն կրեց, վարդագոյն, դեղնորակ էնթարիները պիտի կրէր միայն տանը եւ պարտէզին մէջ, իսկ դուրս ելլելու համար մայրը իր սեւ *պիւրիւմներէն* մէկը յարմարցուց անոր բարակ հասակին. այլեւս անիկա չէր կրնար երեւալ ոեւէ մարդկային արարածի իր թեթեւ, *ծածանող եւ թափանցիկ ճերմակ քօղով որ հազիւ թէ գլուխը կը ծածկէր միայն:*

***

Արշալոյսը նոր ծագեր էր եւ տնակին երկրորդ սենեակը, գետինը փռուած անկողիններու մէջ մայր ու աղջիկ կը քնանային տակաւին: Սուր եւ ջինջ երգը աքաղաղի մը թրթռաց երկարօրէն ու կաթնային սպիտակութեամբ լոյսը կարծես սարսռաց մեղմութեամբ. շաՀպրակի եւ վարդի պարարտ բուրմունք մը արեւին առաջին ջերմութենէն արտաշնչուած անցաւ օդին մէջէն, բաց պատուհանին վանդակին ծակտիքներէն լոյս եւ բուրմունք սպրդեցան ներս մեղմօրէն եւ երկարօրէն ծառերու սօսաւիւնը կը փսփսար հեռուներէն:

Ատիլէ աչքերը բացաւ եւ արեգակին առաջին ճառագայթները լոյս տուին անոր նայուածքին. իր գրեթէ մանկական եւ ճկուն մարմինը հեշտօրէն ձգտուեցաւ թեթեւ վերմակին ներքեւէն. յանկարծ հաճելի եւ վրդովեցուցիչ մտածումներ խուժեցին գլխուն մէջ. աչքերը կրկին գոցեց զանոնք լաւ ըմբռնելու, անոնցմով տոգորուելու համար եւ խռովքի տենդագին սարսուռ մը անցաւ իր հոգիին մէջէն:

Գիտէր որ իր անձին շուրջ ամուսնութեան խնդիր մը կար. գիտէր նաեւ որ մէկը զինքը տեսեր ու հաւներ էր եւ զինքը կնութեան կ'ուզէր. աստիճան մըն ալ կը գուշակէր թէ ով էր իր նշանածը բայց ոեւէ ստուգութիւն չկար. դեռ ոչ մէկը իրեն խօսեր էր այդ մասին եւ գիտէր նաեւ թէ այդպէս լռութիւն պիտի պահէին իր ապագայ ամուսնի անուան, վիճակին, տարիքին վրայ մինչեւ վերջին այն օրը՝ երբ նիքեահէն վերջ անիկա պիտի գար իր քօղը բանալու:

Այս անստուգութիւնը ոչ կ'աՀաբեկէր զինքը ոչ ալ բուռն հետաքրքրութիւն կ'արթնցնէր, այլ տեսակ մը հաճելի շփոթութիւն, անկայուն եւ գողտր զգայնականութիւն մը. իր բոլոր զգացումները արթնցեր էին ամուսնութեան այս հաւանականութեան առաջ եւ կինը ծնած էր արդէն իր մէջ. իր կիրքերով, յուզումներով եւ պչրանքներով:

Իր շրթներուն կու գային յաճախ աշուղի մը բառերը որ ճամբուն վրայ երգեր էր օր մը. «Եթէ ծաղիկ ես, ծաղկած ես, եթէ պտուղ ես, հասունցած ես»:

Եւ հիմա բնական էր որ բարի եւ սիրագեղ անցորդ մը գտնուէր որ իր կեանքի ճամբուն վրայ հանդիպելով իրեն՝ քաղէր զինքը ծաղիկի մը նման:

Նորատեսակ գեղեցկութիւն մը փափկացուցեր ու ազնուացուցեր էր իր դիմագիծերը. ցանկալի դառնալու փափաքը յղկեր ու լրացուցեր էր կազմութեան մէջ եղող աղջկան իր թերութիւնները: Ատիլէի նայուածքը պահելով հանդերձ նախկին ջերմութիւնը, տոգորուեր էր տեսակ մը քաղցր տխրութեամբ: Թէեւ հինայով չիկացած շագանակագոյն մազերուն խոպոպիքները աւելի ոլոր, աւելի փայլուն էին ու անոնց մէջ, կարծես, վերջալոյսը ճաճանչ մը մոռցեր էր, իր սովորաբար թխորակ եւ գունատ այտերը նոր թափանցկութիւն մը ստացեր էին, որուն ներքեւէն կը զգացուէր վեհանձն եւ եռանդուն արիւնին արագ շրջանը: Տարփաւէտ եւ տարտամ յուզում մը մեղկօրէն շնորհալի կը դարձնէր անոր շարժումները եւ իրեն կու տար անմատչելի հուրիի երեւոյթը:

Երբ անիկա դուրս կ'ելլէր իր մօր հետ իր նուրբ ու մատղաշ իրանը պարփակած սեւ հագուստին մէջ, որ գլխուն գիծը կաղապարելով եւ վիզին պարապին վրայ ծփալով հաճելի կորութեամբ մը կը յանգէր ուսերուն եւ կ'իջնար մինչեւ քղանցքները, մէջքին նրբութիւնը ուրուագծելէ ետքը, անիկա խուսափող եւ գգուանուշ թռչունի մը, սեւ ու հեռաւոր թռչունի մը զգայնութիւնը կը ներշնչէր եւ անիկա ունէր միանգամայն բարբարար եւ ցանկալի ոգիի մը աննիւթականութիւնը որ իր *սիլուէթին* խուսափող երազի մը խռովքը կու տար:

Ատիլէ, այդ առաւօտուն, քունէն նոր արթնցած, միտքը կը պտտցնէր հին եւ նոր բաներու վրայ. փոքր հասակէն վարժուած էր խորհելու ամուսնութեան վրայ ոչ թէ կրօնական շփոթ խորհրդաւորութեամբ, այլ շատ բնական պարզութեամբ. իր միտքը ընտանի էր այդ գաղափարին եւ անոր կը սպասէր իբր անխուափելիօրէն կատարուելիք իրողութեան մը. անիկա իր կեանքին մէկ հանգրուանը պիտի ըլլար, ինչպէս հետզհետէ մայրութիւնը ուրիշ հանգրուաններ պիտի հասցնէր զինքը: Այն օրէն որ սիրոյ զգացումին կարելիութիւնը փթթէր էր հոգւոյն մէջ, իր սէրը եւ գորովանքը թափառեր էին անորոշ եւ հեռաւոր իտէալներու շուրջ ու *նիքեահին* օրուան կը սպասէին կանգ առնելու համար մարդկային էակի մը վրայ:

Այլ սակայն, ամուսնութեան գաղափարը, ինքն ալ չէր գիտեր ինչո՞ւ կը կապուէր անմիջապէս Թիկնեղ եւ հուժկու երիտասարդի մը պատկերին հետ. անիկա իր հօրը բարեկամներէն մէկուն որդին էր, դրացի ձիադարման մը, որ երբեմն կու գար խօսելու իր հօրը հետ: Իրենց գեղջկական կեանքի պարզութիւնը, թոյլատու եղած էր որ փոքրիկ

Հասակի մէջ իրարու հետ խաղալէ ետքը, չափահասութենէ ետքն ալ շարունակէին իրենց բարեկամութիւնը:

Ամառուան հեղցուցիչ եւ հեշտաւէտ իրիկուն մը, Ճէմիլ աճապարանքով եկաւ զօրանոցէն հրաման մը բերելու Իպրահիմին. յետոյ սեմին վրայ նստաւ յոգնութիւնը առնելու համար, իր լայն կուրծքը հեւալով կ'ելեւէջէր ու դէմքը ողողուած էր քրտինքով: Ատիլէ գնաց գաւաթ մը ջուր բերելու եւ վերադարձին, իր աչքերուն վրայ հակած քօղին բանուածքներուն ընդմէջէն տեսաւ երիտասարդին ճակատը, սեւ մազերու փունջ մը, անոր յոգնութենէ նուաղած աչքերը եւ տեսաւ նաեւ Ճէմիլի ջղուտ եւ առնական բազուկը որ դէպի իրեն կ'երկարէր գաւաթը առնելու համար. վայրենի եւ բարկ հոտ մը, անոր արագօրէն շոգիացող քրտինքին մէջէն տարածուելով կը պարուրէր խսլամուհին: Ատիլէ անբացատրելի վախ մը զգաց, իր նեարդերը թրթռացին սարսռալով. իրեն թուեցաւ որ այդ բազուկը երկնցած էր ոչ թէ գաւաթը առնելու այլ զինքը յափշտակելու համար: Ճէմիլի ներկայացուցած ուժի եւ յոգնութեան խառն արտայայտութիւնը, անոր աչքերը, որոնք ոչ թէ տաքէն այլ իր տեսքէն կարծես մոլորուած էին զինքը խռովեցին. ուզեց փախչիլ, բայց Ճէմիլ անհամբերութեամբ գաւաթը առաւ եւ այդ պահուն անոր տենդագին եւ կոշտացած ձեռքերուն հպումը իր փափուկ մարմինը դողացուց:

Ատիլէ գնաց հեռուն, բայց հազիւ թէ քանի մը քայլ առած էր, երբ ետ դարձաւ եւ աչքերը յառեց իր վաղեմի ընկերոջը որ շրթունքը գաւաթին եզերքին դպցուցած, թէ՛ ջուրը կը խմէր եւ թէ իրեն կը նայէր: Ատիլէի նալըններուն ծիծղուն աղմուկը անգամ մըն ալ ոստոստեց չոր հողին վրայ, բայց կրկին կեցաւ, կրկին ետեւ դարձաւ եւ ինքզինքը զգալով բաւական հեռու, պչրանքով եւ հեգնութեամբ ժպտեցաւ Ճէմիլին… ձիադարմանը ոտքի ելաւ, դեղեւցաւ իր սրունքներուն, աչքերը շլացած վերջալոյսի ցոլքերէն եւ ձեռքովը տարտամ սպառնալիք մը ըրաւ պչրող եւ խուսափող աղջկան:

Անկից ետքը այլեւս տեսակ մը անհանգստութիւն, անբացատրելի խպնութիւն մը պատճառ եղան որ Ատիլէ զգուշանայ Ճէմիլէն հանդիպելէ. մանկութեան պարզութիւնը անհետացեր էր այլեւս. անիկա իր մէջ կինը կը տեսնէր եւ ինքն ալ անոր մէջ՝ այրը. Ատիլէ չէր խորհէր անկէ, բայց բնական զգացումով մը, կանացի ինքնապաշտպանութեան բնազդով կը զգուշանար անոր նայուածքին ներքեւ ըլլալէ. բայց եւ այնպէս, ամէն անգամ որ ամուսինի մը մասին կը խորհէր Ճէմիլի ուժեղ եւ պարտասած պատկերը, անոր տարփանքէ խոժոռացած նայուածքը ու երկարած բազուկը կը ներկայանար իր մտքին:

Այսպէս էին, ու այսպէս ամուսնացեր էին իրեն բոլոր ծանօթ աղջիկները, այսպէս ամուսնացեր էր նաեւ մայրը. ներքին եւ անսասան համակերպութիւն մը այսպիսի ամուսնութեան մը գաղափարին հետ կը հաշտեցնէր զինքը ու նաեւ տեսակ մը վայրագ ու խռովիչ բանաստեղծականութիւն կու տար կեանքի այս հանգամանքներուն:

Բայց քանի օր է ի վեր Ճէմիլի պատկերը աւրուեր էր Ատիլէի մտքին մէջէն, որովհետեւ քաջ եւ գեղեցիկ ձիաւոր մը, որ ա՛յնքան կը նմանէր հօրը այցելութեան եկող սպաներէն մէկուն՝ երեւցեր էր պարտէզին ցանկապատէն անդին, դիմացի մարգագետիններուն վրայ. քաջ եւ գեղեցիկ սպայ մը, որուն ասպանդակները ձիուն կողերը կը ծեծէին եւ ձեռքը կը զսպէր արաբականի մը սանձը, կենդանիին խօլ եւ ոստոստուն վազքի միջոցին:

Մօրը հետ պարտէզն էին. երեկոյեան զով հովէն իր դեղնագոյն էնթարիին քղանցքը կ'ելեւէջէր եւ քօղին ծայրերը կը թռչկոտէին ճերմակ թռչուններու պէս. օրուան սաստիկ տաքուն յաջորդեր էր յանկարծական զովութիւն մը եւ հողը, ծառերը, մարգագետինը թանձր շոգի մը կ'արտաշնչէր որ մշուշի մը պէս կը ծածանէր եւ յամրօրէն կը բարձրանար անօսրանալով. վերջալուսային ցոլքեր մաղուելով այդ մառախուղին մէջ վարդագոյն երանգ մը կու տային անոր: Ձիաւորը կը յառաջանար այդ լուսեղէն ամպին մէջէն, անիկա հեքեաթներու մէջ նկարագրուած հերոսի մը կը նմանէր. համազգեստին ոսկեղէն եւ արծաթեայ երիզները կը պսպղային, սուրը կը շողար ու անիկա կու գար ոստոստելէն իր եռանդուն ձիուն վրայ, կարծես ընդառաջ թանկագին ու անօրինակ որսի մը... Ատիլէ զգաց, ներքին անբացատրելի գիտակցութիւնով մը, որ այդ որսը ինքն էր. սիրտը ուժգին կը բաբախէր եւ այնպիսի հեւք մը կը զգար կուրծքին մէջ որ կը նմանէր բռնուած թռչունի մը թեւաբախումներուն: Եթէ ձիաւորը իրեն մօտենար, անշուշտ թէ՛ խելայեղօրէն պիտի փախչէր, բայց թէ նաեւ որքա՜ն պիտի ցանկար բռնուիլ եւ անոր զօրեղ ձեռքին մէջ խաղալիք մը դառնալ... ու ձիաւորը կը մօտիկնար, անիկա ձիէն իջաւ ցանկապատին առաջ, սանձին մէջ կազմուած հանգոյց մը քակելու համար. երիվարին տաքցած մարմինէն բարձրացող շոգին, երեկոյեան զով օդին մէջ նշմարելի, նոյնպէս կը լուսաւորուէր արեւին ճաճանչներէն. ձիուն թրթռացող ռունգերը աւելի ճերմակ եւ աւելի թանձր շոգի մը կ'արձակէին որ կը բարձրանար վարդագոյն մշուշին մէջ առանց անոր խառնուելու:

Անսահմանելի եւ անկայուն բան մը ամբողջ բնութիւնը եւ արարածները կը ներդաշնակեցնէր իրարու հետ. երկրէն բարձրացած էին կարծես ու լուսեղէն ամպերու մէջ կը սաւառնէին. Ատիլէի դեղնագոյն էնթարին կը ծփծփար եւ երբեմն ալ փաթթուելով սրունքներուն, իր նուրբ իրանը կը կաղապարէր. սպան մոռցեր էր ձին ու անոր սանձին հանգոյցը. անոր բոցեղ աչքերուն լոյսը ծակելով մառախլապատ միջոցը՝ կը հասնէր Ատիլէի, զայն կը հմայէր, զայն կ'անշարժացնէր եւ անոր բոլոր կամքը ու կորովը կը խզէր:

— «Շո՛ւտ, շուտ… Ատիլէ՛ ներս եկուր:»

Մայրը տեսեր էր վերջապէս ձիաւորը ու աղջիկը կը հեռացնէր անկէ ինչպէս աղէտէ մը:

Անկից ետքը շատ անգամներ Ատիլէ տեսեր էր քաջ եւ գեղեցիկ ձիաւորը ցանկապատէն անդին, դիմացի մարգերուն վրայ ուր ճերմակ, շէկ եւ թուխ կովեր կ'արածէին. վերջալոյսերուն անոնց երկար եւ յուզուած բառաչիւնը կը դղրդէր իր հոգին, երգ մը, նոր երգ մը կ'երգէր իր հոգիին մէջ, իր աչքերուն եռանդը ու շրթներուն կարմիրը նուաղեր էին ու տխուր անստուգութիւն մը զինքը կը տանջէր. հապա եթէ նիքեահին օրը իր քօղը բացողը այդ ձիաւորը չըլլա՞ր… ու Ատիլէի խանդարուած երեւակայութեան մէջ ճէմիլի սեւ բազուկը կ'երկննար դէպի ինքը, զինքը կորզելու համար սէգ ու քաջ սպային գորովանքէն:

Այլ սակայն երբեմն ալ իր երազանքները կ'երթային իր ցանկութեան ուղղութեամբ. իր աչքերը կը ժպտէին սիրազեղ եւ տարփաւէտ նայուածքներու. կը տեսնէր իր ամուսնական սենեակի վանդակապատ պատուհանը ուրկէ յասմիկի եւ ճերմակ վարդի բուրմունք մը կը սպրդէր ներս եւ ուր կը սպասէր իր սիրելիին. սրընթաց ձիու մը պայտերուն ձայնը գետնին վրայ եւ ահա հեւքը շնչասպառ կենդանիին ու իր սիրականը կու գար, սպայի համազգեստին մէջ շքեղ, սուրը կախած քովն ի վար եւ սիրտը տենջացող իր համբոյրին:

Ինչպէ՜ս կը սիրէր արդէն իր ձիաւորը:

Մէկ ոստումով Աթիլէ ելաւ անկողնէն ու այնքան աղմուկ հանեց որ մայրը արթնցաւ. շուտով պզտիկ կրակարանը փոխադրեցին քովի սենեակը ուր հայրը արդէն արթնցած իրենց կը սպասէր ու մինչ այր ու կին առաւօտեան խահուէն կը խմէին, ինքը տխուր, վիզը ծռած նստեր էր հօրը անկողնին եզերքը ու խորասուզուած էր մտատանջութեան մէջ:

Իպրահիմ եւ կինը սկսան վերջապէս մտահոգ ըլլալ Աթիլէի մասին, որովհետեւ հասկցան որ անիկա սիրոյ ցաւէն բռնուած է: Ու երբ կէօրիւճիւ անգամ մըն ալ եկաւ Ալի Հասանի կողմէ, առանց ետեւ առաջ նայելու, իրենց աղջկան ամուսնութեան հաւանութիւնը տուին:

***

Ամիսներ անցեր էին. Աթիլէ՝ քաղքենիի իր նոր դիրքին բոլորովին ընտելացած էր: Ոսկեղջիւրի թաղերէն մէկուն մէջ, եռայարկ, կարմիր ներկուած, փայտաշէն տան մը մէջ, ճերմակ վանդակներուն ետեւ, կիսաստուերի մէջ շղարշուած, անիկա կը սպասէր իր սպային, ինչպէս երազած էր երբեմն. իր բոլոր իղձերը կատարուեր էին ու նիքեահին օրը իր քօղը առաջին անգամ բացողը իր սիրական ձիաւորը եղած էր:

Ինչպէ՜ս գեղեցիկ էր Ալի Հասան այն օրը… յարատեւ կերպով այդ պատկերը կը ներկայանար Աթիլէի, երբ ամուսնոյն բացակայութեանը՝ անոր վրայ կը խորհէր, կը մտաբերէր անոր պաշտօնական համազգեստը, լայն կուրծքը որուն վրայ պատուանշաններու ոսկին եւ արծաթը գինքը շլացուցին, երբ առաջին անգամ, Աթիլէ երեսը ու գլուխը բաց դէմ առ դէմ գտնուեցաւ այր մարդու մը հետ, խպնոտութեան անդիմադրելի զգացում մը հարսնուկի մը պէս զինքը կարմրցուց. երկուքն ալ լուռ էին:

Ինքը կը զգար գլխուն վրայ ոսկեթելերով զարդարուած տիատէմը որ կը դողդղար ու իրեն կը թուէր որ պիտի իյնար. փեսան այնքան մօտ կեցած էր իրեն որ կը զգար անոր գաղջ շունչին փայփայանքը այտին վրայ. ճշմարիտ ծաղիկներու բուրումը, խնկամաններու մէջերէն սլացող կնդրուկի ցից ծուխերուն հետ զինքը կարծես կը շղարշէին. դուրսէն կը լսէր արեւելեան նուագածուներու երկարաձգուող ու մելամաղձոտ երգերը ու հեռուներէն իրեն ականջին կու գար թմբկահարութեան մը բաբախուն աղմուկը… հարսնեւորներու ժխորը, հարէմին մէջ փակուած կիներու ճռուողիւնը, օշարակներու եւ քաղցրեղէններու չափազանցութենէն յառաջ եկած իր թեթեւ սիրտ խառնուքը, տեսակ մը անկարողութեան կը մատնէին զինքը: Այդ միջոցին Ատիլէ կը փափաքէր անհետանալ, չքանալ… ու իրեն կը թուէր որ երբեք իր աչքերը չպիտի կարենար բարձրացնել դէպ իր տէրը, իր ամուսինը… բայց ահա խոլ եւ սանձարձակ զուարթութիւն մը մտրակեց զինքը. կարծես հոգին կ'արձակուէր իր կապանքներէն. իր վայրենի բնութիւնը կը խնդար իր մէջ. Ատիլէ գլուխը բարձրացուց մէկէն ու աչքերը կայծկլտուն երջանկութիւնով սեւեռեց իր փեսին վրայ. կը տեսնէ՞ր զայն ամբողջովին այդ պահուն. ի՜նչ փոյթ. տարտամ ու գորովագին զգացում մը վերացուց զինքը ու անհունօրէն երջանիկ էր, ինքզինքը ստրուկի մը պէս նսեմ, խոնարհ եւ սին զգալով, իր փառաւոր, իր չքեղ սպային քով:

Ալի Հասան փափկութեամբ ու վեհանձնութեամբ վարուեցաւ իր հետ ամուսնութեան առաջին օրերուն եւ բոլորովին գրաւեց կնոջը սէրը որ մեծապէս տոգորուած էր հնազանդութեան եւ բացարձակ համակերպութեան զգացումով, գոհ էր որ կեսուրը խիստ էր իրեն նկատմամբ ու զինքը կը պահէր գոց վանդակներու ետեւ: Ամբողջովին նուիրուած ըլլալը իր տիրոջը, առանց որ իր զգացումներուն եւ մտածումներուն մէջ օտար ոեւէ երանգ մտնէր, վայելք մըն էր իրեն համար:

Անուս աղջիկ էր ու իր քաղքենիի դաստիարակութիւնը անխնամ. անիկա բան մը չէր սորված նոյնիսկ ընթացիկ ձեւակերպութիւններէն, սովորութիւններէն. հնազանդելու եւ խոնարհելու իր ձգտումին մէջ յաճախ պարզ աղախինի երեւոյթներ կը ստանար մանաւանդ իր կեսրոջը հանդէպ՝ որուն զիտակ, արհամարհոտ եւ ատելափառ կնոջ ազդեցութիւնը կ'ահաբեկէր զինքը: Ատիլէ չկրնալով ըմբռնել Զէհէր Հանըմի բո՛ւն զգացումները, անստուգութեան մէջ կ'իյնար իր անհատական արժէքին նկատմամբ ու կարծես կը համաձայնէր որ ինքը արժանի չէր Ալի Հասանի. երբ մանաւանդ բարեկամուհիներ այցելութեան կու գային, նոր հարսին անճարակութիւնը տառապանք մը կը դառնար. որքա՜ն պիտի ուզէր որ Զէհէր Հանըմը չամչնար իրմէ, որքա՜ն պիտի ուզէր որ իր շարժուձեւերը ստանային այն սեթեւեթները որոնք իրեն թէ հիացում եւ թէ նախանձ կ'ազդէին ուրիշ դեռատի աղջիկներու վրայ:

Ու ինքը կը տանջուէր այդ բոլորին իր անձին համար յայտնած արհամարհանքէն ո՛չ թէ ինքզինքին համար, այլ Ալի Հասանի համար. կարծես ամէնքը ըսել կ'ուզէին՝ «Ա՞ս է այդ աղջիկը»: Ու կեսուրը չէր քաշուեր բնաւ ու իր տհաճութիւնը կը յայտնէր ու իր բարեկամուհիներուն հետ կը համաձայնէր որ իր տղան կախարդուած էր անշուշտ. աչքերը կապուած էին։

Բայց իր ամուսնոյն ներկայութեան Ատիլէ վերստին կը գտնէր իր բոլոր զուարթութիւնը եւ երիտասարդական աւիւնը. իր աչքերը լոյս կը ստանային, իր այտերը կը գունաւորուէին. կարծես ներքին հուր մը կը վառէր իր հոգիին մէջ ու կը լուսաւորէր իր էութիւնը պայծառ լոյսով մը։ Իր սիրականին սէրը կը կրէր յուզուած շփոթութեամբ մը ու իր անսահման գորովանքին մէջէն հեշտագին խոնարհութեամբ մը կը զգար անոր տիրական հրայրքը։

Ալի Հասան, յոգնած պատահական եւ անստոյգ հանդիպումներէ, մեծ երջանկութիւն մը զգացեր էր իր ամուսնական կեանքին մէջ. անիկա կը սիրէր իր կինը՝ թէեւ իր գերազանց մարդու ինքնագիտակցութեամբ, բայց կատարեալ համարումով գիտէր որ այդ պարզ եւ անուս աղջիկը, որ այնքան յօժարակամ կը ճկէր իր եւ մանաւանդ մօրը քմահաճոյքներուն՝ Իպրահիմի աղջիկն էր ու աներոջը համար ունեցած յարգանքը բացառիկ շուք մը կու տար իր կնոջը, որովհետեւ բնազդով կը զգար որ անիկա իր հօրը պէս կարող էր օր մը բարձրանալու վեր, շատ վեր ու արտասանելու այնպիսի խօսքեր որոնց նմանները անկարող էին իրենք արտասանել։

Բայց երբ իր ցանկութիւնը մարեցաւ հետզհետէ, երբ սկսաւ նուազ անհամբերութեամբ տուն դիմել, աստիճանաբար մոռցաւ նաեւ իր կնոջ մասին զգացած յարգանքը։

Ազատամիտ մարդ էր ինքը ու նոր միտքեր դղրդեր էին իր Իսլամի խստութիւնները կնոջ նկատմամբ. իր ընկերներէն ոմանք եւրոպացի կիներու հետ ամուսնացեր էին ու ճանչցեր էր անոնց ազատ եւ համերաշխ կենցաղը. ինքն ալ միջոց մը մտադիր էր քրիստոնեայ կին մը առնել, իր տան մէջ մտցնելու համար այն նոր եւ թարմ օդը որուն կը տենչար իր երիտասարդի ձգտումներով։ Իր նեղսրտութեան րոպէներուն դժգոհութեամբ կը մտածէր թէ՝ ճակատագիրը տարբեր կերպով տնօրիներ էր իրեն համար։ Ատիլէի խոնարհութիւնը ու քաղցրութիւնը ծաղրելի եւ անտանելի կը թուէին իրեն, մինչ սիրոյ առաջին օրերուն այդ օտար ամուսնութիւններուն անպատեհութիւնները կը տեսնէր միայն եւ խորապէս կը զգար որ այդ երեսը բաց ու ամէն տեղ մտնող ելլող կիներուն հետ երբե՛ք չպիտի ունենար այն նուրբ եւ անսահմանելի զգացումը որ իր քօղարկուած եւ ընկերներուն աչքերէն հեռու պահուած կինը կը ներշնչէր իրեն: Նոյնիսկ սիրոյ առաջին թափին մէջ, վագրի պէս նախանձոտ դարձեր էր ու դժգոհութեամբ կը յիշէր որ առաջին անգամ Ատիլ պէյն ալ տեսեր էր իր կինը:

Բայց վերջապէս իր բոլոր զգացումները կը մեղմանային. տակաւ առ տակաւ Ալի Հասան սկսաւ յիշել ամուրիի կեանքին զուարճութիւնները. օր մը անդիմադրելի կերպով փափաք զգաց երթալ տեսնելու եւրոպացի կին մը որ զինքը այնքա՛ն խենդացուցած էր ժամանակին. երգեցիկ սրճարանները սկսան իր վարժ քայլերը հրաւիրել, սակայն եւ այնպէս չէր դադրած իր կինը սիրելէ ու անոր քով անցուցած միջոցը կը նկատէր իր կեանքին երջանկագոյն ժամերը:

***

Զէհէր հանըմ նախ տհաճութեամբ դիտելէ ետքը իր տղուն կնոջը նկատմամբ ունեցած բոլորանուէր սէրը, հաճոյքով անդրադարձաւ որ անոր հրայրքը տկարացաւ: Հարէմի փակ եւ դատարկ սենեակներուն մէջ ճանձրոյթը իր գորշ մշուշը կը դնէր, ամէն բան սկսեր էր գունատիլ. բազմոցներուն կարմիր թաւիշը, ոսկեդրուագ կարասիներուն ջնարակը, արհեստական ծաղիկներուն երանգները կը կորսնցնէին հետզհետէ իրենց փայլն ու հրապոյրը, ու այդ հետզհետէ թառամող եւ փոշիացող շրջանակին մէջ՝ Ալի Հասանի աչքերը նոյն խանդավառութեամբ չէին տեսներ իր կինը:

Հետզհետէ մօրը նենգաւոր եւ յամառ գանգատները իրենց պտուղը տուին. Ալի Հասան բարեացակամութեամբ խորհուրդներ տալէ ետքը Ատիլէի, սկսաւ սրտնեղութեամբ զայն յանդիմանել:

— «Ինչո՞ւ այդպէս ձեռքերդ ծալլած կը մնաս, կարծես թէ աղախին ես:»

Ատիլէի մանկունակ աչքերուն մէջ ցաւի եւ անկարողութեան արցունքները կը փայլէին. ինքն ալ չէր գիտեր թէ ի՞նչպէս վարուէր, ի՞նչպէս շարժէր. զգաց որ ամուսինը արհամարհոտ կը դառնայ օրէ օր. այլեւս իրենց մտերմական խօսակցութիւնները շատ կարճ էին. Ալի Հասան իրեն չէր հաղորդեր իր հոգերը եւ յոյսերը, այլ միայն մօրը՝ որուն հետ երկար, առանձին խօսակցութիւններ կ՚ունենար ու ինքը դուրս կը մնար, իբր թէ օտար ըլլար:

Եւ ահա յանկարծ Ատիլէ զգաց դառնօրէն իր դասակարգին յատուկ թշուառութիւնը. հակառակ իր խոնարհութեան եւ համակերպութեան, արտասովոր ձայն մը լսեց իր հոգիին մէջէն. Ալի Հասանի արհամարհոտ յանդիմանութիւններէն աւելի զինքը խարազանեցին կեսրոջը ատելավառ եւ կծու ակնարկութիւնները. մէկէն ի մէկ ըմբռնեց որ անիրաւ են իրեն նկատմամբ ու իր սէրը եւ իր անսահման զորովանքը ոչինչի տեղ կը դնեն, չեն ուզեր հաշուի առնել զայն երբ ինքը այդ սանձարձակ սէրէն մղուած պատրաստ էր մեռնելու անոնց համար։

Ներքին խոր դրդում մը զինքը սթափեցուց իր լուռ համակերպութենէն. ինք ալ չէր գիտեր թէ ի՞նչ է այդ դրդումը, չէր զգար որ ատիկա մարդկային արժանապատուութեան սրբազան զգացումն էր, կ՚ուզէր նոյնիսկ զայն մեղմացնել, զայն ճնշել ու լռեցնել, բայց եւ կը զգար որ իր ջանքերը ապարդիւն էին. իր աչքերը հետզհետէ բացուեցան իրական կացութեան. ուզեց ելլել իր որսացուած անասունի դերէն. ուզեց որ իր կամքը եւ իղձերը իրենց դերերը կատարեն ամուսնական կեանքին մէջ. յիշեց իր հօրը եւ մօրը ներդաշնակ կենցաղը ու անով ամրապնդուած կազմեց հետզհետէ իր կնոջական արժանապատուութիւնը. բայց ինչ որ շատ դիւրին պիտի ըլլար առաջին օրերուն, այլեւս դժուար էր. իր խակութեան հետեւանքով կորսնցուցեր էր բոլոր պատեհութիւնները. հիմակ այլեւս կը զգար որ ամուսնոյն եւ կեսրոջը տիրապետութիւնը անխզելի է, թէ ինքը ոեւէ կերպով չի կրնար ներգործել անոնց վրայ, թէ ինքը կապկպուած է շղթաներով եւ բանտարկուած է ընդունուած սովորութիւններու ցանցի մը մէջ։

Երբ իր ծնողքին այցելութեան կ՚երթար, ինչ որ կը պատահէր շատ ցանցառօրէն, իրեն կ՚ընկերանար պառաւ աղախին մը որ հանըմի ձեւեր կ՚առնէր Սալաճաքի համեստ տնակին մէջ։ Իսլամական սքանչելի պարզութեամբ, առանց գայթակղելու, Իպրահիմի կինը կը մեծարէր զայն եւ ամէն անգամ, վերադարձին, Ատիլէ կը զգար որ իր տան ծառան անգամ արհամարհոտ էր իրեն նկատմամբ. անիկա ջէհէր հանըմին կը հաղորդէր համեստ տնակին սովորութիւններէն մանրամասնութիւններ, ցաւելով կը յիշեցնէր որ Ալի Հասանին արժանի աղջիկ չէր այդ պայտարին աղջիկը ու հակակրութեան ցանցը ա՛լ աւելի սեղմ կը զգար Ատիլէ իր շուրջը։

Ոչ մէկ օր, անիկա իր ներքին ցաւերուն ու իր հոգերուն վրայ խօսած էր ծնողքին. բայց Իպրահիմ զգացեր էր որ իր աղջկան երջանկութիւնը հետզհետէ կը մարէր մտահոգութեանց մէջ եւ իր խաղաղ դէմքին վրայ տխրութեան ստուերը երեւցեր էր այն օրէն ի վեր։

Իրիկուն մը Ատիլէ, ամուսնոյն երկար ժամեր սպասելէ ետքը, բազմոցին վրայ պառկեցաւ. հազիւ թէ կը մրափէր երբ ընդոստ արթննալով սանդուխներուն վրայ լսեց Ալի Հասանի սուրին աղմուկը. ոտքի ելաւ, մազերը շտկեց եւ սրտատրոփ սպասեց։ Զոյգ մը մոմերու պլպլացող լոյսին մէջ տեսաւ անոր հասակը ու քարացած մնաց։ Անոր դէմքը մոլորուն արտայայտութիւն ունէր, աչքերը տենդահար մարդերու աչքերուն կը նմանէին. գօտին թուլցեր էր ու սուրը կը քաշքշուէր գետնին վրայ խլեակի մը պէս։

— «Սիրակա՞նս, հոգիս, ինծի՞ սպասեցիր։»

Զինուորականին ուժեղ կուրծքը ճնշեց Ատիլէի ուսերը որ դէպի ետ ընկրկեցան, բայց երկու վայրագ բազուկներ սեղմեցին դեռատի կինը ու անիկա նողկանքի եւ սոսկումի խառն զգացումով մը զգաց ամուսնոյն գինովութիւնը։

— «Ո՛չ, ո՛չ, հեռու գնա…»

Ատիլէ բռնուած թռչունի մը պէս յուսահատ ջանքեր կ՚ընէր, իր անզօր ձեռքով ետ կը մղէր զայն ու զզուանքով դէմքը անդին կը դարձնէր։

Յանկարծ կոյր ու վայրագ զայրոյթ մը բռնկեցաւ Ալի Հասանի երակներուն մէջ. մէկ ճիգով բարձրացուց կինը ու գետին նետեց զայն ու սենեակին մէջ խելայեղօրէն պտուտկելով սկսաւ հայհոյութիւններ ընել։

— «Սա լիրբին նայեցէ՛ք, սա՛ անհարազատին նայեցէ՜ք… ափ մը ցե՛խ, որ ուզած ատենս կրնամ ճզմել ներբանիս տակ, արհամարհելի ու չքոտի արարա՛ծ, ինքզինքդ բա՞ն մը կարծեցիր, որովհետեւ քէֆիս եկաւ քեզի մինչեւ ինծի բարձրացնել։»

Անոր մոլորած աչքերուն առջեւ կարմիր ու դեղին բոցեր կը պարէին ու զայրոյթը կը հրահրուէր կնոջը լռութենէն. պիտի ուզէր որ անիկա աղաղակէր, ճչար, բայց անոր անշարժութիւնը ու լռութիւնը զինքը կը մտրակէին նախատինքի մը պէս։

Աւելի սաստիկ, հետզհետէ աւելի խելայեղ, բարկութիւնը կը գոռար անոր օղիէ գերագրգռուած ուղեղին մէջ. աչքերը դարձան, այլեւս իր շարժումներուն տէրը չէր, մղձաւանջային տարտամութիւն մը զինքը կը պարուրէր. ուժգին հարուածներու աղմուկը իր ականջին կը հասնէր *առանց զինքը սթափեցնելու, կարծես իր բազուկները չըլլային այդ հարուածները տուողը։*

Փոթորիկէ մը աւերուած շուշանի պէս, Ատիլէ ֆիզիքական եւ բարոյական ցաւէն ինքնակորոյս, իր պատռտած հագուստներուն մէջ կը զգար բիրտ հարուածներէ վիրաւորուած մարմինը ու անսահման զգացում մը անկուլթեան՝ կը գրաւէր իր հոգին. ո՛չ լաց, ո՛չ աղաղակ. իր հպարտութեան զգացումը լռած էր այլեւս ու ցաւագին զարմացումով կ'անդրադառնար որ մահուան եւ սիրոյ զգացումները հեշտագին սարսուռի մը պէս կ'անցնէին իր երակներէն։

Երբ Ատիլէ բոլորովին սթափեցաւ, խոր լռութիւն կը տիրէր տան մէջ. արշալոյսը դեռ չէր ծագած, բայց քաֆէսներուն ետեւէն գիշերը կ'անօսրանար եւ կը տժգունէր. այդ պահուն իր կացութեան սոսկումը զինք պատեց ու ցրտօրէն կրցաւ մտածել պատահածին վրայ. թէեւ դեռ ներողամտութեան վարանք մը կար իր մտածումին մէջ Ալի Հասանի նկատմամբ, բայց հետզհետէ զգաց որ կարծր եւ անդիմադրելի զգացում մը կը տիրանար իրեն ու կը մերժէր հաշտութեան ոեւէ եզր։ Խռպոտ եւ չնչատ հեւք մը իր մտածումը ընդհատեց եւ խորհեցաւ որ անիկա Ալի Հասանը ըլլալու էր որ գինովներու յատուկ խռովուած քունով կը քնանար անկողնին վրայ նետուած, առանց հանուելու։

Հետեւեալ օրը իր կեսրոջ խոժոռ եւ յանդիմանական դէմքէն խուսափելով, Ատիլէ իր սենեակին մէջ առանձնացաւ. կեանքը կը սկսէր տխուր եւ լեղի դառնալ իրեն համար. խոշտանգուած մարմինը անտանելի ցաւեր կը պատճառէր իրեն, տենդը կը չորցնէր շրթունքը ու լալու փափաք մը կը կարծրացնէր իր կուրծքը եւ կոկորդը. անիկա արցունքներ կուլ տալով եւ ցաւագին մարմինը քաշքշելով կը պտուտկէր սենեակին մէջ երբ կեսուրը երեւցաւ։

— «*Ո՞ւր ես, ի՞նչ ես եղեր, նազդ ուրո՞ւ է*։»

— «*Հիւանդ եմ, Աննէ*», *հեծկլտաց Ատիլէ ու մէկ անգամէն յորդառատ արցունքներ ժայթքեցին իր աչքերէն։*

Անիկա կու լար բոլոր մարմնովը ցնցուելով, մանկան պէս բարձրաձայն ու այնպիսի սրտառուչ անկեղծութեամբ մը որ ձայնը կը թրթռար երկարօրէն ողբական եւ յուսահատ։

Միջոց մը կեսուրը լուռ մնաց. հանդիսաւոր կեցուածքով մը կըթնած էր պատին ու չէր գիտեր ինչպէ՞ս պատասխանել ցաւի այս արտայայտութեան. յուզմունքի ալիք մը կը բարձրանար իր հոգւոյն մէջ ու զինքը կը մղէր գթասիրտ խօսքի մը, գորովագին շարժումի մը որ պիտի ամոքէր ու մոռցնել տար Ատիլէի իր ցաւը, բայց այս ինքնաբուխ զգացումը վիժեցաւ ու նախկին պալատականի հոգիին մէջ հպարտութեան եւ փառասիրութեան չար դեւը գոռաց:

Նախ ինքն ալ չէր հաւատար իր շրթներէն ելած խօսքերուն ճշդութեան, բայց հետզհետէ տարուեցաւ անոնց կիրքէն ու իր սեւ աչքերը վառեցան անհաշտ ատելութեամբ:

— «Ակնչաք արարա՜ծ, ամբարտաւան, ուղուրսըզ աղջիկ, ուրկէ՞ ուր իմ սեմէս ներս մտար ու դժբախտութիւն բերիր մեզի… այս յարկին տակ, մինչեւ այսօր լաց ու հառաչանք չէր լսուած ու հիմա քու պատճառաւդ սգաւոր տուն է դարձեր, նազդ որո՞ւ է. փոխանակ ինքզինքդ փառաւորուած զգալու՝ դուն տղուս քէֆը հարամ կ'ընե՜ս… դուն իրեն պարտական ըլլալով բացարձակ հնազանդութիւն, գլուխ կը բարձրացնե՛ս… բայց դուն չես գիտեր թէ ի՛նչպէս պիտի ջախջախուի այդ գլուխդ…»

Աւելի ուժեղ, աւելի հեծեծագին Ատիլէի լացը կը պատասխանէր Զէհէր հանըմի ձայնին:

— «Վա՜խ, վա՜խ, վա՜խ… մեղք իմ կտրիճ զաւակիս. մեղք իմ առիւծիս… դուն չե՞ս մտածեր որ ինչպէս եկար, այնպէս ալ կ'երթաս. թէ բախտը քեզի պէսերուն համար հեղեղի մը կը նմանի՜… անմիտ ու անշո՛ւք արարած, դուն չե՞ս խորհիր որ տղուս ոտքին փոշի՛ն չես, ուրկէ՞ ուր սորվեցար գլուխ բարձրացնել, չա՛ն սերունդ…»

Ատիլէի լացը լռեց… կեսրոջ հրացայտ աչքերուն սեւեռեցան ուրիշ աչքեր, մատղաշ եւ վայրենի կենդանիի աչքեր…

— «Ես պայտար Իպրահիմի աղջի՛կն եմ…»

Ինչո՞ւ կ'արտասանէր այդ խօսքերը եւ ինչո՞ւ կը փառաւորուէր իր հօրմով, ինքն ալ չէր գիտեր, բայց իր ձայնին մէջ կար այնպիսի շեշտ մը ուրկէ Զէհէր հանըմ ազդուեցաւ ու անոր սրտին կարծրութիւնը թուլցաւ, մինչ Ատիլէ կը կրկնէր հեկեկալով.

— «Ես պայտար Իպրահիմի աղջիկն եմ:»

Բայց անիկա այդ պահուն զգաց որ շրթները կը պաղէին, մեքենաբար ու թոթովելով կը ճգնէր կրկնել այդ բառերը, բայց այլեւս լեզուն չհնազանդեցաւ իր ջանքին, արագ սարսուռ մը անցաւ կռնակն ի վար, գլուխը դարձաւ, սրունքները դողդղացին ու երբ կը պատրաստուէր դէպի բազմոցը երթալ, կռնակն ի վար ինկաւ, արմատէն կտրուած ծառի մը պէս:

— «Օ՛ֆ, օ՜ֆ… այս ի՛նչ ձիւն էր եկաւ գլուխս, այդ անիծուած աղջկան պատճառած հոգը, պատճառած ծախսը վերջ չունի՜… տղուս հանգիստը խռովուած է. անիկա գիշերը քուն չունի, ցորեկը խաղաղութիւն չունի… ասոր վերջը ո՞ւր պիտի երթայ:»

Ատիլէ հիւանդ պառկած էր ու Ալի Հասան՝ խղճահար իր վարմունքին համար մեծ գուրգուրանքով կը խնամէր զայն եւ այլեւս ականջ չէր կախեր մօրը յարատեւ տրտունջներուն:

Բժիշկը լրջութեամբ խօսած էր ամուսնոյն հետ եւ այս վերջինը չէր գիտեր ի՞նչպէս դարմանել իր բրածը: Հետզհետէ Զէհէր հանըմ տեսնելով որ իր անտարբերութիւնը խորթ կը թուէր տղուն, մտահոգ երեւցաւ, նաեւ անկեղծօրէն փափաքեցաւ որ Ատիլէ առողջանայ, մտածելով որ հիւանդութիւնը զայն աւելի շահեկան կը դարձնէր Ալի Հասանի աչքին:

Հակառակ որ հիմակ տղան շատ կը չփացնէր կինը, իր փորձառու կնոջ հոտառութեամբ կը զգար որ բան մը կար որ անդարմանելի կերպով խզուած էր անոնց մէջ եւ թէ այդ կարգի կռիւներ, եթէ ոչ նոյն ուժգնութեամբ, բայց յաճախակի տեղի պիտի ունենային անոնց մէջ եւ այդ անհամաձայնութեանց վերջնական արդիւնքը գուշակել դիւրին էր:

Երբ Ալի Հասան անհամբեր ու շնչասպառ զօրանոցէն տուն կու գար, մայրը կը գտնէր յաճախ Ատիլէի քով եւ երախտապարտութեամբ աչքերը կը լեցուէին. խորապէս կը սիրէր անիկա իր կինը ու անգիտակցութեան մը բռպէին անոր հետ ունեցած բիրտ վարմունքը պատճառ մը չէր համարեր ցրտութեան. ընդհակառակը՝ զայն շատ աւելի կը սիրէր, զայն ցաւցուցած ու վիրաւորած ըլլալով կարծես աւելի տիրացած էր անոր եւ այս զգացումը այնպիսի սրտազեղում մը կը պատճառէր իրեն որ նոյնիսկ երբ հեռու եղած ատեն կը յիշէր, հոգին կը թուլնար ու սիրոյ տենդը նորոգ խոյանքով մը կ'անցնէր իր էութեան մէջէն:

Երբ Ատիլէ առողջացաւ, Զէհէր հանըմ միջոց մը լաւ վարուեցաւ հետը. ուրիշ կարգի ծրագիրներ կ'ուրուագծուէին իր հնարամիտ կնոջ մտքին մէջ, շատ լաւ կը ճանչնար մարդկային տկարութիւնները եւ վարժ էր զանոնք վարելու այս կամ այն ուղղութեան. հասկցաւ թէ ի՞նչպէս պիտի յաջողէր իր տղան Ատիլէէն բաժնելու եւ այլեւս պատեհ չհամարեց իր հարսին հետ գէշ վարուիլը. քաղցրօրէն կը յանդիմանէր զայն այդպիսի դէպքեր տեղի տուած ըլլալուն համար եւ երբ Ատիլէ ինքզինքը արդարացնելու համար կ՚ըսէր թէ այն օրը Ալի Հասանի գինովութենէն էր որ խորշած էր, Զէհէր հանըմ լրջօրէն եւ հանդիսաւորապէս կը պատասխանէր.

— «Ի՞նչ կ՚ուզէ ըլլայ... ի՞նչ կ՚ուզէ ընէ, էրիկ մարդ է անիկա:»

Ատիլէ երկար օրեր մնաց շատ տժգոյն եւ տխուր. մասնաւոր մտասեւեռում մը զինքը փոխն ի փոխ կ՚անցընէր յոյսի եւ տարակոյսի տագնապներէն. իր նոր ապաքինած հիւանդի աչքերուն մէջ տենդագին կենսունակութիւն մը կար եւ միեւնոյն ատեն սրտառուչ խոնաւութիւն մը. իր ձայնը առեր էր հեծկլտանքի բեկբեկ եւ մելամաղձոտ շեշտը. իր գեղջուկի ձեռքերը նիհարցեր ու ճերմկեր էին ու մատները կը բարակնային հիւծախտաւորներու մատներուն պէս: Յաճախ հոգիին խորէն հառաչանք մը մինչեւ շրթները կը բարձրանար եւ մտահոգ կը մնար՝ քանի մը րոպէ սրտին ցաւը մտիկ ընելով:

Իրեն օգնելու համար հեռաւոր թաղի մը մէջ բնակող կեսրոջը մէկ բարեկամուհին դեռատի աղախին մը ղրկած էր իրենց. երկու երիտասարդ կիները առաջին օրէն չէին սիրած զիրար, որովհետեւ Ատիլէ անտանելի գտեր էր նորեկին համարձակութիւնը, հեգնող ակնարկները եւ ճարպիկ աղջկան բանիմաց նենգութիւնները: Մագպուլէ ունէր նաեւ դիւային շնորհ մը որ առանց գեղեցկացնելու հրապուրիչ կը դարձնէր զինքը. անոր ճկուն շարժուձեւերը, դիտմամբ փախուստները եւ կիսաբաց դռներէ արձակած ճիչերը ու քրքիջները կը խնդացնէին Ալի Հասանը որ Մագպուլէի հետ կը կատակէր եւ անով կը հետաքրքրուէր: Երբեմն ալ չափը կ՚անցնէր մանաւանդ երբ Ալի Հասան խմած ըլլար եւ Ատիլէ ժամեր ու ժամեր կը հանդուրժէր այդ կնոջ ներկայութեան իր սենեակին մէջ:

Առաւօտ էր, եւ Ալի Հասան նոր մեկներ էր տունէն երբ Մագպուլէ Ատիլէի սենեակը մտաւ ծառայելու համար: Յանկարծ Ատիլէ կեցաւ աղախինին դիմաց ու խստութեամբ ըսաւ անոր.

— «Ես այլեւս չեմ ուզեր որ երբ պէյը այս սեմէն նե՛րս մտնայ, դուն որեւէ պատճառաւ երեւաս իրեն:»

— «Գլխուս վրայ, հանըմս...»

Մագպուլէ կը շարունակէր սենեակը կարգի բերել եւ միւս կողմէ կը լսէր հազիւ զսպուած լկտութեամբ:

— «Ո՛չ, ես այլեւս երբե՛ք, երբե՛ք այդպիսի բան չեմ ուզեր...»

Ատիլէ շուարեցաւ ու քանի մը անգամ կրկնեց արգելքը յանդիմանական շեշտով մը. արիւնը կ՚եռար երակներուն մէջ եւ տաք ալիք մը բարձրացաւ մինչեւ այտերը, մինչեւ ճակատը ու քունքերուն մէջ զգաց արագ եւ զօրաւոր թնդիւններ, միեւնոյն ատեն մտածեց. «Իրաւ է որ գեղեցիկ չէ՛, բայց իրաւ է նաեւ որ չէյթանի հրապոյր մը ունի» ու ցաւագին մտածում մը գալարեց զինքը հոգեկան խոր ցաւով:

— «Ո՞ւր է Մազպուլէն:»

— «Պէ՜յս», պատասխանեց Ատիլէ հեկեկագին ձայնով մը, «պէտք չունինք իր ծառայութեան, ես քու աղախինդ չե՞մ, ինչ որ ուզես ինծի ըսէ:»

— «Կանչէ՛ Մազպուլէն:»

— «Պէ՜յս...», արցունքներ խեղդեցին Ատիլէի ձայնը ու սկսաւ հեծկլտալ:

— «Օ՜ֆ... օ՜ֆ... կեանքը դառնահամ սկսաւ դառնալ, Ատիլէ՛... զուարթութիւնդ երկչոտ թռչունի մը պէս թռաւ գնաց, ու դուն ճզմած տղու մը պէս անտանելի դարձար... դուն չես ուզեր կանչել Մազպուլէն՝ ես իրեն կ՚երթամ:»

Երբե՜ք, երբե՜ք այլեւս ոտքը չպիտի դնէր այդ անիծեալ սեմին վրայ... Ատիլէ աճապարանքով կը հագուէր ու իր ցաւատանջ մտածումովը ամբողջ գիշերը թափառելէ ետքը կսկծալի հաւանականութեանց շուրջը, հիմա կը խուսափէր կարծես իր ցաւէն, կը խուսափէր իր դժոխային չարչարանքէն:

Առաւօտը նոր ծագեր էր, աշնանային զովութիւն մը սարսուռով կը համակէր իր անձը, քամին կը փչէր տանիքին վրայ ու նեղ փողոցներէն սուրալով կ՚անցնէր բուի պէս վայելով: Ատիլէ կ՚ուզէր մեկնիլ ոեւէ մէկը չտեսած, ոե՛ւէ մէկը այդ անիծեալ էակներէն որոնց իւրաքանչիւրին կեանքի նպատակն էր կարծես իր երջանկութիւնը փչրել. իր աչքերը լալէն կուրցեր էին ու շրթները ողբալէն ուժգուներ, բայց որո՞ւ հոգն էր ու կարծես լրացնելու համար իր տառապանքը ու իր կրած նախատինքները, նոյն յարկին ներքեւ, իր քովի սենեակին մէջ Ալի Հասան հարճ առեր էր այդ նորեկ աղախինը... Գիտէր, շատ լաւ գիտէր թէ ինչպէս պիտի պախարակէին իր փախուստը, որքան անմիտ ու բան չգիտցող պիտի նկատէին զինքը... բայց ինքը՝ Ատիլէ, պայքար

Իպրահիմի աղջիկը, այդպիսի բան մը չէր կրնար հանդուրժել, ե՜րբեք, ե՜րբեք…

Ոչ իսկ կը մտաբերէր թէ պատահածը սովորական եւ առօրեայ դէպք մըն էր, ոչ իսկ կը խորհէր թէ առանց այդ համեմատութիւնները տալու այդ դէպքին՝ կարելի էր լռութեան եւ համակերպութեան մէջ խեղդել իր ցաւը. այլ ընդհակառակը իրեն կը թուէր, որ այդպիսի չարչարանք ոչ մէկ կին չէր կրած ու այդպիսի գիշեր ոչ մէկ իսլամուհի չէր անցուցած:

Ուրուականի մը պէս անշշուկ սահեցաւ սանդուխներէն ու խելակորոյս փախստականի պէս անցաւ փողոցներէն. հազիւ թէ ինքնամփոփումի րոպէ մը կրցաւ ունենալ շոգենաւին մէջ որ զինքը դէպի Սալաճագ կը տանէր: Անիկա հագեր էր սեւ *պիւրիւմ* մը եւ երեսը ծածկեր էր անթափանց եւ նոյնպէս սեւ *փէչէ*ով. անիկա ոչ մէկ րոպէ իր երեսը բացաւ մինչ քանի մը ցանցառ թրքուհիներ հետաքրքրուած իր լռութենէն, հարցումներ կ՚ուղղէին իրեն…

— Ճահիլ է, բայց սիրտը ցաւած է, բարունակի մը կը նմանի որ կարկտահար եղած ըլլայ, կ՚ըսէր կին մը իր քովինին:

— Ա՜խ… ա՜խ… որուն որ սիրտը կը վառի անիկա կը հասկնայ, կ՚ըսէր պառաւ մը, փորձառու շրետով մը:

— Ի՞նչ ցաւով սիրտդ կը ցաւի, կը հարցնէր երիտասարդ կին մը սրտառուչ մտերմութեամբ մը…

Ու *փէչէ*ին ներքեւէն անընդհատ Ատիլէի աչքերը կ՚արտասուէին:

Ցուրտ էր եւ առաւօտեան քամին կը մտրակէր զինքը: Փոթորկալի եւ մոլեգին ամպեր կը կուտակուէին երկնքին վրայ. շոգենաւին կտաւները կը ծեծուէին ու կը շառաչէին կարծես մօտալուտ եւ աղէտալի ժամեր ազդարարելով: Թանձր եւ դառնագին տխրութիւն մը կը ծածանէր քաղաքին վրայ ու Ատիլէի կը թուէր որ ամբողջ աշխարհ իր սուգը կը բռնէր:

Սալաճագի բարձունքին վրայ, Իպրահիմի տնակին մէջ կեանքը միջոց մը ալեկոծուելէ ետք ստացեր էր իր խաղաղ եւ կայուն հանդարտութիւնը. բայց այդ խաղաղութիւնը առերեւոյթ էր եւ բոլոր հոգիները վրդովուած մնացեր էին Ատիլէի կրած նախատինքով ու ցաւով:

Այր ու կին, երկու ծերունիները ինքզինքնին արտայայտելէ ետքը իսլամի վայել սակաւապետութեամբ այլեւս կը լռէին ու թէեւ յարատեւ կերպով կը խորհէին իրենց աղջկան դժբախտութեանը վրայ, բայց այլեւս պատշաճ չէին համարեր այդ մասին խօսիլ ու իրենց հոգեկան տրամադրութիւնները ի յայտ բերել: Մռայլ, խոժոռ եւ անփոփոխելի տխրութիւն մը յաջորդեր էր երբեմնի ժպտուն պարզութեան ու այդ լուռին մելամաղձոտութեան մէջ բոլորին հոգիները հաղորդակից էին անսահմանելի նրբութեամբ մը…

Ատիլէ շատ փոխուած էր. հիւանդագին նիհարութիւն մը այլափոխեր էր անոր դէմքը որուն վրայ աչքերուն լոյսը կը նուաղէր. վիշտի եւ յուսախաբութեան ծալք մը վաղահասօրէն կը թառամեցնէր իր այտերուն փափկութիւնը ու իր թխորակ մորթին տակէն արիւնը վառեր, վառեր ու հատեր էր կարծես, այնքա՛ն գունատեր էր, դիակնային տժգունութիւնով մը:

Երբեմն, ծայրայեղ խնամքով քօղարկուած, կը պտտուէր պարտէզին մէջ, ուր ծառերը տերեւաթափ կ՚ըլլային եւ իրենց մերկացած ճիւղերը կը ցցէին հիւսիսային հովերէն դողդոջելով. յամր եւ անխուսափելի քայքայումը զինքը շրջապատող բնութեան կ՚արծարծէր իր տխրութիւնը եւ աչքերը տաժանքով կը պտտցնէր իր շուրջը: Երբե՜ք, այլեւս չէր դառնար այն կողմը ուր առաջին անգամ իր սիրականը երեւցեր էր… մարգագետինը թառամեր էր եւ այլեւս չկային անոր թաւշեայ դալարին ծանրագին գորգի մը պէս պիտակող ճերմակ եւ գունագեղ ծաղիկները. այլեւս դեղնած եւ չոր ձողերը երբեմնի դալարագեղ բոյսերուն՝ ստեւներու պէս կը ցցուէին ցանցառօրէն կարծրացած հողին մէջէն, ուր դեգերող արտակները հայրենաբաղձ բառաչիւններով գալիք գարունները կ՚երազէին: Ու արեւը երբ երեւնար, մթին եւ հոծ ամպերու մէջէրէն կը լուսաւորէր իր ճերմակ եւ ջերմութենէ զուրկ ճառագայթներովը այս ոգեւորող բնութիւնը:

Երբեմն ալ Ատիլէ կը նստէր դրանը սեմին վրայ ու կզակը ափին կրթնցուցած՝ կը խորհէր երկարօրէն. ո՛չ մէկ թշնամական զգացում, ո՛չ մէկ դառնութիւն չէր մնացած իր մէջ: Օրերու ընթացքին Ալի Հասանի նկատմամբ իր ունեցած քէնը եւ իր կրած նախատինքին յիշատակը մեղմացեր էին. բայց կը զգար, որ հակառակ ամէն բանի՝ իրարմէ բաժնուած էին, քանի որ շատ մը օրեր անցեր էին ու անիկա ոչ մէկ ջանք ըրեր էր իրեն մօտիկնալու, հաշտութիւն առաջարկելու. ինչպէ՜ս հլու եւ հնազանդ, թէեւ գլխիկոր, պիտի մտնէր վերստին ամուսնոյն հովանիին ներքեւ, փարախի մէջ մտնող ոչխարի մը նման. ինչպէ՜ս խռովքի եւ տարփանքի ժամերու մէջ կարօտով կը յիշեր զայն, անոր բոտութիւնները, անոր հարուածներն իսկ եւ իր հոգին ծարաւի էր անոր սիրոյն:

Երբ այսպէս վիզը ծուռ, նայուածքը մոլորուն կ'երազէր, յաճախ իր մօտ կը զգար Ճէմիլին ներկայութիւնը, անոր հեւքոտ շնչառութիւնը եւ բոցավառ աչքերը կը հետապնդէին զինքը, խանգարելով իր հոգիին ցաւագին ներդաշնակութիւնը: Ատիլէի նոր կացութիւնը արծարծեր էր Ճէմիլի յոյսերը եւ հաւակնութիւնները եւ երիտասարդ ձիադարմանը իր յամառ սիրով կը տանջէր զինքը:

— «Ո՛չ, ո՛չ...», ըսեր էր Ատիլէ կտրուկ եւ վճռական շեշտով՝ անգամ մը երբ Ճէմիլ խօսք բացեր էր իրեն իր զգացումներուն մասին ու հիմակ ամէն անգամ որ զայն կը զգար իր շուրջը, գլուխը կը բարձրացնէր ցանկապատէն անդին, կը տեսնար անոր արեւակէզ դէմքը, մոլար աչքերը, մազերու սեւ փունջը ճակտին վրայ ու ահաբեկած, անոր համր աղերսանքին կը պատասխանէր գլուխը շարժելով մերժողաբար:

Այդ պատճառաւ էր որ Ճէմիլ սեւ յուսահատութենէ բռնուած՝ կը թափառէր երեկոները գինետունէ գինետուն ու վերադարձին՝ Ատիլէ քունէն արթննալով կը լսէր անոր գոռ եւ վայրենի ձայնը որ տարերային ուժգնութեամբ մը կը բարձրանար ու կը հասնէր մինչեւ իր ականջին:

«Անօրինակ ցաւի մը մէջ ինկած եմ

Որ ոչ կը քնացնէ զիս եւ ոչ կը սթափեցնէ

Ու օրէ օր իմ վիշտս կ'աճեցնէ՜...»

Հակառակ իրեն Ճէմիլի հրայրքը զինքը կը խռովէր, մինչ իր սիրոյ եւ հեշտանքի գիշերներու բոլոր յիշատակները, այդ տարփաւէտ եւ տրտում երգերով կենդանացած, նոր իրականութեամբ մը կ'անցնէին տեսիլքի պէս իր չարչարուած մտածումին մէջէն:

Իպրահիմ թէ՛ հոգեկան, թէ՛ ֆիզիքական մեծ ցնցում կրեց Ատիլէի պատահած դժբախտութեան վերահասու ըլլալով ու իր հպարտ եւ արժանաւոր հոգին ըմբոստացաւ իր աղջկան միջոցաւ իրեն եղած նախատինքին դէմ. սրտմտութեամբ եւ հեւզհեւէ արհամարհանքով կը խորհէր այդ երիտասարդ սպային վրայ, որ չէր գիտցած գնահատել Ատիլէի պէս քնքուշ եւ սիրազեղ կին մը:

Զայրոյթով կը մտաբերէր որ իր աղջկան միամիտ եւ անսեթեւեթ պարզութիւնը, պայծառ զուարթութիւնը, հրապուրելէ ետքը այդ պղտոր զուարճութիւններէ յափրացած զինուորականը՝ վերջապէս զայն ժանձրացուցեր էր… ուրեմն, իբր հա՞րճ ընդունէր էր իր աղջիկը, իր՝ Իպրահիմի աղջիկը…

Եթէ կարենար իր կարկամած սրունքներուն վրայ կանգնիլ ու երթալ այդ ապականուած երիտասարդութեան երեսին նետել իր բոլոր զգացած նողկանքը… եթէ կարենար երթալ ու յայտնել անոնց որ իրենց հայրերը աւելի զօրաւոր եւ յաղթական եղած էին միշտ, որովհետեւ պողպատի պէս կարծր եւ անընկնելի էր իրենց վեհանձնութիւնը եւ առաքինութիւնը… բայց ինք անկողնին գամուած թշուառ մըն էր. ինք, որ թշնամիին աչքերուն մէջ նայած էր առանց իր արտեւանունքը քթթելու, ինք, որ իր գայրոյթի բոպէներուն առիւծ դարձած էր, հիմակ շղթայուած ու անզօր կը մնար ինչպէս մեռելը իր գերեզմանին մէջ ու չէր կրնար երթալ հաշիւ պահանջել իր մէկ հատիկ աղջկանը եղած նախատինքին:

Իպրահիմ այլեւս հաշտութիւն չէր ուզեր, ո՜չ, այլ՝ վերջնական խզում. ինչո՞ւ իր աղջիկը կապուած կը պահէին, ինչո՞ւ այդ վատ զինուորականը չէր արձակեր զայն. առաջին օրէն իսկ ծէմիլի միջոցաւ *փուսուլա* մը ղրկելով՝ այդ պահանջքը դրեր էր իր փեսին:

«Ես, Իպրահիմ, կ'ուզեմ որ իմ աղջիկս արձակես»:

Ու ո՛չ մէկ պատասխան:

Իպրահիմ, իր հիւանդութեան տաժանելի շրջանին մէջ, առաջին անգամը ըլլալով դառնացաւ իր վիճակին վրայ: Իր անդամները աւելի ծանր թուեցան իրեն, մահը կամայական ու հեռաւոր. անիկա դառնօրէն զգաց որ անհետացող սերունդի մը յետամնաց մէկ անդամն էր. ինչո՞ւ իր աչքերը բաց կը մնային, ինչո՞ւ իր շրթները չէին պաղեր մահուան սառնային համբոյրով: Իր դիակնացած անդամներուն վրայ որոնք շարժում եւ ոյժ կորսնցուցեր էին, գլուխը կ'ապրէր միայն եւ իր իմացականութիւնը կը մնար յստակ ու կորովի տառապելու ու զայրանալու համար:

Իր շատ թուխ եւ ճերմակ մօրուքով շրջանակուած դէմքին վրայ աչքերը ցաւագնօրէն կը տառապէին՝ ամէն անգամ որ իր նուաղած նայուածքը հանդիպէր Ատիլէի:

— «Օ՜ֆ, օ՜ֆ… ամենակարող Ալլա՜հ, ինչո՞ւ կեանքը դառնահամ պտուղի մը նման է:»

Դարձեալ *մուէզզինի* բարեպաշտիկ կոչին՝ իր կինը կու գար նամազը ընելու, որուն կ'ընկերանար ծերունին իր նայուածքով. բայց իր դողդոջուն շրթներուն վրայ սրբասուն բառերը կը կորսնցնէին կարծես իրենց իմաստը ու իր հոգիին խաղաղութեան հետ մարեր էր նաեւ այն Աստուածային ոգին որ իր տաժանելի կեանքը կը թեթեւցնէր:

Վերջին երկրպագութիւնները ընելէ ետքը, պառաւը պահ մը ծալլապատիկ կը նստէր փսիաթին վրայ ու ամէնքն ալ լուռ կը մնային, խորասուզուած առանձին մտածումներու մէջ:

— «Օ՜ֆ… օ՜ֆ… ճակատագիրը սեւ է…», կ'ըսէր վերջապէս պառաւը, պատասխանելով իր սիրելիներու վրդովմունքին:

Դարձեալ՝ մայրամուտին, երբ Ատիլէ սեմին վրայ նստած երեսը ափին մէջ կը խոկար, Իպրահիմին կինը Գուրան կը կարդար ու երկար ատեն անոր երգող եւ տխուր ձայնը կը հնչէր երկարաձգուելով հեծեծագին ելեւէջի մը մէջ:

Իրիկնամուտի թերաստուերը կը քօղարկէր գիւղանկարը ցանկապատէն անդին, ճշմիլի մթին դէմքին վրայ աչքերը կը վառէին ցանկութենէ եւ յուսահատութենէ եւ երբ Ատիլէ գլուխը վեր բարձրացնելով, իր աչքերը կուրցնող արցունքներուն մէջէն տեսնէր անոր նայուածքը, գլուխը կը շարունակէր ցնցել մերժումով. անողոք ճակատագրականութիւն մը սիրողը սիրածէն կը բաժնէր եւ մինչ մորթին մէջ հալող երանգները ու աշնանային երեկոներու զովութիւնը, ինչպէս նաեւ բուի պէս վայող քամիին հեծեծանքը կը հրաւիրէին մարդիկը խաղաղ եւ երանաւէտ գորովանքի, ամէն մէկը աւելի ուժգին կը զգար իր սեւ բախտը ու այս պատճառաւ էր թերեւս որ ուշ ատեն, ճամբուն վրայ երկարաձգուող ողբական եւ լալագին սիրոյ երգերը ցաւի երգեր էին միանգամայն եւ կը յարմարէին իւրաքանչիւրին հոգեկան տրամադրութեան:

Գիշերը յառաջացած էր, բայց Ոսկեղջիւրի իրենց բնակարանին մէջ՝ Ալի Հասան եւ մայրը չէին քնանար ու կը խօսէին: Ձմեռը սկսած էր եւ ձիւնը կը տեղար անդադար, ա՛լ աւելի լռութեան մէջ մխրճելով հանդարտ քաղաքը: Կապերտներով ծածկուած սենեակին մէջ կրակարանին պղինձը կը պլպլար եւ կրակներու դէզ մը ճերմակ մոխիրի խաւին ներքեւէն կարմիր սուտակի ցոլքեր կ'արձակէր. մայր ու տղայ պահ մը դադրեցան խօսակցելէ եւ Ալի Հասան յոգնած եւ մտազբաղ ցած բազմոցին վրայ երկնցաւ ու սկսաւ ծխել. մայրը նստած էր դէմը ուրիշ բազմոցի մը վրայ եւ ոեւէ նպատակ հետապնդող անձի արթնութեամբ կը դիտէր իր տղուն շարժումները եւ արտայայտութիւնը, անոնցմէ գուշակելու համար իր սերմանած զգացումներուն եւ գաղափարներուն արդիւնքը. բայց իր տղան որ այնքան դիւրաւ հասկնալի էր իրեն համար, ահա կը դառնար անթափանցելի ու Զէհէր հանըմ ծայրայեղ կերպով մտահոգ էր:

Երկրորդ *փուսուլա* մը եկեր էր Իպրահիմէն:

«Ես, Իպրահիմ, անգամ մըն ալ կ'ըսեմ քեզի որ արձակես իմ աղջիկս»:

— «Այդպէս ալ պէտք է ընել, մարդը իրաւունք ունի. Իսլամի վայել չէ խեղճ աղջկան մը կեանքը կաշկանդել աննպատակ: Լսեցի որ կրկին պիտի ամուսնանայ, *խըսմէթը* մի՛ կապեր, արձակէ զայն...»

Զայրոյթի տագնապէ մը տժգունեցաւ զինուորականը եւ անիկա մէկ ոստումով ոտքի ելաւ.

— «Պիտի ամուսնանա՜յ...»

Աչքին առաջքէն կ'անցնէին կայծակի արագութեամբ գողտր եւ յանկուցիչ տեսիլներ: Ատիլէի պատկերը երբեմն որոշ կը ներկայանար իրեն եւ երբեմն ալ կ'անհետանար տարտամութեան մէջ. կցկտուր մանրամասնութիւններ կը յամառէին, վզին վրայ ինկած մազի խոպոպիկ մը, ծոծրակին գիծը, քունքերուն վրայ՝ լաւ գծուած յօնքերուն վերջաւորութիւնը ու Ատիլէի երջանիկ օրերուն ժպիտը ու զուարթութիւնը. Ալի Հասան յիշեց համբոյրը անոր խնդացող բերնին վրայ երբ փափուկ եւ ծաղկի թերթերու պէս զով շրթներուն ետեւէն կը զգար կարծրութիւնը անոր մանրիկ եւ սուր ակռաներուն:

— «Աննէ ... աննէ ...»

— «Ինչո՞ւ չարձակես զինքը, ինչո՞ւ *խըսմէթին* դէմ երթաս, աղջկանը պակա՞սը կայ քեզի համար եւ ի՛նչ տեղերէ:»

— «Աննէ», ըսաւ Ալի Հասան կտրուկ ձայնով մը, «ճի՞շդ է որ պիտի ամուսնանայ:»

— «Այո՛, հաստատ տեղէ լսեցի:»

— «Որո՞ւ հետ:»

— «Չեմ գիտեր, կրնայ Ատիլ պէյը ըլլալ, կրնայ Ճէմիլը, կրնայ ուրիշ մէկը...»

Գոռ եւ վայրագ աղաղակ մը խափանեց մօրը ձայնը. Ալի Հասան սենեակէն դուրս ելաւ ու քանի մը րոպէ ետքը մայրը լսեց որ տանը դուռը կը փակուէր դղրդիւնով:

Ալի Հասան խուսափելով իր տունէն՝ միջոց մը խելակորոյս թափառեցաւ Թաղերուն մէջ. ձիւնը միշտ կը տեղար, բայց ինքը չէր զգար ո՛չ ցուրտը, ո՛չ յոգնութիւնը. արտակարգ ուժգնութեամբ փոթորիկ մը կը գոռար իր Հոգիին մէջ ու զինքը կը խարազանէր Հակասական զգացումներով. իր վրդովուած էութեան մէջ Ատիլէ կը ներկայանար փոխնիփոխ իր լաւ ու գէշ օրերուն մէջ. զայն կը տեսնէր առաջին օրուան պատկերով Սալաճաքի պարտէզին մէջ, վարդագոյն էնթարին Հագած ու անոր չարաճճի ժպիտը, արծաթեայ օղերուն լուսնային ցոլքը անոր Թուխ այտերուն վրայ: Ու այն աչքե՛րը որոնց վրայէն քօղը ինք վերցուցեր էր առաջին անգամ, պիտի նայէին յուզուած Հետաքրքրութեամբ մը ուրիշ մարդու մը աչքերո՜ւն... երբե՛ք, երբե՛ք...

Կը յիշէր Հիմակ Ատիլ պէյի քօղարկուած չաՀագրգռութիւնը Ատիլէի մասին, կը յիշէր այն անբացատրելի արտայայտութիւնը զոր տեսեր էր անոր դէմքին վրայ երբ իմացեր էր կնոջը փախուստը... նոր փեսացուն Ատիլ պէյն է՜ր... այո՛, այո՛... եւ այդպէս բան չպիտի ըլլար:

Ամէն մէկ մտածում, ամէն մէկ յիշատակ զինքը կը ցնցէր ցաւագին ուժգնութեամբ մը. ինչո՞ւ այդ սիրուն եւ չնորՀալի աղջկան սիրտը կոտրեր էր, ինչո՞ւ արՀամարՀեր էր անոր խոնարՀութիւնը եւ բոլորանուէր սէրը. ու անդիմադրելի ցանկութիւն մը զայն տեսնելու, անոր սիրտը չաՀելու եւ կրկին զայն իր Թեւին ներքեւ առնելու՝ զինքը խանդավառեց:

Ուշ ատեն գնաց զարկաւ իր մէկ ընկերոջը դուռը եւ Հոն անցուց գիշերը, չուզելով տուն դառնալ ուր կը զգար Թէ պիտի գտնէր իր մայրը արթուն եւ զինքը Հետապնդելու պատրաստ. կը զգար որ չարիքին աղբիւրը մայրը եղած էր եւ առաջին անգամը ըլլալով իր զգացումները Թշնամական կը դառնային անոր նկատմամբ, կը տեսնէր մօրը փոխ սիլուէթը, անոր բարձր ու տիրական Հասակը, աչքերուն մԹին եւ խորՀրդաւոր լոյսը եւ Ալի Հասան կը խուսափէր իր տունէն:

Առաւօտուն կանուխ մեկնեցաւ դէպի Սալաճաք. չոգենաւ չգտնելով անցաւ Սկիւտար, ուրկէ վարձու ձիով մը բարձրացաւ դէպի այն բարձունքը ուր երջանկութիւնը ընդնշմարեր էր առաջին անգամ. մռայլ դառնութիւն մը զինքը խոժոռ կը դարձնէր եւ ան ոեւէ դիմադրութեան պարագային կը պատրաստուէր պայքարելու. չէ՞ որ իր նիքեաՀլըն էր Ատիլէի եւ իրաւունք ունէր զայն բռնի ուժով իր տունը տանելու, այո՛, բռնի ուժով. ու կը զգար Ատիլէի բաբախուն ու սարսափած էութիւնը իր կուրծքին վրայ, կը զգար անոր նուաղած աչքերուն քաղցրութիւնը, դիմադրող եւ դողդոջուն շրթները, բազուկներուն անզօր պրկումը, կը զգար բոլոր ասոնք ու իր հոգիին խորերէն անծանօթ ու կարծես դարաւոր ձայն մը, առեւանգումի եւ վայրագութեան ախորժակներով արթնցած, յաղթանակի ուրախութիւնը կ'երգէր:

Բայց երբ Ալի Հասան Իպրահիմի տնակին մօտեցաւ եւ զայն տեսաւ ձիւնապատ դաշտերէն անդին, ճերմակ բեռին տակ ճնշուած կմախային ծառերու ճիւղերուն ցանցին ետեւէն, ամբողջ եռանդը մարեցաւ ու ինքզինքը երկչոտ զգաց տղու մը պէս, ձին կապեց ցանկապատին ու մտիկ ըրաւ. ինչպէս այդ առաջին օրը՝ պառաւին կերկերաձայն եւ սրբազան երգը կը հասնէր իրեն, բայց ո՞ւր էր չքեղ արեւը, ո՞ւր էին պերճ եւ երանգաւոր բուսականութիւնը եւ ո՞ւր էր մանաւանդ ճերմակ ու ծփացող քօղը իր սիրականին:

Իր յուզուած հոգիին մէջ երկարօրէն թրթռաց տխուր բանաստեղծականութիւնը անցած բաներուն, սարսուռ մը համակեց զինքը ու զգաց որ այդ պահուն ամէն անձնուիրութեան եւ ամէն զոհողութեան պատրաստ էր:

Ինչպէ՞ս անցաւ ցանկապատէն, ինչպէ՞ս անցաւ տնակին սեմէն... ինքն ալ չէր գիտեր, կարծես երազի մը մէջ կը քալէր. իր յուզումէ պղտորուած աչքերուն առջեւ կը յամառէր տեսիլքը խուսափող կիներուն. Ատիլէ ուրուականի մը պէս ճերմկած ու քօղը ծածկած մինչեւ աչքերը, շուարուն, եղերական, կը փարանէր աստղին անդին ու չէր գիտեր ո՞ր ուղղութեամբ ընթանալ եւ Ալի Հասանի նայուածքէն փախչիլ. վերջապէս արագ եւ անշշուկ կ'անհետանար անիկա դռնէն անդին, խտացող ստուերին մէջ՝ մինչ իրեն կը հետեւէր մօրը յամր եւ ծանր քայլերուն թաւ աղմուկը:

Փոխանակ երջանկացնելու, ուրեմն դժբախտացուցե՞ր էր այդ խոնարհ եւ մեկուսացած ընտանիքը. Ալի Հասանի խղճմտանքը կը յանդիմանէր զինքը. ուրեմն իր առաջին հանդիպումը Ատիլէի հետ չարի՞ք մը եղած էր: Հիմակ մնացած Իպրահիմի հետ, կը տեսնէր որ անոր շրթները կը դողդոջէին եւ ինքը չէր գիտեր որ կ'աղօթէ՞ր թէ կ'անիծէր անիկա. այլ սակայն ինքն ալ դժբախտ էր, խորապէս *դժբախտ եւ եկած էր ներողութիւն եւ հաշտութիւն խնդրելու այդ պատկառելի ծերունիէն։*

Իպրահիմ լուռ եւ խոժոռ նստեր էր անկողնին մէջ եւ յուզմունքին սաստկութենէն գլուխը կը շարժէր անշարժ իրանին վրայ. կարկամած մատները ջղաձգօրէն կը գալարուէին վերմակին վրայ ու անիկա ցաւատանջ ու միանգամայն աՀաբեկող երեւոյթ մը ունէր, ատելութիւնը ու զայրոյթը կը գոռային անոր գլխուն մէջ։

Ալի Հասան ոտքի կեցած, տաժանելիօրէն քրտինքը կը սրբէր ճակտին վրայէն ու աչքերը գետինը յառած կը մնար չՀամարձակելով ոչ շարժում մը ընել, ոչ խօսք մը արտասանել. վերջապէս սակայն մօտիկցաւ ծերունիին, գետին Հակեցաւ եւ ուզելով անոր ձեռքը Համբուրել՝ ծնրադրեց անկողնին քով։

— «Պապաճիմ... ներէ՛ ինծի... ներէ՛ ինծի։» Ծերունիին աչքերը դարձան։

— «Ո՛չ, ո՛չ, ատելութիւնը քիչ անգամ եկած բոյն դրած է Հոգիիս մէջ, բայց երբ անգամ մը Հոն է՜ ...»

Ծերունին դանդաղօրէն բռունցքը վերցուց եւ որովՀետեւ բազուկին շարժումներուն տէրը չէր, անիկա միջոցին մէջ պաՀ մը դեդեւելէ ետքը ինկաւ կուրծքին վրայ խոր Հեւք մը արձակել տալով իրեն։

Սոսկալի լռութիւն մը յաջորդեց։

Իր զգացած ճնշումին մէջ Ալի Հասան մոռցեր էր իր սիրոյ երազները, իր ցանկութեան նպաները ու Հիմա միակ մտածում մը ունէր, Հեռանալ Իպրահիմի Հրաշէկ գամի պէս իր սիրտին մէջ մխուող նայուածքէն. բայց այդ նայուածքը ՀետզՀետէ թուլցաւ, ծերունիին շրթները կրկին սկսան դողդոջել՝ յամրօրէն շարժելով մօրուքը կուրծքին վրայ, անոր պղնձագոյն ճակատը խորշոմեցաւ ու դառնութեան եւ յուսաՀատութեան ստուեր մը անցաւ դէմքին վրայէն։

— «Ո՜վ Աստուած, ամենակարող եւ Հզօր, ո՞ր անծանօթ յանձանքիս պատիժն էր այս. մեղանչեր եմ ուրեմն անգիտակցութեամբ, քանի որ ո՛չ վատ, ո՛չ անարդար եւ ո՛չ ալ փցուն եղեր եմ կեանքիս մէջ... ո՜վ Աստուած, ամենակարող եւ Հզօր, ինչո՞ւ ինծի մոռցար այս աշխարՀիս վրայ. ուրեմն՝ իմ ճակատս գրուած էր դառնութեամբ եւ սրտմտութիւնո՞վ մեռնիլ խաղաղութեամբ ապրելէ ետքը...»

— «Պապաճի՜ մ…», կը թոթովէր Ալի Հասան խորապէս զգացուած ծերունիին ցաւէն, «ներէ՛ ինծի, միայն ներէ՛ եւ ուրիշ բան չեմ ուզեր ես:»

Ուրուականային նայուածք մը, կարծես աննշմարելի մշուշի մը ետեւէն աղօտացած կը նայէր զինուորականին. կը տեսնէ՞ր զինքը ծերունին. գիտէ՞ր թէ ո՛վ էր ինքը, զառանցանքներ չէի՞ն անոր բերնէն ելած խօսքերը. Ալլահ, Ալլա՜հ… ողորմէ՛ մեզի. Իպրահիմ այդ անցեալ եւ արդէն մեռած ոգիի նայուածքով կը խօսէր իրեն հետզհետէ մեղմ եւ ողբական շեշտով մը:

— «Ես խոնարհ էի եւ մեծութեան չէի ցանկար, համակերպելով բախտին ընծայած բոլոր դժուարութիւններուն. չէի նետուած կեանքի փոթորկալի ալիքներուն մէջ եւ ափունքը կեցած հեռուէն կը դիտէի ուրիշներուն սոսկալի եւ արիւնոտ պայքարը. Աստծոյ անվիճելի կամքովը արեւին լոյսը ընծայուեր էր աչքերուս եւ ապրելու ուրախութիւնը իբր Աստուածային շնորհ վայելեցի… իմ կեանքս շուք չէ ձգած ուէէ մարդկային արարածի վրայ եւ կերած հացս իմ արդար իրաւունքս եղած է: Ո՛չ մէկ օր եւ ո՛չ մէկ ժամ չեմ խափաներ ուրիշին երջանկութիւնը ու վայրի ծառի պէս ապրեր եմ առանձնութեան եւ խաղաղութեան մէջ… Երկար ատեն անզաւակ մնացած ըլլալով, համակերպած էի արդէն իմ բախտիս երբ Աստծոյ շնորհը մեր վրայ ճառագայթեց ու Ատիլէս աշխարհ եկաւ. երբ առաջին անգամ շրթներուն ժպիտը տեսայ, կարծես նոր արեւ մը ծագեցաւ ինծի համար. ան իմ միակ ինչքս, իմ միակ երջանկութիւնս դարձաւ, իրմով ուրախացայ եւ իրմով մանկացայ… անիկա իմ ճերմակ աղաւնիս էր, իմ աչքիս լոյսը, իմ սրտիս ջերմութիւնը… ու ահա օր մը ուրուրը մտաւ իմ տանս մէջ… օ՜ֆ…»

— «Ես վատ ու անարժան մարդ եմ, խղճա՛ իմ վրաս ու ներէ՛ ինծի…»

—«Աստծոյ դիմէ քու յանձանքիդ քաւութեանը համար, միայն Ան է մեծ, ամենաբարի եւ անյիշաչար… Ես, Իպրահի՛մ, անհաշտ ատելութեամբ կ'ատեմ քեզի, դուն իմ թշնամիս ես, դուն իմ աղջկանս դահիճը…»

Հեծեծագին լաց մը խափանեց ծերունիին խօսքերը: Ալի Հասան լալու անվարժ մարդու ուժգնութեամբ կ'արտասուէր, իր լայն եւ հուժկու ուսերը ծռած էին դէպ առաջ եւ ամէն մէկ հեծմունքին կուրծքը տաժանքով կը թնդար. բայց երբ միջոց մը շնչասպառ՝ լռեց, իրեն թուեցաւ որ հեռուէն ուրիշ հեծեծանք մը, աւելի մեղմ, աւելի ներդաշնակ, կը պատասխանէր իր լացին։

Յուսահատած մեկնեցաւ Ալի Հասան, առանց հաշտութեան բարեւ մը կարենալ առնելու ծերունիէն, որ իր բոլոր աղերսանքներուն անողոք յամառութեամբ պատասխանեց.

— «Ո՛չ, ո՛չ…, այլեւս մէկ պարտաւորութիւն ունիս մեզի հանդէպ, պէտք է արձակես աղջիկս…»

Ալի Հասան չհամարձակեցաւ խօսիլ իր օրինական իրաւունքներուն վրայ, չմտաբերեց անսաստել այդ տարօրնակ ծերունիին ատելութեան եւ երբ տանը սեմէն դուրս ելաւ, անսահման դժբախտութեան մը զգացումը ունեցաւ եւ ի զուր աչքերը յառեց պարտէզին հեռաւորութիւններուն։ Ամէն կողմ ցուրտ, ձիւն, ամայութիւն եւ Ատիլէի սենեակին վանդակներուն ետեւէն ի զուր ձգտեցաւ կնոջը ցաւագին *սիլուէթը* տեսնել եւ գոնէ հաճելի յիշատակ մը պահել այդ տխուր այցելութենէն։

Քանի մը օրեր անցեր էին եւ Ատիլէի արձակման թուղթը դեռ չէր եկած. ծերունին կը սպասէր զայրացած անհամբերութեամբ եւ կինը համակերպելով իր ամուսնոյն ցանկութեան, ինքն ալ անհամբեր կը դառնար. բայց օրեր եւ օրեր կը սահէին եւ շուք մ'իսկ չէր անցնէր այդ ամայի բարձունքին վրայէն, գերեզմանային լռութիւն կը տիրէր ամէն կողմ եւ կեանքը կ'անցնէր այդ լքուած եւ դժբախտ յարկին ներքեւ այն մռայլ տխրութեամբ որ յուսահատական ցաւերը յառաջ կը բերեն։

Ալի Հասանի այցելութենէն ի վեր, միայն Ատիլէ փոփոխութիւն կրեր էր. այդ խոնարհ եւ միամիտ կնոջ հոգիին մէջ ուժգին փոթորիկ մը յառաջ եկած էր , որովհետեւ իր անել կացութիւնը եւ իր զգացումները դէմ առ դէմ կու գային։ Ինքը խուսափելով հանդերձ իր ամուսինէն, անսահման երջանկութիւնով մը տեղեկացեր էր որ Ալի Հասան իրեն կարօտը ունէր, թէ զղջացած էր իրեն ըրած նախատինքին եւ թէ զինքը կը սիրէր ուժգնօրէն. լսեր էր անոր հեծկլտանքը հօրը անկողնին քով եւ սիրտը վառեր էր անօրինակ կրակով մը. որքա՜ն պիտի ուզէր երթալ իր սիրականին քով, զայն ամոքել, անոր արցունքները սրբել եւ իմացնել մանաւանդ որ տրամադիր էր մոռնալու իր կրած ցաւը, խեղդելու իր բուռն սիրոյն մէջ նախանձի զգացումը եւ ամուսնոյն հետեւելու ուր որ կ'ուզէր, ի՜նչ պայմաններու մէջ որ կ'ուզէր. այդ պահուն Ատիլէ ինքզինքը պատրաստ կը զգար ամէն կարգի խոնարհութեան. առանց իր սպային ի՞նչ էր ինքը. անոր կաղնիի հասակին շուքին մէջ ապրիլ, ոտքին փոշին ըլլալ եւ ղուլպան ըլլալ անոր, ի՜նչ հաճոյքով պիտի մեռնէր անոր աչքերուն ներքեւ… Մահը գերագոյն հեշտանքն էր անոր մօտ, անոր տիրական եւ հուժկու սիրոյն մէջ. իր սիրականին ձեռքով տառապիլը միթէ երջանկութիւն չէ՞ր, ինչո՞ւ խուսափեր էր այդ դառն հաճոյքէն. ի՞նչ չէյթան ցցուեր էր հոգիին մէջ այն առտուն եւ զինքը հեռու քշեր տարեր էր իր երջանկութեան սեմէն. իր սիրականը զինքը փայփայած ատեն վիրաւորած էր, բայց հիմա, ցաւի եւ տխրութեան օրերէ վերջն է որ կը զգար այդ հարուածին քաղցրութիւնը. ակամայ նոյնութիւն մը կը զգար իր տիրոջ ձեռքով զոհուած գառնուկին հետ, երբ մատաղի տօնին օրը, սուր դաշոյնը մխած ատեն ոչխարին վզին մէջ, զոհին գեղեցկութիւնը կը գովէր գորովը եւ փաղաքշիչ բառերով…

Այլ սակայն Ատիլէ գիտէր որ իր հոգեկան տրամադրութիւնները, իր ալեկոծուող սէրը անզօր ալիքի մը պէս պիտի փշրուէր հօրը ապառաժեայ կամքին դէմ. գիտէր որ իր հայրը ո՛չ ըսելէ ետքը՝ այո՛, չէր ըսեր. գիտէր ասիկա, նոյնիսկ երբ ինքը տառապէր այդ «ոչ»էն եւ տառապեցնէր իր սիրելիները. հայրը, Իպրահիմ, իր շրթներով արտասանած կամքը չէր ուրանար, անոր հոգին պողպատի պէս կարծր էր. անիկա կը չարչարուէր բայց տեղի չէր տար եւ անիկա իր «ո՛չ»ը արտասաներ էր աղջկանը հաշտութեան դէմ:

Այն իրիկունն իսկ, երբ Ալի Հասան մեկնեցաւ յուսահատած, Իպրահիմ առաջին անգամը ըլլալով երես առ երես խօսեցաւ աղջկանը հետ:

— «Ատիլէ՛», ըսաւ հանդիսաւոր շեշտով մը, ուղիղ նայելով աղջկանը աչքերուն մէջ եւ ատիկա հօր նայուածք չէր, այլ գերադաս մէկու մը հրամայական ակնարկը. — «Ատիլէ՛, քու միջոցաւդ զիս նախատելէ ետքը, այդ անարժան խլամը որ չկրցաւ յարգել ծերունիի մը ճերմակ մօրուքը ու Աստծոյ իրեն շնորհած բախտը, եկաւ ու ներում խնդրեց ինծմէ ու ես մերժեցի…»

Պահ մը լռեց. Ատիլէ ոտքի վրայ կեցած եւ խորապէս յուզուած կ՚արտասուէր լուռ ու անոր աչքերէն արցունքը կը հոսէր առանց ճիգի. բայց անոր տժգունած դէմքին վրայ այնքա՛ն սովորական դարձեր էր արտասուքի խոնաւութիւնը որ Իպրահիմ չհասկցաւ այդ օրուան վիշտին յատուկ նշանակութիւնը:

— «Իմ եւ անոր մէջ ո՛չ մէկ կապ կայ այլեւս», աւելցուց ծերունին, «իր մեղքին քաւութիւնը թո՛ղ Աստուծմէ խնդրէ, Աստուած ամենազօր է եւ ողորմած ու իր տրամադրութիւններն անքննելի են:»

Դարձեալ կանգ առաւ, իր պղնձագոյն դէմքին վրայ կապտացած շրթները կը դողդոջէին առանց բառ մը արտաբերելու, բայց յանկարծ գոռ եւ տիրական ձայնով գոչեց անիկա.

— «Ատիլէ՛, Հրամայեցի իրեն որ արձակէ քեզ…»

— «Այո՛, Հա՛յր…», թոթովեց աղջիկը:

— «Բայց անիկա վատ ու նենգաւոր է ու իմ մահուանս պիտի սպասէ…»

— «Հա՛յր…»

— «Ու դուն պէտք է խոստանաս ինծի, Ատիլէ՛… որ այլեւս երբե՛ք, բայց երբե՛ք չպիտի հաւանիս իր կինը դառնալու:»

Աւելի առատ, արցունքները կը հոսէին աղջկան դէմքին վրայէն ու Իպրահիմ վիզը ձգտած, աչքերը տենդոտ՝ պատասխանին կը սպասէր: Նոյն միջոցին կինը ներս մտաւ ու ահաբեկած հօր ու աղջկան դիրքէն, բազմոցին անկիւնը կծկտեցաւ. անիկա կը դիտէր զանոնք ու կարծես աղէտի մը կը սպասէր:

— «Այո՛, Հայր», ըսաւ վերջապէս Ատիլէ հեծեծագին ու իրեն թուեցաւ որ իր եւ կեանքին միջեւ սեւ վարագոյր մը կ՚իջնէր այդ րոպէին:

Ալի Հասան այն օրուընէ ի վեր ինկած էր մռայլ տխրութեան մը մէջ եւ չէր կրնար իր Իպրահիմի տուած խոստումը կատարել. երբեմն կ՚ըմբոստանար ծերունիին յամառութեան դէմ, երբեմն կը մտածէր գործադրել իր օրինական իրաւունքները, բայց կարծես երկաթէ ձեռք մը արգելք կ՚ըլլար իրեն ու քանի՛ դժուարութիւններ կը շատնային, քանի՛ իր կինը տեսնալը անկարելի կը դառնար, այնքա՛ն աւելի բուռն տենչանքով կը ցանկար անոր. իր քունը խռովուած էր եւ ցորեկները կ՚անցընէր շուարուն անստուգութեան մը մէջ. ամէն պարագայի՝ օրէ օր կը յետաձգէր իր կինը արձակելը, ատով անանցանելի անջրպետ մը չդնելու համար իր եւ կնոջը միջեւ եւ արգիլելու համար Ատիլէի կրկին ամուսնութիւնը, որ մղձաւանջի մը պէս կը հալածէր զինքը:

Երբ Ատիլէ հաշտութեան ոեւէ յոյս կորսնցուց, սեւ տխրութիւնով մը համակուեցաւ, հոգեկան տառապանքներէն տկարացած իր մարմինը մէկէն ենթարկուեցաւ քայքայման: Անիկա հետզհետէ դարձաւ տմոյն *ուրուական մը որ իր ծնողքին աչքին իսկ այլեւս օտար կը թուէր: Քանի Ատիլէ կը տկարանար, այնքան աւելի Իպրահիմ կ՚ամրապնդուէր Ալի Հասանի դէմ ունեցած ատելութեանը մէջ. անոր գաղափարն իսկ պժգալի սողունի մը պէս քստմնելի կը դառնար իրեն: Այլեւս ո՛չ մէկ բառ չէին արտասաներ անցեալին վրայ ու այդ տնակին երեք դժբախտ արարածներն ալ կը սպասէին անօրինակ եւ անխուսափելի աղէտի մը:*

Իպրահիմ շատ աւելի հիւանդ կը զգար ինքզինքը, բայց այլեւս ո՛չ մէկ ցաւի ծամածռութիւն կը տեսնուէր իր դէմքին վրայ. անիկա իր հզօր կամքովը կը յամառէր ապրելու, սպասելով որ իր աղջիկը արձակուէր երբ դեռ իր աչքերը բաց էին:

Այսպէս անցան ձմեռուան մնացեալ օրերը եւ երբ վաղահաս գարունը ժպտեցաւ բնութեան, Ատիլէ պարզ ցրտառութեան մը հետեւանքով անկողին ինկաւ: Երկու շաբաթի չափ բուժարար բոյսերով, աղօթքներով ու կախարդներու հմայեկներով ջանացին գայն ոտքի հանել: Իպրահիմ խնդրեց որ աղջկան անկողինը իր քով փոխադրեն ու ժամեր, ժամեր, լուռ եւ ակնապիշ կը դիտէր անոր աստիճանական հիւծումը: Իբրեւ վերջին ապաւէն, երբ մայրը աջկանը ճերմակեղէնը եւ հագուստը ծրարած՝ ճէմիլի միջոցաւ կը ղրկէր որպէս զի տէրվիշները կարդան անոր վրայ, Իպրահիմ անգամ մըն ալ իր մոլորած աչքերը ուղղելով ճէմիլի, գոռաց դառնութեամբ.

— «Գնա՛, ըսէ՛, այդ վատ արարածին որ արձակէ աղջիկս:»

Օրհնուած ծրարը չէր վերադարձեր երբ Ատիլէ յուզմունքի արտասովոր տագնապի մը մէջ առանց գանգատ մը արտայայտելու մեռաւ ու իր հոգին խուսափեցաւ իր տառապած մարմինէն արագ եւ թեթեւ ոստումով մը:

Արշալոյսը նոր ծագեր էր եւ գարնանային առաւօտներու յատուկ զովութիւն մը կը ցրտացնէր օդը. սենեակին քաֆէսներուն ետեւէն ճերմակ լոյսը կը մաղուէր դողդղալով, Իպրահիմի անկողնին մօտիկ. գետինը, փսիաթին վրայ՝ դրած էին Ատիլէի պատանքուած մարմինը ու մայրը գլխուն վերեւ ծալլապատիկ նստած, ձեռքերը ծունկերուն զարնելով կու լար ու կ՚ըսէր.

— «Վա՜յ, վայ, ինծի… ո՜վ իմ աչքիս լոյսը, իմ հոգիիս ճառագայթը, ինչո՞ւ հոգէառ հրեշտակը չտեսաւ իմ սնարս եւ եկաւ քու սնարիդ վրայ թառեցաւ: Ո՜վ իմ աղաւնիս, եթէ աչքերդ չպիտի բացուին ու շրթներդ չպիտի խնդան, ինչո՞ւ արեւը կը ծագի… ինչո՞ւ ծառերը կը ծաղկին:

Ո՞ւր գացին այտերուդ վարդագոյնը ու աչքերուդ լոյսը, ո՞ւր կը ժպտի քու շրթներուդ ժպիտը: Ո՛վ իմ աչքիս լոյսը, իմ Հոգիիս ճառագայթը, դուն որ մարեցար, ես ինչո՞վ ապրիմ հիմա… վա՜յ, վայ… ինծի»:

Մայրը իր անսահման Համակերպութիւնը եւ լռութիւնը կը խզէր աղջկանը մահուան րոպէին. իր զաւկին բախտը որոշեր ու տնօրիներ էին անոր Հայրն ու ամուսինը ու ինք ձայն չէր ունեցեր. իր կարծիքն իսկ չէին Հարցուցեր ու Հիմակ որ իր մէկ Հատիկը մահուան պատանքներուն մէջ էր, Հիմա՛կ էր միայն որ իր կարգը կու գար խօսելու:

Իպրահիմ լուռ եւ եղերական, չոր եւ տենդոտ աչքերը ուղղած դիմացը, երբեմն միայն խոր Հառաչանք մը կ'արձակէր:

— «Ալլահ… Ալլա՜հ…»

Պարտէզին խոնաւ Հողերուն վրայ օտար ներքաններ կը դեգերէին խուլ աղմուկ մը Հանելով: Իպրահիմ իր կարկամած ու անդամալոյծ անդամներուն վրայ իրանը ցցած, անշարժ բռունցքները գալարուն վերմակին եզերքին, Հետզհետէ աւելի վայրագ՝ կը գոչէր.

— «Ալլա՜հ… Ալլա՜հ…»

Յանկարծ Հեռուէն սրարշաւ ձիու մը սմբակները քառատրոփ թնթացին, պառաւը ականջ դնելով Հասկցաւ ու աՀաբեկած անՀետացաւ մեռելի սենեակէն. մղձաւանջային տագնապի մը մէջ սգաւոր Հայրը իր կարգին մտիկ կ'ընէր ու ժամանակ չունեցաւ մտածումի մը յանգելու, երբ Ալի Հասան երեւցաւ սեմին վրայ: Անիկա այնքան գունատ էր, այնքան ուրուականային որ զարմացուց ծերունին. դէմ առ դէմ զիրար կը սեւեռէին եւ իրենց մէջ դրուած էր գետինը Աթիլէի նրբին մարմինը որ պատանքին մէջ պարուրուած մանկական մարմին մը կը թուէր. երկու այրերը կը շարունակէին իրարու նայիլ կռիւի պատրաստուող անհաշտ թշնամիներու պէս: Երկուքն ալ գալարուած անսահման ցաւով, չէին արտասուեր ու իրենց վիշտը ատելութեան կը փոխուէր:

Վերջապէս Ալի Հասան Հաստատ եւ կորովի քայլերով մօտիկցաւ դիակին եւ առանց ուշադրութիւն ընելու Իպրահիմի աղաղակին՝ Հակեցաւ անոր վրայ:

— «Մի՛, վատ եւ անօրէն մարդ, մի՛ դպչիր աղջկանս:»

Իպրահիմ իր անշարժ սրունքներուն վրայ կը գալարուէր գերմարդկային ջանքեր ընելով կանգնելու եւ բռնի ուժով արգիլելու *համար Ալի Հասանը, իր ձայնը հետզհետէ աւելի գոռ, խուլոտ եւ ահարկու, կուրծքը պատռելով կը բարձրանար.*

— «Մի՛, մի՛ դպչիր աղջկանս…»

Ալի Հասան աւելի ազդուած այդ ձայնէն քան Թէ Իպրահիմի արգելքէն, կեցաւ. յուզմունքի սաստկութենէն ձեռքերը կը դողային ու ծունկերը կը կթոտէին:

— «Իմ կինս, իմ կինս…», կը Թոթովէր անիկա, «կ'ուզեմ վերջին անգամ մը տեսնել զայն:»

Բայց երբ անգամ մըն ալ ինքզինքը գտնալով Ալի Հասան ձեռքը երկնցուց Ատիլէի երեսը քօղարկող պատանքի ծալքին, սարսափած ետ ընկրկեցաւ:

Նոյն րոպէին Իպրահիմ անկողնէն դուրս պոռԹկացեր էր սողալով եւ իր ատելուԹեամբ ու գերմարդկային վիշտով զօրեղացած՝ ծունկերուն վրայ կեցաւ ու իր դեղեւուն բազուկը որ երբեք չէր հնազանդեր իր կամքին, այս անգամ հնազանդեցաւ եւ լախտի մը պէս ինկաւ ծնրադրած Ալի Հասանի գլխուն վրայ. անոր կարկամած մատները գինովի եւ ոգեվարի ջղաձգումներով կառչեցան սպային մազերուն եւ անգամն ալ գոչեց.

— «Ո՜վ անօրէն, ստրուկի զաւա՜կ, մարդկային կեղտի փրփո՜ւր, դուն այլեւս չես կրնար իմ աղջկանս երեսը տեսնել… դուն չուզեցիր զայն արձակել, մահը խլեց զայն քեզմէ…»

— «Իմ կի՜նս, իմ կի՜նս», կը կրկնէր Ալի Հասան խելակորոյս:

Բայց ծերունին արհամարհելով անոր վիշտը, շարունակեց.

— «Այլեւս կինդ չէ ան, նիքեահը պօչ է ու քու եւ իր մէջ նամէհրամ կայ…»

Ու Իպրահիմ իր ազատ մնացած ձեռքովը խլեց Ալի Հասանի ձեռքէն պատանքին ծալքը ու անով ամբողջապէս քօղարկեց իր աղջկանը դէմքը:

Ճապկէլ խասլեան՝ Սեմին վրայ

Մանկան Մը Մահը

Քանի օրերէ ի վեր Րումելիցի գաղթականներու խումբ մը ապաստանած էր առժամանակեայ կերպով Սկիւտարի ծովեզերքի մեծ եւ գեղեցիկ մզկիթին բակին մէջ. անոնք, առանց տեղաւորուելու ցիր ու ցան ու անհամբեր իրենց տարտղնուած կարասիի բեկորներուն քով կը սպասէին որ ճամբայ ելլեն եւ հասնին իրենց համար ընտրուած եւ անծանօթ նոր գաղթավայրերը:

Կիները մեծամասնութիւն կը կազմէին եւ անոնք պառաւ թէ երիտասարդ իրենց տժգունած դէմքերուն վրայ կը կրէին այնպիսի վշտագին զարմացում մը ուրկէ կարծես երբեք չպիտի սթափէին. տաժանելի եւ սոսկալի հանգրուաններէ աստիճանաբար անցած ըլլալով անոնք այլեւս մարդակերպ եւ անձեւ արարածներու վերածուած էին, փաթթուած ցնցոտիներու մէջ, քօղարկուած քօղի ծուէններու իրենց հետ եղող ամէն հասակէ տղաքը կիսամերկ էին, ոմանք վէրքերով եւ կեղտով ծածկուած, իսկ այրերը կամ ծեր էին, կամ հաշմանդամ ու կամ փախստական վիրաւոր: Հոգեկան եւ նիւթական արտակարգ թշուառութիւնը զանոնք վերածեր էր սոսկալի զանգուածի մը որ իր քստմնելի եւ բազմաթիւ կերպարանքներով կը պատկերացնէր ամբողջ արհաւիրքը անյաջող պատերազմին:

Օրն ի բուն, մեծ ճամբուն վրայէն մեկնող գաղթականներու երկար չարքը կ՚անցնէր եւ անընդհատ թնդացող թնդանօթի հեռաւոր որոտումին կը խառնուէր երբեմն մեկնողներու ժխորը ու անոնց ընկերացող տաւարներուն հայրենաբաղձ եւ ցաւագին բառաչիւնը:

Շուրջանակի նստած, սգաւոր եւ գաղթական կիները յանկարծ արթննալով իրենց ցաւագին յիշատակներուն մէջ կ՚ողբային, կ՚անիծէին ու կ՚աւաղէին, մինչ տղաքը հաւաքուած ապտէսի բազմածորակ աղբիւրին շուրջը, կամ հինաւուրց թթենիին եւ սօսիին հովանիներուն ներքեւ, պատերազմ կը խաղային աղէտալի դէպքերու զանազան դրուագներ վերապրելով: Յետոյ կը տիրէր բացարձակ լռութիւն. ամէնքն ալ մեծ թէ փոքր, կ՚ընդարմանային իրենց ցաւին մէջ անշարժացած ու անխօս, անգիտակցաբար օրօրուելով հեռուէն անընդհատ թնդացող հրետանիին որոտումովը:

Միջօրէի պայծառ եւ արեւոտ երկինքը կը շողշողայ. երբեմն, աւելի ուժգին լուսեղէն թրթռացում մը անօսրացած օդին մէջէն անցնելով կայծկլտումներու հրախաղութիւն մը կը վառէ, ամէն ինչ ոսկիի վերածուած է, գաղթականներու ցնցոտիները իրենց հինաւուրց երանգները կ''արտացոլան. անշարժացած ծառերը գրեթէ կ'աննիւթանան ճերմկորած եւ լուսեղէն մշուշի մը մէջ. գետնի փոշին, ու աղբին անդին տարուբերուող սարդի ոստայնի թելերն իսկ ոսկեթելերու վերածուած են: Մեծ, հսկայ, մաքրական եւ պատկառելի, մզկիթին սիլուէդը կը կանգնի այս լոյսի եւ պայծառութեան փառքին մէջ իր գմբէթներուն շնորհալի եւ լայնատարած կորութիւններով. աւելի վեր, մինարէներու սուր սլացումները հետզհետէ անօսրանալով անտանելի կը դառնան եւ կը խառնուին երկնային ճաճանչագեղ մթնոլորտին:

Վարը՝ մզկիթը շրջապատող հովանիին ներքեւ սիւներուն ետեւները կամ մուտքի փոքր գմբէթին ներքեւ, որ կապոյտով եւ ոսկիով դրուագուած, շնորհալիօրէն կը կամարանայ, գաղթականները, գրաւած սովորական մուրացիկներու տեղերը, անհամբերութենէ եւ ձանձրոյթէ կը տառապին. անոնք այլեւս յոգնած իրենց վիշտէն եւ ընտելացած արդէն թշուառութեան կը խօսակցին մեկնումի եւ նոր կեանքի ծրագիրներու վրայ:

Երիտասարդ կին մը միայն, անմասն կը մնայ այդ խօսակցութենէն եւ յոյսերէն: Անիկա մէկ կողմ ծունկի վրայ նստած է եւ փոքրիկ մը ունի գիրկին մէջ: Գլուխը ծածկած ճերմակ լաչակով եւ անգոյն ցնցոտի մը քիթին վրայէն կապուած, կը ծածկէ բերանը ու դէմքին վարի մասը. բայց աչքերը խոնաւ են երկայն թարթիչներուն ներքեւէն եւ ցաւագին գորովանքով մը անձկալի՝ կը վառին տժգոյն եւ լայն դէմքին վրայ. անիկա երբեմն կը յառէ իր նայուածքը հիւանդ զաւկին վրայ ու ամէն անգամուն, ա՛լ աւելի անձկալի աչքերը կը տարտամին լուսեղէն մթնոլորտին մէջ:

Որովհետեւ փոքրիկը կը ճչէ եւ չուզեր քնանալ բեկ-բեկ չեչտերով, անոր ցաւի ճիչը կը բարձրանայ, կը մարի, կը վերսկսի, ու երբեմն ալ կ'երկարաձգուի տաժանելի շնչառութիւնը դադրեցնելով. ու ամէն աղաղակին փոխ մարմինը կը ձգտուի, կապկպուած անդամները կը գալարուին եւ ամբողջ էութիւնը կը դողդղայ ցաւի աղաղակներուն հետ:

Քանի մը ամսու կայ արդէն բայց անիկա ամէն օր աւելի թեթեւ կը կշռէ մօրը բազուկներուն վրայ, եւ արդէն ստացեր է վիժածի քստմնելի երեւոյթ մը. ճակատը լայնցեր, ու գանկը կակուղցեր է. փաթթուած ճակատին ներքեւէն աչքերը լայն բացուած եւ ցաւագինօրէն ապշած, կարծես կը գրաւեն բոլոր դէմքը. ու ամէն անգամ որ բերանը կը բանայ ծամածռելով, պրկուած շրթներուն մէջէն կը տեսնուին արդէն իսկ տժգունած լինտերը եւ տենդէն չորցած լեզուն որ կը թրթռայ լարի մը պէս:

Փոքրիկը չուզէր քնանալ ու սիրտը թունդ ելած, մայրը կը ջանայ զայն հանդարտեցնել. լսեր է որ տղոց յատուկ հիւանդութիւններու համաճարակ կայ գաղթականներու մէջ եւ ինքը վախով կը մտածէ իր զաւկին կեանքին վրայ. լսեր է թէ ինչպէս մայրեր, միանալու համար մեկնող խումբերու՝ լքեր են իրենց մահամերձ տղաքը, ու եղեր են որ այդ սոսկալի ճամբորդութեան ընթացքին ամէն մէկ հանգրուանին սիրելիներ թողեր ու հեռացեր են հետզհետէ քիչնալով:

Արեւը կը խտղտացնէ դժբախտ մօր աչքերը եւ չուրջի չքեղ եւ լուսաւոր գեղեցկութիւնը անգութ եւ թշնամական կը թուի իրեն ու օտար իր ցաւերուն. ինքն ալ չի գիտէր թէ ինչ կը զգայ բայց տարտամ սպառնալիքներ կը բարձրանան մինչեւ իր շուրթները երբ ծունկի վրայ չոքած, կը սեղմէ փոքրիկը իր կուրծքին վրայ, ու կը ջանայ զայն ամոքել. մայրական կուրծքին մերձաւորութիւնը, անոր բազուկներուն օրօրումը պահ մը կը լռեցնեն մանկիկը բայց ահա ցաւը կ՚արթննայ, կը գրաւէ անոր դիւրաբեկ էութիւնը, հիւանդ տղեկը կը բանայ աչքերը, կ՚ընդլայնէ բիբերը ու կը գոչէ երկարաձգելով իր աղաղակը մինչեւ շնչասպառութիւն:

Ոչ ոք կ՚ուզէ իրենց օգնութեան հասնիլ. ահաւոր եղելութիւններ, մղձաւանջային դէպքեր ապառաժի պէս կարծրացուցեր են սրտերը. պառաւները երբեմն սրտնեղած եւ խոժոռ նայուածքներով կը դառնան իր կողմը զինքը մեղադրելով որ կաթը կը խնայէ. հակառակ որ անիկա անխոնջ յամառութեամբ մը ստինքը կը դնէ մանկան բերնին մէջ, անով կ՚ուզէ խափանել սրտաճմլիկ ձայնը, բայց կաթը դուրս կը հոսի երախային ծամածռած բերնէն ու կը սառի կապուտցած շրթներուն վրայ:

Ի՞նչ ցաւ է որ եկեր հաստատուեր է այդ մատղաշ կեանքին մէջ. անոր ժպիտը դեռ չծաղկած մարեր է դէմքին վրայ, անոր աչքերը հազիւ թէ մօրը կերպարանքին ընտանեցած էին եւ ահա ցաւի ամպ մը կը ստուերոտէ զանոնք. անիկա նոր վարժուած էր տեսնել ծառերուն շարժումը, տարուբերուող ստուերները, անիկա նոր անդրադարձած էր արեգակին լուսեղէն կայծկլտումներուն, եւ իր ուրախութեան ճիչերը հազիւ թէ արձագանգ կու տային բնութեան անհամար ձայներուն ընդհատելով խոհուն եւ երկար լռութիւնները որոնց միջոցին յափշտակուած կը նայէր տեսիլքներու եւ ձեւափոխութեանց որոնք անտեսանելի են չափահասներուն:

Աշխարհը՝ մթին քաոս, նոր կը մերկանար իր մշուշներէն, նոր կը բացուէր իր զգայարաններուն համար, նոր կը ստանար ձեւ ու երանգ ու կը կերպարանաւորէր իր այլանդակ եւ հրաշալի տեսիլքները երբ ահա՛, ցաւը ալիքի մը պէս բարձրանալով եւ գրաւելով բոլոր էութիւնը իր մէջ կը խեղդէ անոր իմացականութիւնը եւ զգացողութեանց դիւրաբեկ, անկայուն եւ ցիրուցան կղզեակները. ու ամէն բան կը մտնէ դարձեալ մթութեան եւ անգիտակցութեան մէջ ու կեանքը այդ դիւրաբեկ մարմնին մէջ կը պլպլայ այլեւս մարելու մօտ եղող ճրագի մը նման:

Իրիկուն է. մայր մտնող արեւին վերջին ճառագայթները ծածկելով հորիզոնը խափանող գորշ մշուշները, երանգաւոր կարմրութիւններով կը զարդարեն զայն. բալի գոյն եւ լուսաւոր ամպեր մեղմօրէն կը ձեւափոխուին մինչ աւելի վերեւ ոսկեգոյն երկնակամարին վրայ աւելի ուժգին լուսեղէն գիծեր կ՚անշարժանան, կը խորանան կարծես անծանօթ աշխարհներու վրայ բացուելով: Երեկոյեան լոյսը վարդագոյն, կարմիր թրթռացումներով կը հեւայ ամէն տեղ, մզկիթը բոցավառուած է. բոլոր ապակիները եւ բոլոր մետաղեայ ու յախճապակեայ մասերը կ՚արտացոլան վերջին ճաճանչները զանազան աստիճանաւորումներով:

Յետին ցոլք մը արեւի կ՚իյնայ մահամերձ մանկան դէմքին վրայ, կը լուսաւորէ զայն առանց իր լոյսը եւ ջերմութիւնը թափանցելու անոր սառած դէմքին որուն վրայ աչքերը կը մոլորին ընդլայնուելով:

Գաղթականները ծրարները կապած են եւ բոլորակի նստած իրենց գոյքերուն շուրջ. հրաման եկած է ու հետեւեալ օրը պիտի մեկնին. մզկիթին դռները չփակուած, այրերը հաշմանդամ կամ ծերունի, իրենց ցուպերուն կռթնելով կու գան կը միանան եւ ճակատնին դարձուցած արեւմուտքին, մատներնին խաղցնելով համրիչներու հատիկներուն վրայ կը խոկան լռութեան մէջ. մեկնող շոգենաւերու թաւ կամ սուր սուլոցները կ'անցնին մթնոլորտը պատռելով եւ ատեն մը անոնց արձագանգը կը հնչէ հետզհետէ դողալով ու մարելով. մօտակայ չուկայի ժխորը ու անցնող կառքերուն թաւալող աղմուկը կը խռովէ զիրենք. հոգիները թունդ կ'ելլեն ու աղէտին յիշատակը սուր կերպով կը վիրաւորէ ամենուն վիշտով ընդարմացած ուղեղները. պառաւ մը իր սպաննուած զաւակը կ'ոգեկոչէ.

— «*Օղլո՜ւմ... օղլո՜ւմ*»:

Երիտասարդ կինը աչքերը սեւեռած մահամերձ մանուկին արեւով ողողուած դէմքին, ցաւագին զարմացումով մը կը նայի անոր. փոքրիկը այլեւս չի ճչար, անոր շրթները կի գալարուին, դէմքը կը ծամածռի, ճչալու բոլոր շարժումները կ'ընէ բայց ձայնը մարած կը մնայ. ու այս համր գալարումը ցաւէն հրէշային համեմատութիւն մը կը ստանայ արեւին վերջին ճաճանչներուն ներքեւ ու կը լուսաւորէ բոցեղէն ցոլքերով ոգեվարին դիմակը:

Մօրը առջինեկն էր. ու հոն, հեռաւոր գիւղակին մէջ, գարնանային գաղջ եւ գեղեցիկ իրիկուն մը աշխարհ եկած էր, անոր գալուստը յաղթանակ մը նկատած էին որովհետեւ հայրը փառաւորուեր էր արու զաւակ մը ունենալուն համար:

Ո՞ւր էր հայրը... ո՞ւր էին այդ ուրախութեան պահերը... Խաղաղ եւ տափարակ դաշտանկար մը կը բացուի յանկարծ իր դիմաց. նոր հերկուած հողի խորտուբորտ տարածութիւններու վրայ պտղատու ծառեր, սադին անդին կը կանգնին իրենց շուքը երկարելով արեւոտ դաշտերուն մէջ. հեռաւոր հորիզոնին թանձր կապոյտին մէջէն եզերու եւ ոչխարներու հօտերը կը յայտնուին, կը ցրուին ճերմակ եւ շարժուն արատներ կազմելով... Երկինքին վրայէն արագ, արագ գորշ եւ ճերմակ ամպեր կ'անցնին ու կ'երթան շուքի մէջ ձգելով գիւղին տանիքները որոնցմէ ծուխի գիծեր հանդարտօրէն կը բարձրանան եւ կ'անօսրանան:

Երիտասարդ կինը իր աչքերը կ'ուզէ սեւեռել այդ անցեալ եւ երջանիկ կեանքին վրայ, բայց արցունքով ծանրացած անոնք կը հանդիպին մանկան նայուածքին որոնք այլեւս ոչ թէ երախայի այլ գիտակ ու տառապած մարդու արտայայտութիւն ունին, անոնք այդ մէկ քանի րոպէներուն ցաւով գերագրգռուած եւ հասունցած անցած էին մարդկային տառապանքի բոլոր տագնապալի փուլերէն. փոքրիկը այլեւս պառաւի կնճռոտ եւ խորշոմած դէմք մը կը կրէ որուն վրայ աչքերը կը զարմանան, կը զայրանան, կ'ըմբոստանան բայց մանաւանդ ապշած կը սեւեռեն կարծես անըմբռնելի եւ անօրինակ տեսիլքներու վրայ, մինչեւ որ յոգնած եւ համակերպած մեղմօրէն մարեցան կոպերուն ներքեւ...

Արեւը անգամ մըն ալ ճաճանչեց եւ անհետացաւ: Լոյսի տժգոյն անցք մը խուսափելով անցաւ երկնքին վրայէն եւ գիշերուան ստուերները սկսան յամրօրէն եւ ծանրօրէն բարձրանալ երկրէս: Քաղաքին անծանօթ խորքերէն աւելի մութ եւ անձեւ ստուերներ, յանկարծակի կը բարձրանան, կը յայտնուին եւ հսկայական ուրուականներու պէս դողդղալով կ'անցնին միջոցին մէջէն: Մէկիկ, մէկիկ կիները կու գան, կը խմբուին սգաւոր մօրը շուրջ եւ կը ջանան զայն մխիթարել. վաղը առաւօտ որոշուած էր իրենց մեկնումը եւ եթէ մանկան հոգեվարքը երկարէր պիտի հարկադրուէր մայրը մնալ, կամ թողուլ տղան անօգնական, որովհետեւ կարելի չէր եւ արգիլուած էր հիւանդները փոխադրել նոր գաղթավայրերը: Այսպէսով, Աստծոյ օգնութեամբ եւ հրամանով ինքն ալ ազատած էր, անմեղ տղան ալ, փա՜ռք Ողորմածին...

Այլ սակայն, գիշերն ի բուն անմխիթար մայրը արտասուեց ու հեծեծեց, մերժելով քնանալ կամ գոնէ հանգչիլ: Հեռու նստած իր թշուառութեան ընկերներէն գիշերն ի բուն անոր հոգին եղերական աղաղակներով աղաղակեց աչքերը յառած եւրոպական ափունքին որ կը պլպլար անհամար լոյսերով եւ թաղուած կը թուէր անդորր անտարբերութեան մը մէջ, մինչ անընդհատ թնդացող հրետանիին խուլ որոտումը յարատեւօրէն կը խռովէր մթնոլորտը:

Սեմին Վրայ

(Պատկերներ Թրքական Կեանքէ)

Ֆէյզի պէյ քայլերը դանդաղեցուց տեսնելով վերջապէս անցորդ մը ամայի եւ փոշոտ մեծ ճամբուն վրայ: Անիկա կու գար դիմացէն ուսը բեռնաւոր արմատախիլ մատղաշ ծառով մը եւ միւս ձեռքը բռնած բահ:

Երբ բաւական մօտեցաւ, Ֆէյզի պէյ դիմաւորեց զայն եւ ձեռքով բարեւելով ըսաւ.

— «Եղբայրութի՜ւն…»

— «Եղբայրութի՜ւն…» պատասխանեց գիւղացին կանգ առնելով:

Այն ատեն Ֆէյզի իր ընկերոջ՝ ՆաՀատի բնակարանը Հարցուց անցորդին:

Գիւղացին կասկածոտ դարձաւ բայց անտարբերութիւն ձեւացուց: Գրպանէն Հանեց կարմիր Թաշկինակը եւ ճակատը եւ երեսը սրբելով խուսափուկ նայուածքներ կ'ուղղէր Ֆէյզի պէյին եւ զայն կը քննէր:

— «Մեր տունը կը Հարցնէք», ըսաւ վերջապէս ժպտելով եւ առաջարկեց առաջնորդել Հիւրը:

Ֆէյզի եւ ՆաՀատ Հին ընկերներ էին եւ իրարու մտերմացեր էին իրենց պատանեկան օրերէն: Յետոյ դարձեր էին գաղափարական ընկերներ: Տասը տարի առաջ Ֆէյզի մեկներ էր Պոլսէն ուսանելու Համար Փարիզի մէջ բայց երբ աւարտեր էր Հարկադրուեր էր մնալ օտարութեան մէջ, նոյնիսկ Հօրը խորՀուրդով որովՀետեւ երիտասարդ եւ Համալսարանական ըլլալը, ըստ ինքնեան Հանցանք էր այդ օրերուն: ՆաՀատ մնացեր էր Թուրքիա բայց երկու ընկերները իրենց մտերմութիւնը պաՀպաներ էին գաղտնի ԹղԹակցուԹեամբ: Իրենց տխուր եւ անյոյս երիտասարդութեան այդ երկար տարիներուն, մէկը՝ երկրին մէջ արգելափակուած, միւսը՝ օտարութեան մէջ վտարանդի, մէկ մխիԹարութիւն ունեցեր էին: Այն էր իրարմէ ստացած երկար նամակները որոնց մէջ իրարու կը Հաղորդէին իրենց դժբախտ երկրին վերածնունդի Համար կազմած երազները եւ գործունէութեան զանազան ծրագիրներ: Բայց ՀետզՀետէ բոլոր այն ուժերը որոնց վրայ կը յուսային ջախջախուեր էին: Բռնապետութեան մեռեալ տարիներու ընթացքին իրենց ծանօթութեան շրջանակին մէջ եղող բոլոր երիտասարդները կամ զինաթափ եղեր ու պաշտօնի անցեր էին կամ անհետացեր ու քշուեր էին Անատոլուի խորքերը:

Ֆէյզի պէյ իր յոյսը չէր կորսնցուցած սակայն եւ տարիէ մը ի վեր փորձեր ըրեր էր մտնելու երկիր ուր պիտի կրնար աջակցիլ բռնապետութեան դէմ ապստամբութիւն կազմակերպող մարմիններուն:

Բայց ահա քանի մը ամիս առաջ երբ իր ոգեւորութեան թափին մէջ յաջողեր էր նամակ մը հասցնել իր ընկերոջ, յուսալով որ պիտի գործէր անոր հետ, ստացեր էր պատասխան մը որ զինքը խռովեր էր եւ տարակոյսի մատներ: Կրնա՞ր ըլլալ որ իր հաւատարիմ բարեկամը, առիւծի պէս արի Նահատը իր կարգին հիւծուած ըլլար բարոյապէս: Այդպէս բան Ֆէյզի չէր ուզեր երեւակայել: Բայց ինչպէ՞ս պէտք էր բացատրել կազմակերպուող շարժումի մասին Նահատի յայտնած թերահաւատութիւնը եւ մանաւանդ խորշանքը այն աջակցութեան մասին որ քաղաքակիրթ պետութիւններէն ոմանք կը խոստանային յեղափոխական Թուրքերուն եթէ յաջողէին շարժում մը յառաջ բերել երկրին մէջ եւ տապալել բռնապետութիւնը:

Ֆէյզի պէյ խորհելով որ շուտով պիտի մտնայ երկիր այլեւս չէր պատասխաներ իր ընկերոջ նամակին եւ հիմակ մտքովը պատրաստելով իր առարկութիւնները չէր կարող ինքզինքը ազատել տարտամ մտահոգութենէ մը՝ ինչպէ՞ս պիտի գտնար Նահատը: Կը վերյիշէր անոր անկեղծ դէմքը, քիչ մը կոպիտ շարժուձեւը, բայց նաեւ պարզ եւ անարուեստ հոգին: Անոր գորշորակ աչքերուն մէջ կ'արտացոլար իր ուժեղ եւ անխարդախ խառնուածքին պայծառ հանգստութիւնը: Կարելի՞ էր որ այդ աչքերը պղտորուած ըլլային ոեւէ վատութեամբ:

Քալելով լուին գիւղացիի կողքին Ֆէյզի զգուշութեամբ կը հարցուփորձէր զայն:

— «Ուրեմն Նահատ պէյ վաղո՞ւց անցեր է ասիական ափը»:

— «Հօրը մահուընէ յետոյ, պէյս քրոջը հետ եկաւ Լիպատէ եւ կը զբաղի հողագործութեամբ. ես կը ծառայեմ իր մօտ»:

— «Կալուածը գնե՞ց թէ ունէր արդէն»:

— «Մօրենական ժառանգութիւն էր երեսի վրայ մնացած: Նահատ պէյ կը նախընտրէ այս դժուար օրերուն քաշուած ապրիլ»:

Գիւղացին իր արտասանած բառերէն վախվխած շուրջը նայեցաւ, յետոյ հառաչեց ու այլեւս լռեց:

Ամառը իր վերջաւորութեան կը մօտենար եւ բնութիւնը ստացեր էր անցնելու վրայ եղող գոյներու եւ լոյսերու փափկութիւնը: Հեռաւոր բլուրները կ՛ընդնշմարուէին ճերմակ մշուշի մը մէջէն: Երկինքին վրայ կը թաւալէին ամպեր, տեղ-տեղ բոցավառ եւ կարծես մթնոլորտին կը փոխանցէին իրենց յարափոփոխ ձեւերուն եւ գոյներուն սարսուռը:

Գիւղացին կանգ առաւ եւ թեւը երկարեց դէպի արեւելք: Ծփուն եւ լուսեղէն անորոշութեան մը մէջ կը յայտնուէին կարմիր կղմինտրներով ծածկուած տանիքներ: Նոճիի մը սուր սիլուէթը կը բարձրանար ետեւէն: Մերձաւոր դաշտավայրերէն հնձուած խոտերու եւ յարդի մեղմ բուրմունքը կը ծածանէր օդին մէջ որ ծանրաբեռնուած էր անհամար բզէզներու խելայեղ պարերով եւ ոսկեկիտուած՝ անոնց բզզացող մարմիններու կայծկլտումներով:

Հեռուէն կ՛երգէր վազող ջուրի մը խոխոջը:

— «Ջառիվերը բաւական երկար էր», մրմնջեց Ֆէյզի եւ շնորհակալ եղաւ գիւղացիին: «Շեղեցի քեզ ճամբէդ, բայց ներողամիտ եղի՛ր… ես ալ օտար չեմ. Նահատ եւ ես դպրոցական ընկերներ ենք»:

Գիւղացիին խորշոմած դէմքը պարզուեցաւ. մանր եւ սուր աչքերը ժպտեցան. ձեռքով բարեւեց եւ հրաժեշտ առաւ:

Երբ Ֆէյզի մինակ մնաց կրկին յուզմունքը գրաւեց զինքը: Մայրական բնութեան խաղաղութիւնը հակադրութիւն կը կազմէր իր խռովուած հոգիին եւ կը տանջէր զինքը: Ի՞նչպէս պիտի գտնար իր հին ընկերը, Նահատը: Միահեծան բռնապետութիւնը կարծես համբօրէն ծծեր էր արիւնը նոյնիսկ անոնց որ արի էին եւ յանդուգն: Անյոյս տխրութեան թանձր քօղ մը ծածկեր էր ամբողջ երկիրը. բոլոր ձայները խեղդուեր էին եւ աչքերու մէջ լոյս չէր մնացեր այլեւս:

Մօտաւոր արօտատեղիներէն մժեղներէ անհանգիստ տաւարներու երկայն եւ թախծալի բառաչիւնը անցաւ միջոցին մէջէն եւ լռութիւնը կրկին տիրեց:

Ֆէյզի պէյ սթափեցաւ եւ յառաջացաւ դէպի կարմիր կղմինտրները:

Մշակուած դաշտերու մէջտեղ երկարող արահետէ մը Ֆէյզի կը քալէր դէպի տունը շրջապատող պարտէզի մը ցանկապատը: Դուռը բաց էր եւ մտաւ: Հեռուն գամբռ մը սկսաւ հաջել. աւելի հեռուէն կը լսուէր արտեզեան ջրհորի մը միօրինակ եւ ճռնչող եղանակը: Սօսիի մը

Հովանիին տակ, գետինը փռուած փսիաթի մը վրայ պառաւ մը երկարած էր արմուկը յենած գետնին եւ գլուխը ափին դրած։ Անդին ծառերու շարքի մը արանքէն ճերմակ եւ մատղաշ սիլուէթ մը անցաւ ստուերի պէս։

— «Սաֆիյէ՜», պոռաց պառաւը գլուխը բարձրացնելով, «կանչէ՛ եղբայրդ, մարդ կայ դրան առաջ»։

Յետոյ ուսերուն վրայէն քօղը բարձրացուց գլխին, ոտքի ելաւ եւ մտաւ տուն։

— «Սաֆիյէ՜», լսուեցաւ առնական ձայն մը, «Ճեմալը ո՞ւր է»։

Ֆէյզի պէյ վարանոտ կը մնար։ Կրկին ճերմակ սիլուէթը յայտնուեցաւ, մօտեցաւ եւ ձեռքը դնելով իբրեւ լուսարգել ճակատին, նայեցաւ իրեն։ Աղջկան ետեւէն յաղթանդամ երիտասարդ մը, հագուած պարզ շապիկ եւ գորշ կտաւէ տափատ, յառաջացաւ դէպ իրեն։

— «Նահա՛տ», գոչեց Ֆէյզի խղդուկ ձայնով։

— «Ֆէյզի՛, սիրելի՛ս»։

Անցնող տարիները այլափոխեր էին երկուքն ալ բայց զիրար ճանչցան եւ ողջագուրուեցան եղբայրաբար։

— «Մտնենք տուն»։

— «Չէ՛, կը նախընտրեմ այստեղ… փսիաթին վրայ…»

— «Ֆէյզի՛, այսպէս ուրեմն…»

— «Նահատ, գիտե՞ս… շաբաթէ մը ի վեր կը փնտռեմ քեզ. ուրկէ՞ կրնայի երեւակայել թէ դու՜ն… ինձ չէիր գրած այս մասին»։

— «Չի գրեցի… անձնական խնդիր էր. նախ հարկադրուած որոշեցի… այնտեղ կեանքը ինձ կը խեղդէր, բայց այժմ շատ գոհ եմ։ Այստեղ մեկուսացած ենք բայց ազատ ենք։ Քանի օրերէ ի վեր կը սպասեմ քեզ, Ֆէյզի՛… Երբ լսեցի որ պիտի վերադառնաս Սթամպոլ, թէ ուրախացայ եւ թէ տխրեցայ»։

Նահատի արեւահար դէմքը կնճռոտեցաւ. գորշագոյն աչքերը մթնցան եւ յօնքերը խոժոռեց։ Տարտամ շարժումով մը ցոյց տուաւ հեռուն քաղաքը եւ մրմնջեց.

— «Դուն ալ ինկար այդ դժողքին մէջ»։

Ֆէյզի պէյ գլուխը ցնցեց մեղմութեամբ։

— «Պէտք է պայքարիլ եւ յաղթել», ըսաւ զուսպ ձայնով։

Նահատ հիացումով կը նայէր իր ընկերոջ:

Ֆէյզի պէյ միջահասակ եւ նիհար երիտասարդ մըն էր: Ֆէսին կարմրութիւնը ճակատին վրայ եւ անոր ներքեւէն երեւցող շագանակագոյն մազերը գրեթէ սեւցած կը ցուցնէին անոր թխորակ մորթը որ պրկուած էր թեթեւ մը ցցուն այտոսկրներուն վրայ: Նուրբ պեխերուն ներքեւէն լեցուն շրթները արհամարհանքի արտայայտութիւն մը ունէին: Զօրաւոր կզակ մը կը շեշտէր իր դէմքին խիստ արտայայտութիւնը բայց սեւ աչքերը գեղեցիկ էին երկայն յօնքերուն տակ իրենց երազուն եւ տարտամօրէն տխուր նայուածքով:

— «Ես կատարեալ գիւղացի դարձեր եմ», ըսաւ Նահատ, յանկարծ ամչնալով իր ցեխոտ ձեռքերէն: Նահատ քանի մը քայլ հեռացաւ եւ կանչեց.

— «Սաֆիյէ՜... ո՞ւր ես կորեր»:

Մօտէն լսելի եղաւ կանացի ձայն մը եւ Սաֆիյէ երեւցաւ:

Անիկա հազիւ քսան տարեկան թխորակ աղջիկ մըն էր: Հագեր էր ճերմակ կտաւէ էնթարի մէջքը բռնուած գօտիով: Եղբօրը մօտենալով անիկա շառագունեցաւ բայց միեւնոյն ատեն իր ժպտուն եւ հետաքրքիր աչքերը դարձուց հիւրին: Կամարաձեւ յօնքեր, թեթեւ աղուամազով մը միացած, խրոխտ արտայայտութիւն կու տային իր սիրուն դէմքին: Ճերմակ քօղը հազիւ կը ծածկէր մէկ կողմին հակած գլուխը եւ մատին ծայրով կը խաղար այտին վրայ ինկած սեւ խոպոպի մը հետ: Դեղին սաթէ մանեակ մը բաց վզին վրայ կը կորանար գլխուն հակած ուղղութեամբ:

— «Սաֆիյէ, քեզ ներկայացնեմ իմ ամենէն սիրելի ընկերս, Ֆէյզի պէյ, որու մասին յաճախ խօսեր եմ քեզի»:

Սաֆիյէ քայլ մը առաւ՝ յետոյ խրտչեցաւ որովհետեւ Ֆէյզի պէյ աչքերը յամառօրէն յառած էր գետնին եւ կարծես դժուարին վիճակի մը մէջ էր: Այդ պահուն երիտասարդը զայրացած էր ինքզինքին դէմ այն անյաղթելի ամչկոտութեան համար որ յանկարծ տիրապետեր էր իրեն: Հիացած էր Նահատի պարզութեան եւ իրեն ցոյց տուած վստահութեան համար: Կարծես անիկա յաղթեր էր ինչ որ անյաղթելի զգացումի: Բայց այդ վստահութեան դէմ մեղանչելու վախը զինքը կը դարձնէր երկչոտ եւ չէր ուզեր աչքերը բարձրացնել Նահատի քրոջը բաց դէմքին: Սաֆիյէ իրեն համար քօղարկուած էր:

Նահատ զգալով իր ընկերոջը ճնշուած դրութիւնը բարեկամութեամբ ժպտեցաւ եւ քոյրը հեռացուց:

— «Սաֆիյէ՜… եկուր ջուր քաշէ որ ձեռքերս լուամ»:

Փսիաթին վրայ ծալլապատիկ նստած երկու ընկերները կը խօսէին եռանդով: Երբ Սաֆիյէ պառաւ հօրաքրոջը հետ վերադարձաւ պարտէզ, Ֆէյզի այլափոխուած էր: Անիկա այլեւս չէր նշմարեր կիներուն ներկայութիւնը եւ կը խօսէր հատու, գրեթէ բիրտ շեշտով մը:

— «Պէտք է հիմէն քանդել ամէն ինչ. ոչ միայն պէտք է տապալել այս անարգ ռեժիմը, ամէն գնով, այլեւ կռիւ պէտք է յայտարարել անցեալին դէմ, կռիւ, անհաշտ կռիւ»:

Նահատ լուռ ու մտածկոտ կը լսէր իր ընկերոջ զայրոյթով լեցուն ձայնը:

— «Պէտք է քանդել եւ նորը կանգնել», շարունակեց Ֆէյզի տեսակ մը արբեցութեան մէջ… «Պէտք է դիմել ամենէն արագ եւ ուղղակի միջոցներուն»:

Արիւնը կը հարուածէր իր քունքերը եւ աչքերը կը մոլորէին իր շուրջը խաղաղ եւ պայծառ գիւղանկարին վրայ: Ինքզինքին դէմ զայրոյթը չէր մեղմացած եւ կարծես յուսահատական ճիգով մը կ'ուզէր խորտակել իր իսկ շղթաները որոնց վիրաւորող ծանրութիւնը զգացեր էր քիչ առաջ: Թեթեւ աղուամազով իրար միացած կամարաձեւ յօնքերը կը հեգնէին կարծես իր անզօրութիւնը: Ճիգ կ'ընէր ինքզինքը զսպելու բայց իր մտածումը կը սուրար իր դիտաւորութիւններէն անդին: Իր հոգին կարծես ոստումներ կ'ընէր աւելի շուտ մօտենալու համար ընդնշմարուող ապագային: Նահատի խոհուն դէմքին առաջ իր մտածումը կը խելայեղէր, յանկարծ ինքզինքը պատրաստ զգաց ամէն կարգի զոհողութեան ու հպարտութեան ալիք մը բարձրացաւ իր խռոված հոգիին մէջ:

Տեսաւ որ երկու կիները դանդաղ քայլերով կը հեռանան, արեւը կ'իջնէր հորիզոնին վրայ: Թխացող ամպի մը ստուերին ներքեւ համապատկերը մթագնեցաւ:

— «Բաւական է որքան երազեցինք, ծրագրեցինք ու մտածեցինք», ըսաւ Ֆէյզի յուսահատ եռանդով: «Պիտի ուրեմն սկսինք գործի եւ ես վստահ եմ, Նահա՛տ, որ քեզ պիտի ունենամ զէնքի ընկեր»:

Նահատ մեղմօրէն մերժողական շարժում մը ըրաւ:

Ֆէյզի չի հասկցաւ այդ շարժումին իմաստը եւ տխրութեամբ աւելցուց.

— «Ինչո՞ւ պիտի խնայենք մեր անպէտք կեանքին. ծներ ենք ստրուկ, ապրեր ենք ստրուկ, գոնէ կը մեռնինք ազատ մարդու մահով»:

Նահատ պիտի խօսէր երբ Սաֆիյէ եկաւ ձեռքը ափսէ մը: Անոր մանրիկ եւ կարմիր մուճակները մեղմօրէն կը ճռնչէին փսիաթին վրայ. մատղաշ հասակը ճկեցաւ մէկ կողմին եւ ափսէն ներկայացուց: Ֆէյզի պէյ դողդղացող ձեռքով առաւ խահուէին բաժակը եւ դրաւ գետին:

Սաֆիյէ ոտքի վրայ կեցած կը նայէր իրեն: Ուժի եւ վայրագ կորովի այնպիսի հզօր արտայայտութիւն մը կ՚արտացոլար երիտասարդ Թուրքի ամբողջ անձէն որ զինքը կը դղրդէր ու կը զարմացնէր: Իրարու միացած եւ խոժոռ յօնքերու նեքեւէն անոր աչքերը կորսնցուցեր էին իրենց տխրութիւնը եւ կը փառէին հրայրքով: Ֆէյզի զգաց երիտասարդ աղջկան նայուածքին ջերմութիւնը եւ գլուխը բարձրացուց: Կամարաձեւ յօնքերը բարձրացան ողորկ ճակատին վրայ եւ Սաֆիյէի լայնաբիբ աչքերը դիմագրաւեցին յրիտասարդին նայուածքը: Այն ատեն Ֆէյզի ինչպէս եթէ նոր տեսած ըլլար զայն, շլացաւ, զարմացաւ եւ յուզուած էութեան ամբողջ թափով կրելով անոր գեղեցկութեան եւ շնորհի ազդեցութիւնը երկարօրէն նայեցաւ ու սարսռաց:

— «Քանի մը հոգիով կատարուած յեղափոխութիւնը պետական հարուած մըն է յաջողութեան պարագային, պատմութիւն՝ եթէ չի յաջողիք: Հիմնական եւ տեւական գործ կատարելու համար պէտք է նախապատրաստել ժողովուրդը, անիկա է որ միայն կրնայ կատարել իրական յեղափոխութիւնը»:

Ֆէյզի պէյ կը լսէր իր ընկերոջ խօսքերը բայց այլեւս չէր կրնար հետեւիլ խօսակցութեան: Կարծես իր որոշումներու եւ դիտաւորութիւններու ամբողջութիւնը խզուած էր: Աչքերը կորսնցուցած էին իրենց խստութիւնը ու մեղմօրէն կը տարտամէին անորոշ կէտերու վրայ մինչեւ որ կը հանդիպէին Սաֆիյէին որ անհանգիստ կ՚երթեւեկէր պարտէզին խորքին մէջ:

— «Ես Անատոլցի եմ եւ Թուրքի որդի Թուրք», շարունակեց Նահատ, «ինչո՞ւ պիտի ուզեմ իմ մտածելակերպս եւ կեանքս պատշաճեցնել Թշնամի եւ օտար գաղափարներու: Եթէ կ՚ուզենք իրապէս ոտքի կանգնիլ պիտի մտնենք ժողովուրդին մէջ, պիտի արթնցնենք իր քնած կեանքը: Անիկա այս վիճակին մէջ անդամալոյծ մարմին է որ մեր

շարժումները կը ծանրացնէ: Երբ ես քեզ այդ նամակը գրեցի երկար մտածեր էի այդ մասին: Կայսրութիւնը չէ որ պէտի փրկենք այլ մեր ժողովուրդը»:

«Ո՛չ, ո՛չ, ես համաձայն չեմ» կը մտածէր Ֆէյզի բայց իր ընելիք առարկութիւնները կը կորսուէին: Որովհետեւ այդ միջոցին մտահոգ էր թէ ի՞նչ մտածեց Սաֆիյէ երբ առաջին պահուն չի համարձակեցաւ նայիլ անոր եւ բարեւել ինչպէս ուեւէ քաղաքակրթուած մարդ: «Այսպէս պէտի ըլլայ ազատագրուած Թրքուհին», կը մտածէր միեւնոյն ատեն դիտելով Սաֆիյէն եւ հիացումով կը նայէր անոր ճկուն շարժուձեւերուն ինչպէս իր աչքին առաջ ունենար իրականացած նպատակի մը պատկերը:

Յանկարծ սթափեցաւ եւ ըսաւ ընկերոջը.

— «Ո՞ւր է այդ ժողովուրդը»:

— «Պէտի գտնանք մեր հարազատ ժողովուրդը ուր որ է, իր բնագավառին մէջ, ո՛չ այնտեղ»:

Նահատ ձեռքովը ցոյց տուաւ հեռու, Թշնամական Սթամպոլը:

Ֆէյզի սրտնեղեցաւ եւ դառն հեգնութեամբ պատասխանեց:

— «Որովհետեւ անցեր ես ասիական ափը կը կարծես որ խնդիրը լուծուա՞ծ է քեզի համար»:

Հեռապատկերը իր ճակատագրին տէր դարձած ժողովուրդին, իրապէս պահ մը բացուեցաւ նաեւ Ֆէյզի պէյին առաջ: Բայց անիկա թուեցաւ հեռաւոր եւ տարտամ նպատակ մը: Առաւել քան երբեք կ՚ուզէր փառքով պայքարիլ, մեռնիլ ի հարկին բայց իր դերը կատարել: Անյագ տենչանք ունէր գործունէութեան եւ մնացեալը կը թուէր մտավախութիւն եւ բնազդական յետաձգում դաժան օրերու:

— «Ո՛չ», պատասխանեց Նահատ լրջութեամբ: «Ես շատ լաւ գիտեմ որ խնդիրը չէ լուծուած ինձ համար: Դեռ ամէն ինչ չփոթ եւ անորոշ է: Այստեղ, այո՛, ժողովուրդի ծոցին մէջ չեմ բայց մեր բնիկ երկրի սեմին վրայ եմ: Թերեւս ես չի յաջողիմ գծել գործունէութեան ծրագիր մը բայց ուրիշները կու գան մեր ետեւէն ու հասկնան: Թուրք ժողովուրդն է որ պէտի փրկէ Թուրքիան. ոչ ես, եւ ոչ դուն»:

— «Նահա՛տ, չե՞ս խորհիր որ այսպէս մեր ճամբաները կը բաժնուին», գոչեց Ֆէյզի յուսահատ:

Նահատ մտածկոտ մնաց պահ մը, բայց անմիջապէս գլուխը շարժեց ժխտական:

— «Մենք իրարու կը միանանք շուտով աւելի մեծ ճանապարհի վրայ»:

Ֆէյզի ոտքի ելաւ եւ մեկնելու պատրաստուեցաւ: Մտադրեց Նահատը հրաւիրել իր քրոջ տունը՝ Սթամպոլ, բայց տատանեցաւ: Միտքը ցրուեցաւ պահ մը եւ նայուածքը խուզարկեց պատէզին խորքը: Յետոյ անմիջապէս խորհեցաւ մնալ քանի մը օր ասիական ափունքը, Պէյլէրպէյ, ուր ծերունի հօրեղբայրը կը բնակէր եւ ուրախութեամբ յայտնեց ընկերոջը:

— «Քանի մը օր ես ալ Անատոլցի եմ, Նահա՛տ, պիտի մնամ հօրեղբօրս տունը, Սկիւտարի մօտ: Յաճախ կը տեսնուինք»:

— «Ֆէյզի՛, եղբա՛յրս», ըսաւ Նահատ խանդաղատանքով, «կը տեսնես որ մենք պարզ մարդիկ ենք: Եկո՛ւր մեզ մօտ երբ որ կարենաս, դեռ կը խօսինք, դեռ շատ կը խօսինք»:

— «Աքանչելի գեղեցիկ պարտէզ մը ունիք», ըսաւ Ֆէյզի ճակտի քրտինքը սրբելով:

Ինքն ալ չէր գիտեր ինչո՞ւ տագնապի մէջ էր. կը դանդաղէր մեկնելու եւ շրթները կը դողային յուզումէն:

— «Երթանք վարդաստան: Քոյրս կը խնամէ վարդենիները», ըսաւ Նահատ:

Երկուքով անցան ածուներու մէջէն եւ ցանկապատի մը առաջ կանգ առին: Սաֆիյէ հակած թուփի մը վրայ՝ ճիւղեր կը յօտէր: Բարձրացաւ եւ ժպտուն աչքերը դարձուց մէկ եղբօրը, մէկ հիւրին:

— «Հրաշք մըն է, պարտէզ չէ», ըսաւ Ֆէյզի Սաֆիյէին որ կը յառաջանար դէպ իրենց, տատանելով:

— «Տաքը շատ էր այս տարի», ըսաւ Սաֆիյէ քաղցր եւ համարձակ ձայնով, «Թուփեր կան որ կրկին պիտի ծաղկէին բայց խուլ մնացին… եթէ գիչ մը անձրեւ գա՜յ…»

Խօսած միջոցին ծռեցաւ թուփի մը վրայ եւ կարմիր վարդ մը քաղելով ներկայացուց Ֆէյզի պէյին:

Փշոտ ցօղունին վրայ իրենց մատները հանդիպեցան եւ իրարու ժպտացին ինչպէս հին եւ սրտակից բարեկամներ:

Տունը ուր կը բնակէր Ֆէյզի պէյի հօրեղբայրը եւ անոր ընտանիքը փայտաշէն կառուցուածք մըն էր: Վանդակապատ եւ փակ պատուհաններուն ետեւ այնպիսի կատարեալ լռութիւն մը կը տիրէր որ դժուար էր ըմբռնել թէ մարդիկ ապրած են ու դեռ կ'ապրին այնտեղ: Այլ սակայն ընտանիքը բազմանդամ էր: Ծերունի հօրեղբօր պառաւ կինը իր աղջիկներուն եւ հարսին հետ փակուած կը մնար իր յարկաբաժնին մէջ, մինչ Սատըգ պէյ կ'երթեւեկէր աննպատակ, կը զբաղէր պարտէզով, անընդհատ կը նորոգէր տանը հինցած մասերը ու մնացեալ ժամանակը կ'անցնէր բակին դրանը առաջք, պարտէզին դիմաց, ուր տաքէն թուլցած շահոքրամներ մինչեւ գետին կը խոնարհէին եւ մէկ եղանակ տեւող ծաղիկներ դանդաղօրէն կը թառամէին արեւին ներքեւ: Յետմիջօրէի քունէն ետքը, երբ մուէզզինը երեկոյեան աղօթքը կ'երգէր մինարէին վրայէն, Սատըգ պէյ իր մշտնջենական խրխային մէջ փաթթուած, երկար եւ յամր կերպով նամազը կ'ընէր, որմէ ետքը կու գար իր յարդարած պարտէզին առաջ խահուէն խմելու եւ նարկիլէն ծխելու:

Ժամանակաւ իր ծառայութեան յատկացուած Նէֆէրը քովը մնացած էր կամովին եւ կը շարունակէր սպասարկել իրեն անտրտունջ հնազանդութեամբ:

Սատըգ պէյ բնականէն շարժումը սիրող եւ անհանդարտ մարդ էր եւ անտանելի կերպով կը ձանձրանար այս անգործութեան կեանքէն բայց ոեւէ նախաձեռնութեան անկարող էր գործ մը, զբաղում մը ստեղծելու համար ինքզինքին: Ձմեռը կը գանգատէր թէ օրերը կարճ են եւ առտու չեղած իրիկունը կու գայ որով կարելի չէ լուրջ գործով զբաղիլ: Իսկ ամառները կը գանգատէր օրերու երկարութենէն երբ ձանձրոյթը կը տիրապետէր ոչ միայն իր անձին այլ ամբողջ տանը: Քանի կը ձանձրանար եւ շօշափելի կերպով կը զգար ընդունայն անցած ժամերուն ծանրութիւնը, այնքան աւելի կ'անշարժանար անգործութեան մէջ ու սնոտի հոգեր, անիմաստ եւ անգոյ սարսափներ կը գրաւէին իր պարապ եւ գորշ կեանքը:

Սատըգ պէյին աւագ զբաղումներէն մէկն էր Նէֆէրին հայհոյել, անոր ծառայութեան կերպերուն մէջ թերութիւններ գտնալ, անոր ցոյց տալ թէ ինչպէս պէտք էր մաքրել բակը, զետեղել իր թիկնաթոռը, լեցնել նարկիլէն, հրահրել անոր մանր կրակները, մաքրել եւ փայլեցնել մետաղեայ մասերը: Ու մինչ Նէֆէլը անշշուկ եւ զինուորական կեցուածքով մտիկ կ'ընէր իր տիրոջ, անիկա կը զայրանար:

— «Անատոլցի Հէօտիւկ… դուն ալ բան մը չըսե՞ս, պատասխան մը չի տա՞ս, Հակառակութեա՞ն Համար դէմս քարի պէս լուռ մնացած ես»: Բայց երբ Նէֆէլը յանդգնէր ոեւէ ճշդում ընել, բերանը բանալ, առաջին վանկին իսկ Սաւրգ պէյի զայրոյթը գերագրգռութեան կը Հասնէր:

— «Շան սերո՜ւնդ, կը յանդգնիս, դո՛ւն, դուն… դէմ խօսելու ինծ… կորսուէ՛ դիմացէս, երեսդ չի տեսնեմ, շուքդ չի տեսնեմ»:

Ու Հազիւ թէ ծառան կ'անՀետանար Սաւրգ պէյ կը գոչէր.

— «ԱՀմէ՛տ, գլուխդ պիտի ճզմեմ, ԱՀմէ՛տ, չի գա՞ս Հրամաններս առնելու»:

Այլ սակայն տէր ու ծառայ իրարմէ գոՀ էին եւ իրարմէ չէին կրնար բաժնուիլ: Երբ տունը կը թնդար վաղեմի զինուորականի ՀայՀոյութիւններէն ու աղաղակներէն, ծառան կը խորՀէր. «Ի՞նչպէս կը սիրէ ինծ. եթէ տէրս ինծ զաւկի պէս չի սիրեր՝ այսչափ նեղութիւն կը քաշէ՞ր, այսքան խօսք կ'ընէ՞ր»:

Աւելի գոՀ պիտի ըլլար որ ծերունին, ինչպէս որ իր շարժուձեւերովը կը սպառնար, ոտքի ելլէր, յարձակէր իր վրայ ու Հարուածէր զինքը: ԱՀմէտի կը թուէր թէ այդ բանը սիրոյ գերագոյն նշան մը պիտի ըլլար իր տիրոջ կողմէն, մինչ ինքը այդ Հարուածները ընդունելով անտրտունջ պիտի ապացուցանէր իր անսաՀման Հաւատարմութիւնը եւ անձնուիրութիւնը:

Իսկ Սաւրգ պէյ իր կողմէն գոՀ էր որ պատճառ մը կը գտնէր ձայնը բարձրացնելու: Քանի իր աղաղակները կը գոռային եւ մարմարեայ բակին մէջ կ'արձագանգէին, Հաճոյքով մտիկ կ'ընէր անոնց Հնչիւնները: Ինքը իր ձայնէն կ'արբենար, կը խելայեղէր որովՀետեւ կը յիշէր իր գործօն պաշտօնի ու փառքի մէջ եղած օրերը: Բայց այդ յիշողութիւնը անմիջապէս կը դառնանար որովՀետեւ կը մտաբերէր իր դժբախտութիւնները: Ինչո՞ւ զինքը ժամանակէն առաջ Հանգստեան կոչած էին, իր *գալիմ* եղբօրը պատճառաւ չէ՞ր… ա՜խ… ա՜խ…

«Դուն ո՞վ, վերէն եկած Հրամանի մը անսաստողը, ո՞վ… ինչի՞դ վստաՀեցար, որո՞ւ վրայ յոյսդ դրիր, անխելք արարած»:

Մտքովը կը փնտռէր թէ արդեօք կարելի՞ է եղբօրը արարքին Համապատասխան ոեւէ յիմարութիւն գտնել աշխարՀիս վրայ:

«Ինքզինքին ըրաւ, ինծ ըրաւ, իմ զաւակներուս ըրաւ… ինքն ալ ընտանիքով *Թարումառ* եղաւ, վա՜խ, վա՜խ»:

Սատըգ պէյի զաւակներէն մէկը ապուշ ծնած էր բայց ժամանակին ամուսնացուցեր էին եւ յաջողեր պաշտօնի դնել: Անիկա ճարպով Թանձրացած, անգոյն, լեցուն եւ Թոյլ դէմքով մարդ մըն էր: Կ՚ապրէր մեքենական կեանքով, անհաղորդ իր ընտանիքին եւ իր ժամանակին, դուրս եւ զերծ ուեւէ մասնաւոր եւ ընդհանուր հոգէ:

Երկրորդ տղան հօրը կը նմանէր եւ նոյն անհանդարտ բնաւորուԹիւնը ունէր: Բայց անիկա չէր մնացած իր պաշտօններուն վրայ: Երեք անգամ ամենամեծ դժուարուԹիւններով տեղաւորեր էին զինքը, բայց ահա երրորդ անգամ պաշտօնանկ եղած էր:

Սատըգ պէյ իր տղուն անյաջողուԹիւնները երբեմն կը վերագրէր իր եղբօրը արարքին որով ամբողջ ընտանիքը արատաւորուած, *միմլէմիշ* եղած էր եւ երբեմն ալ իր տղուն խեռ եւ յանդուգն բնաւորուԹեան:

— «Գլուխ բարձրացնելէ առաջ, գլուխ ծռել սորվելու է, օղլո՜ւմ… երիտասարդուԹեան օրերուդ եԹէ կռնակդ չի կորացնես, ճերմակ մազերով ընելու կը ստիպուիս եւ ծերուԹիւնդ դժբախտ ու անարգուած կ՚ըլլայ»:

Բայց տեսնելով տղուն հեգնական նայուածքը ու անոր շարժումներուն անհամբերուԹիւնը, Սատըգ պէյ կ՚աւաղէր եւ կ՚ըսէր.

— «Հէյ վա՜խ, մեր ժամանակները անդարձ կերպով գացին. հիմակուան երիտասարդուԹեան վրայ խենդուԹեան հով մը կայ»:

Բայց Սատըգ պէյի գլխաւոր եւ անսասան մտահոգուԹիւնը ուրիշ բան էր: Տասը տարի առաջ, այն ժամանակի *սէրագգէրը* զինքը անսպասելի կերպով կանչեր է ու խորհրդաւոր բայց խիստ յանդիմանուԹիւններ ուղղելէ ետքը իրեն իմացուցեր էր որ "*էֆէնտիմիզ*"* նայելով իր ծերուԹեան եւ մինչեւ այդ ժամանակ բարւոք ծառայուԹեան իրեն կը խնայէր ուեւէ պատիժ, բայց զինքը կը զրկէր գործօն ծառայուԹենէ եւ հանգստեան կը կոչէր այլեւս:

Սատըգ պէյ յուզուած, դողդոջուն, սահմռկած անօրինակ սարսափէ մը, բերանը բռնուած մնացեր էր: Ճակատին եւ քունքերուն վրայէն քրտինքը կը կաԹկԹէր: Անիկա այնքան կորսնցուցեր էր իրականուԹեան զգացումը որ չէր յիշեր Թէ ի՞նչպէս դուրս հաներ էին

---

*. Սուլթանը

զինքը: Ժամանակները գէշ էին: «Այո»ի մը «ոչ»ի մը Համար նոյնիսկ Համբաւաւոր եւ ազդեցիկ մարդիկ մէկ օրէն միւսը չնորՀազուրկ կ'ըլլային եւ կ'անՀետանային: Ինքը ի՞նչ էր ըսած, ի՞նչ էր ըրած արդեօք: Սաստիկ պէյ սթափեցաւ դուրսը բաց օդին մէջ: Փակ կառքի մը մէջ, երբ Պապը Ալիէն կ'իջնար, չնորՀազուրկ եւ յանդիմանուած, անիկա պահ մը գտաւ իր կորովը եւ խորՀեցաւ թէ կրնար գանգատիլ, առարկել, Հաշիւ պաՀանջել: Իր զինուորականի Հոգւոյն մէջ յանկարծակի արթնցաւ արիութիւնը եւ Հպարտութիւնը:

«Հոգի մը ունիմ, այն միայն կրնան առնել» խորՀեցաւ սրտմտութեամբ: «Պէտք էր սապէս ըսէի… նապէս պատասխանէի…»

Մտաբերեց թէ ինքը զինուորական էր եւ իր ասպարէզը ընտրած էր ամէն վայրկեան կեանքը զոՀաբերելու պատրաստակամութեամբ: Ինչո՞ւ պիտի վախնար, որմէ՞ պիտի վախնար: Արդեօք միայն պատերազմի դաշտին վրայ մեռնի՞լը մեռնիլ է եւ արդեօք իրեն Համար ժամը չէ՞ր եկած իր քաջութիւնը եւ արժանաւորութիւնը ցոյց տալու:

Այս գեղեցիկ զգացումները տեւեցին մինչեւ կամուրջը: Երբ Պէյլէրպէյ Հասաւ, Հոն իմացաւ թէ իր գլխուն եկած դժբախտութիւնը Հետեւանքն էր եղբօրը, Ֆէյզիի Հօր անՀնազանդութեան: Անիկա մերժեր էր ստանձնել Հրամանատարութիւնը պատժական զօրագունդի մը որ պիտի ղրկուէր Րումելի, տեղական ապստամբութիւն մը դաժան միջոցներով զսպելու Հրահանգով: Իմացաւ նաեւ որ եղբայրը դատապարտուած էր աքսորի եւ թէ յայտնի չէր որ ի՛նչ նոր փորձանքներ կրնային Հասնիլ ընտանիքին:

Այդ ապագայ չարիքներու անստուգութիւնը մարեց ու սպաննեց ծերունի զինուորականին Հոգեկան բոլոր ուժերը: Անիկա այլեւս առաւօտ իրիկուն գէշ լուրի մը սպասողի կանխաՀոգութիւնովը ապրեցաւ: Սարսափը մշուշի պէս սպրդեցաւ իր Հոգւոյն մէջ, քօղարկեց իր զգացումները եւ մտածումները, խեղդեց իր Հպարտութիւնը եւ արիութիւնը եւ տիրապետեց ՀետզՀետէ իր կեանքին: Անիկա սկսաւ դառնալ երկչոտ, կասկածոտ, անորոշ իր խօսքերուն եւ շարժումներուն մէջ: Բոլոր բարեկամները եւ ծանօթները զինքը լքեցին եւ անիկա առանձնացաւ իր տան մէջ ուր կինը եւ աղջիկները կը գրգռէին իր սարսափը զայն սնուցանելով ամէն օր դուրսէն լսուած խորՀրդաւոր լուրերով:

Տարիներ ետքը միայն, երբ այդ սպասուած չարիքը չի հասաւ, վերջապէս Սատրգ պէյ համոզուեցաւ թէ մոռցուած է եւ տեսակ մը անդորրութեան մէջ մտաւ: Բայց սարսափը դարանակալ կը սպասէր իր հոգւոյն խորը եւ անիկա կ'արթննար ուեւէ դիպուածով եւ իր բոլոր սաստկութեամբ կը գրաւէր զինքը:

Օրը բաւական յառաջացած էր եւ ծերունի զինուորականը յոգնած անգործութենէ եւ ձանձրոյթէ, քաշուած էր կնոջը սենեակը որ կը գտնուէր տանը առաջին յարկին վրայ: Վանդակապատ պատուհանները ստուերի մէջ կը ձգէին սրահը որովհետեւ տանը մօտ գտնուող մայրին իր լայն եւ հովանոցաձեւ կատարով կը խափանէր վերջալուսային ցոլքերը: Երկու աղջիկները որոնք դեռ մանկատի էին կ'երթեւեկէին պզտիկ ծառայութիւններ ընելով եւ հարսը ափսէի մը մէջ կը պատրաստէր աղանդները որովհետեւ Սատրգ պէյ սովորութիւն ունէր ընթրիքէն առաջ մէկ-երկու գաւաթ օղի խմելու:

Այդ պահուն էր որ դուռը բախեցին: Երկու տղաքը մտած էին տուն եւ այդ անակնկալ այցելութիւնը տնեցիները կը լեցնէր դողով եւ զարմացումով:

Սատրգ պէյ ոտքի ելաւ եւ վտանգին ընդառաջ երթալու փութկոտութիւնով կը յառաջանար բակին մէջ երբ դէմ առ դէմ գտնուեցաւ Ֆէյզի պէյին հետ:

— «Ամուճա՛, ես եմ, Ֆէյզին…»

Ֆէյզի ծռեցաւ համբուրելու հօրեղբօրը ձեռքը որ դիակնային կարծրութիւն մը ու ցրտութիւն մը ունէր:

— «Դո՞ւն ես, Ֆէյզի՛, օղլում», մրմնջեց ծերունին կերկերաձայն:

Անիկա կը տատամսէր մինչ իր անհանդարտ նայուածքը կը խուսափէր երիտասարդէն:

— «Գալուստդ բարի ըլլայ», ըսաւ վերջապէս ինքզինքին վրայ ճիգ մը ընելով, «Հրամմէ՛ երթանք իմ սենեակը»:

Հակառակ հօրեղբօր քաղաքավար վարմունքին Ֆէյզի կը զգար անոր խօսքերուն տատամսոտ ցրտութիւնը: Երբ սանդուխներէ բարձրանալէ ետքը մտան փսիաթով ծածկուած սենեակը, Սատրգ պէյ գնաց եւ ծունկերուն վրայ նստեցաւ պատուհաններուն առաջք երկարող բազմոցին անկիւնը եւ անմիջապէս հրաւիրեց իր եղբօրորդին քովը: Դողդղալով հանեց գրպանէն երկայն համրիչը եւ յայտնեց Ֆէյզիին թէ ոչ մէկ տեղեկութիւն ունէր իր ժամանման մասին եւ թէ այդ անակնկալ այցելութիւնը զինքը թունդ հանած էր։

Ֆէյզի առանց պատասխանելու կը դիտէր իր հօրեղբայրը։ Հակառակ սաստիկ տաքին Սատրգ պէյ հագած էր թանձր խրխայ մը որուն մէջէն վիզին եւ բազուկներուն թխորակ նիհարութիւնը դուրս կը ցայտէր։ Դէմքը նոյնպէս նիհար էր, գրեթէ չորցած, ինչպէս եթէ ներքին կրակէ մը տոչորուած ըլլար ու կնտած գլխուն վրայ ճերմակ գտակը կը կաղապարէր Թուրանեան գանկը, երեւան բերելով անոր ամբողջ գիծերը եւ մասնայատկութիւնները։ Ճերմակ մօրուքով շրջանակուած դէմքին վրայ այտոսկրները կը ցցուէին որոնք շեշտելով յօնքերու կամարին նոյնպէս ցցուն գիծը, ակնապիճները խորշերու կը վերածէին եւ որոնց խորութիւններէն կը պլպլային ինքզինքը միշտ հալածուած կարծող անհանդարտ մարդու, մոլորուն, սարսափած եւ սեւ բիբերը։

Յանկարծ Ֆէյզի զգաց թէ ինքը օտար էր այդ տան մէջ եւ իր ու ամենէն մերձաւորներուն մէջ անանցանելի անջրպետ մը կար։ Այս դժնդակ տպաւորութեան ներքեւ վերյիշեց Լիպատէի խաղաղ դաշտանկարը, իր ընկերոջ սրտակից վերաբերմունքը «հակառակ որ մեր ճամբաները կը շեղուին իրարմէ» մտածեց տխրութեամբ։

Սատրգ պէյ կը շարունակէր լուռ մնալ երբ մեծ որդին, Նազմի մտաւ սրահ։ Նիհար, բարեձեւ, խնամուած արդուզարդով, անիկա իր հօրը կերպարանքը ունէր առանց անոր չորութիւնը ունենալու։ Նազմի նախ քաշուելով, հետզհետէ սրտաբաց մօտիկցաւ իր ազգականին եւ սկսան խօսակցիլ։ Ամէն անգամ որ խօսակցութիւնը քննադատութեան շեշտ մը կը ստանար ժամանակին անցքերու եւ անձերու մասին, ծերունին իր անկիւնին մէջ անհանգիստ շարժումներ ընելով կը քրթմնջէր, ձեռքի համրիչը կը չխչխացնէր եւ շրթները արագ-արագ կ'արտասանէին Մարգարէին ստորոգելիները։

— «Ամենաբարձր, ամենաողորմած, ամենազօր…»

Նազմի մեծ եռանդով եւ հետաքրքրութեամբ մտիկ կ'ընէր իր հօրեղբօրորդւոյն, երբ Եւրոպայի մասին կը խօսէր։ Ծարաւի էր ազատական գաղափարներու եւ անյագ տենչանք ունէր ճանչնալու եւ ապրելու այն հեռաւոր եւ երազային կեանքը որ քաղաքակիրթ կեանք կը կոչէին։ Մինչեւ հիմա իր հագուածքին եւ կերպերուն մէջ կը կարծէր թէ մտցուցած էր եւրոպական ձեւեր եւ պատրաստ էր կոյրզկուրայն ընդունելու ինչ որ եւրոպական էր. գաղափար, կենցաղ, կարասի,

Հագուստ կապուստ: Սակայն իր մտայնութիւնը խորապէս Թուրք կը մնար եւ դուրսէն ստացած այդ օտար տարրերը կը պճնէին իր մտածելակերպը առանց զայն իսկապէս փոխելու: Օժտուած էր բնականէն մեծ ընդունակութիւններով: Քաջ էր եւ Հպարտ եւ դժուարաւ գլուխը կը խոնարՀէր: Սերած զինուորական ընտանիքէ՝ անիկա զգայուն էր իր արժանապատուութեան զգացումին եւ այդ պատճառով չէր կրցած մնալ իր քաղաքային պաշտօններուն մէջ:

Ընթրիքի ժամանակ եկաւ իրենց միացաւ նաեւ ծերունիին յիմար տղան ու գետինը պզտիկ աթոռակներու վրայ, բոլորակ խոշոր ափսէի մը շուրջը, տան էրիկ մարդիկը ճաշեցին արեւելեան կերպով: Ընթրիքէն ետքը ծերունին գնաց պառկելու եւ այն ատեն Ֆէյզի պէյ Համարձակեցաւ Նազմիէն տեղեկութիւն Հարցնել Հօրեղբօր աղջիկներուն եւ անոնց մօրը մասին:

ՍալիՀէ Հանըմ Համեստ ընտանիքէ սերած էր եւ շնորՀիւ իր գեղեցկութեան դարձեր էր Սաաըդ պէյի կինը: Անիկա այլեւս պառաւած էր բայց իր դէմքը դեռ կը պաՀէր Հետքերը անցեալի գեղեցկութեան մինչ մարմինը այլանդակուած էր չափազանց գէրութեան պատճառաւ: Բնութեամբ բարի եւ դիւրաՀաղորդ՝ անիկա խաթարեր էր իր նկարագիրը որովՀետեւ միշտ Հօգը ունեցած էր վերջին ստացած ընկերական աստիճանին վայել կերպով ապրելու: Իր փառքի օրերուն անիկա Հասած էր նոյնիսկ ամբարտաւան գոռոզութեան իր ամուսնոյն ստորադասեալներուն Հետ: Անուս եւ սնոտապաշտ՝ իր անգործութեան երկար օրերը եւ տարիները անցուցեր էր գրեթէ ընդունայն Հազիւ թէ զբաղելով իր զաւակներուն ֆիզիքական խնամքով: Իր նախասիրած որդին էր յիմարը որուն իմացականութենէ զուրկ դէմքը գեղեցիկ եւ ոեւէ կամքէ զուրկ ըլլալը լաւ բնաւորութիւն կը Համարէր: Անիկա իր մանկութեանը մօրը խաղալիքը եղած էր եւ աւելի ուշ քոյրերուն իբր Հոպիտ ծառայած: ՈրովՀետեւ խեղճ յիմարը մղելով անտրամաբանական արարքներու, զայն չփոթեցնելով եւ յանկարծակիի բերելով մայրը ու քոյրերը կը զուարճանային եւ կը խնդային: Եւ երբ լաւ մը կը խնդային ու կը զուարճանային կ'իյնային գորովանքի տագնապներու մէջ, զայն կը կանչէին ու կը սիրէին շնիկի ու զանազան կենդանիներու անուններով:

Սաաըդ պէյ եւ Նազմի չէին Հետաքրքրուեր Հարէմի այս անցուդարձերով եւ տարիներու ընթացքին ոչ միայն նոր կապեր չէին

Հաստատուեր ընտանիքի անդամներու մէջ այլ ընդհակառակը բնական կապերն ալ կը թուլնային, կը խզուէին:

Նազմիի երկու քոյրերը որոնց մէկը քսան եւ միւսը տասնութ տարեկան էր, ծնած ու մեծցած էին այդ միջավայրին մէջ: Իրենց մօրը պէս անուս էին եւ նոյնիսկ գրել կարդալ չէին գիտեր: Օրն ի բուն անոնք կը ձանձրանային եւ իրենց բոլոր ճիգերը կը թափէին “ժամանակ անցնելու”: Գոհ էին երբ ժամանակը անցած էր անզգալի կերպով մը: Առաւօտուն կը տենչային հասնիլ իրիկուան ժամերուն եւ երեկոյին՝ հետեւեալ օրուան:

— «Ամա՞ն դեռ ժամը եօթն է», կ’ըսէին ամառուան երկար օրերուն, ձանձրոյթի եւ սրտնեղութեան բուռն արտայայտութեամբ:

Ինչո՞ւ կ’աճապարէին, ի՞նչ բանի կ’ուզէին հասնիլ: Ոչինչ. ապագան իրենց համար մշուշային անորոշութիւն մըն էր եւ իսկապէս ոչ մէկ տենչանք, ոչ մէկ ձգտում կ’ուրուագծուէր իրենց տեսողութեան մէջ: Երկար եւ անգործ ժամերը լեցնելու համար թուղթ կը բանային, դրացիներու մասին կը բամբասէին, իրենց մանկատի աղախինը կը չարչարէին, յիմար եղբօր հետ կը զուարճանային, բախտ նայող գնչուհիներու կը սպասէին ակնդէտ, եւ կամ երկարօրէն ու դանդաղօրէն կ’ուտէին մանր ու չոր պտուղներ եւ նոյնիսկ ձմեռուկի եւ սեխի կուտեր:

Մեծ դէպք էր երբ կէօրիճի մը կու գար եւ փեսացուներու մասին կը խօսէր: Այն ատեն այս երկու դեռատի աղջիկներուն հոգիները կը ծաղկէին երազներով, հեշտալէտ եւ անծանօթ հեռանկարներով: Բայց այս առիթները հազուադէպ էին: Փակ վանդակներուն ետեւ անհամար սուրճի գաւաթներ պարպելով եւ ծխելով կեանքը կ’անցնէր ու կը սահէր առանց հետք ձգելու:

Նոր եւ իրապէս մեծ դէպքը հարսի մը մուտքը եղաւ այդ տան մէջ:

Մայրը ուզած էր Հասանը ամուսնացնել եւ իր ապսպրանքին վրայ կէօրիճիկներ գտեր էին Սատրգ պէյի տղուն համար այն գոհարը որուն արժանի կը դաւանէին յիմարը: Հալիտէ հազիւ քսան տարեկան, նիհար, ճկուն եւ քաղցր աղջիկ մըն էր: Խոնաւ եւ սեւ աչքերուն մէջ երազ մը կը վարանէր: Անիկա իր ամուսինը ճանչնալէ ետքը համակերպեր էր կացութեան, թերեւս այն պատճառով իսկ որ տարբեր կացութեան մը գաղափարը չունէր: Արդէն որբ ըլլալով մարդ չունէր, իրմով զբաղող չունէր եւ իր համակերպութիւնը բռնադատուած էր նաեւ իր կեանքի պարագաներէն:

Դպրոց գացած ու նախնական կրթութիւնը ստացած էր: Ամէն անգամ որ տագրոջը գիրքերը կամ թերթերը ձեռքը կ'անցնէին, կ'առանձնանար ու կը կարդար: Իր տալերուն անուս եւ անկիրթ վիճակը իրեն զարմացում եւ ցաւ կը պատճառէր բայց չէր գիտեր ինչ եղանակով ազդել անոնց վրայ: Եթէ իրմէ խնդրէին որ կարդալ սորվեցնէր անոնց, հոգին կու տար, բայց անոնք շատ հեռու էին այդպիսի մտահոգութիւններէ:

Զինուորականին երկու աղջիկներուն վարմունքը իրենց հարսին հետ սովորաբար գաղջ էր: Բայց անոնք իրենց բրտութեամբ ինքզինքնին կը հարկադրէին եւ Հալիտէն կը պահէին իրենց իշխանութեան տակ: Այդ իսկ պատճառաւ թերեւս անիկա տխուր էր, սիրտը կոտրած ու մելամաղձոտ ինչպէս եթէ խորապէս եւ ներքնապէս վիրաւորուած ըլլար: Բայց Հալիտէի տխրութիւնը, ինչպէս նաեւ ձգտումները եւ յոյզերը աննշմարելի կը մնային: Անոր հոգին եւ միտքը օժտուած էին մեծ ընդունակութիւններով բայց իր կեանքը արեւ չունէր որ ծաղկէին: Ինքն ալ միւսներուն պէս ձանձրախտէ բռնուած էր բայց իր անգործութիւնը տանջանքով լեցուն էր: Զբաղեցնելու համար իր երկար եւ պարապ ժամերը քօղերու ճակատները կ'ասեղնագործէր: Կարկահին վրայ հակած, մինչ իր մատները գոյնզգոյն եւ երեւակայական ծաղիկներ կը բանէին ճերմակ մուսլինին վրայ հոգին կը թափառէր հեռաւոր եւ անծանօթ ոլորտներու մէջ: Երբեմն ամբողջ էութեամբ յուզուած եւ պատրաստ կը զգար... ի՞նչ բանի... ոչինչ, ինքն ալ չէր գիտեր:

Երբ կէօրիճիներ կու գային իր տալերուն համար եւ անծանօթ փեսացուներու գովքը կ'ընէին, Հալիտէ, իբր թէ հարսնացու աղջիկ ըլլար, թունդ կ'ելլէր եւ մտքովը նախասիրութիւններ կ'ունենար: Բնազդով կը զգար որ իր կեանքը դեռ չէ սկսած եւ թէ իր սիրտը անծանօթ զգացումներու ակնկալու կը մնար:

Զինքը մեծապէս կը հետաքրքրէր նաեւ իր տագրը, Նազմին, որու մասին չարունակ կը գանգատէին: Մայրը մասնաւորապէս կ'ողբար իր չար բախտը որ այդպիսի զաւկի մը ծնունդ տուեր էր: Երբեմն ալ խորհրդաւոր սարսափով մը կը խօսէին անոր մասին: Հալիտէ քիչ անգամ առիթ կ'ունենար տեսնելու Նազմին: Անիկա կ'արհամարհէր իր քոյրերը եւ հազուադէպ կերպով հարէմ կու գար մայրը տեսնելու: Հալիտէ շտապով կը վերցնէր քօղը ուսերուն վրայէն եւ կը ծածկէր գլուխը բայց իր աչքերը սեւեռած կը մնային անոր վրայ: Կը սիրէր մասնաւորապէս անոր ձայնին առնական ու տիրական շեշտը:

Ժամանակի ընթացքին Հալիտէ գուշակեց թէ ինչո՛ւ ընտանիքին մէջ Նազմին փորձանք կը համարէին եւ անմիջապէս անոր կողմը բռնեց: Թէեւ երբեք առիթ ունեցած չէր տագրոջը հետ խօսելու այս կարգի նիւթի մը վրայ, բայց սրտանց համամիտ էր անոր յեղափոխական գաղափարներուն: Առանց կարենալ որոշելու պատճառները, Հալիտէ կը զգար որ կը տառապէր եւ իր տառապանքին պատասխանատու կը բռնէր այն բանտը որու մէջ բանտարկուած էր իր հոգին եւ մարմինը:

Օր մը դիպուածով իր ձեռքը հասաւ Նազմիի օրաթերթերուն մէջ արտասահման հրատարակուած թերթ մը: Անյագօրէն կարդաց. իր սեփական դժբախտութիւնը լուսաբանուեցաւ. միանգամայն գիտցաւ թէ ինքը առանձին չէ որ կը տառապի այլ հարիւրաւորներ կան, հազարաւորներ կան իրեն պէս: Նոր հորիզոններ բացուեցան իր դէմ բայց քանի ազատագրուելու յոյսը արծարծուեցաւ իր մէջ, այնքան բանտը որուն մէջ կալանաւոր էր աւելի անտանելի եւ տաժանելի թուեցաւ իրեն:

Նազմի անդրադառնալով արգիլուած թերթին անհետացման, մօրը վրայ վազեց, գայրացաւ, քոյրերը նախատեց որոնք ոեւէ բանէ տեղեկութիւն չունէին: Երբ խելայեղ եւ սարսափած պատահածէն (որովհետեւ այդ թերթին երեւան գալը կարող էր զինքը մինչեւ մահ տանիլ եւ ամէն կողմ լրտեսներ կային, նոյնիսկ տուներու մէջ) Նազմի կ՚երթար իր սենեակը, Հալիտէ հետեւեցաւ անոր եւ աչքը առնելով ամենամեծ պատուհասները՝ ըսաւ երկչոտ ձայնով.

— «Աղա պէյ, իմ քովս է կորսնցուցած թերթդ»:

Քօղին ներքեւէն, կուրծքին վրայէն Հալիտէ հանեց թերթը եւ տուաւ տագրոջը:

— «Հալիտէ՛, Հալիտէ՛», ըսաւ Նազմի, զարմացած երիտասարդ կնոջ նայուածքին հուրքէն:

— «Ես մարդու չեմ ըսեր, ուրիշներ ալ տուր ինծ, կարդա՛մ»:

— «Հալիտէ՜ ... քոյրս...»

Իրարու նայեցան երկար եւ սրտագին նայուածքով: Անկէ յետոյ դժգոհութեան եւ տխրութեան օրերուն երբ մայրը, հայրը եւ քոյրերը չէին հասկնար իր ցաւը, Նազմի գոհ կ՚ըլլար եւ կ՚ամոքուէր երբ քողին ներքեւէն Հալիտէ իրեն կը նայէր խոր եւ քաղցր նայուածքով:

Մինչեւ ուշ ատեն Ֆէյզի պէյ մտիկ ըրաւ Նազմիին որ վերջապէս պոռթկալու տեղ գտնելով կը խօսէր իր ընտանիքին, միջավայրին եւ առհասարակ տիրող կացութիւններուն վրայ: Կէս գիշերը անցած էր երբոր պառկեցան բայց Ֆէյզի պէյ չկրցաւ քնել: Ջղուանքով եւ կատաղութեամբ կը մտաբերէր Նազմիի խօսքերը որոնցմով կը պատկերանար հօրեղբօր կեանքը: Իր ըմբոստացումը այնպիսի աստիճանի հասաւ որ չի կրցաւ պառկած մնալ: Կը մտաբերէր նաեւ Նահատի խօսքերը եւ աւելի լուսաբանուած, կը կշռէր զանոնք: Բայց ամէն ինչ խառն էր իր մէջ. բուռն ատելութիւն եւ յոյսի շողիւններ կը խաչաձեւէին իրար, քաոս մը կը կազմէին իր մտքին մէջ: Կարծես կը տապլտկէր թանձր մթութեան անչօշափելի ծալքերու մէջ որոնք կը խուժէին ամէն կողմերէ եւ զինքը կը խեղդէին:

Ոտքի ելաւ, բացաւ պատուհանը եւ նայեցաւ դուրս: Տունը բարձրութեան մը վրայ էր եւ ամբողջ Պէյլէրպէյ կը տարածուէր դիմացը իր վանդակապատ տուներով որոնց վրայ աստին, անդին հինաւուրց մայրիներ իրենց հովանին կը տարածէին: Դիմացը ծովն էր, մութ կապոյտ եւ պսպղուն: Ծովեզրին կը բարձրանար արքայական ապարանքը իր ժանեակի պէս քանդակներով եւ ծովէն անդին եւրոպական եզերքը կը փռուէր գիշերին մէջ աննիւթացած եւ որուն մշուշային տարտամութեան մէջ ցանցառ լոյսեր կը պլպլային:

Ամառնային գիշերուան հանդարտ օդը այնպիսի թափանցկութիւն մը ունէր որ կը լսուէր նոյնիսկ ծովափի մրմունջը: Գետնէն արտաշնչուող շոգիներու մշուշ մը կը ծփար առանց բարձրանալու: Երկինքին վրայ լոյսերը պայծառութեամբ կը վառէին: Անօրինակ բզզիւն մը անջատուելով անշարժ իրերու լռութենէն կը փսփսար օդին մէջ: Ամբողջ երկիրը կարծես երջանկութեան եւ տառապանքի երազ մը կը մրմնջէր իր ականջին:

Յանկարծ իր տանջալի սքանչացումին մէջ Ֆէյզի տեսաւ Սաֆիյէն, ճերմակ եւ խուսափուկ ինչպէս անհասանելի նպատակ, տեսաւ կամարաձեւ յօնքերը հպարտ եւ հրամայական եւ ինքզինքը զգաց անձնատուր: Կարծես անզօր արիութեամբ մը կը դիմագրաւէր անյայտ ուժերու, կը պայքարէր չղթայազերծ զօրութիւններու դէմ: Կեցած պատուհանին առաջ, ինչպէս նոր բացուող աշխարհի մը սեմին վրայ, *ուզեց իր Հուժկու բազուկներուն մէջ գրկել ապագան եւ չգիտցաւ որ անիկա արդէն մազիլները մխած իր ուսերուն, անկարեկիր եւ դաժան կը լափէր զինք։*

Մելիհա Նուրի Հանըմ

Մինչեւ առաւօտ չի կրցայ քնանալ. հազիւ թէ աչքերս կը փակէի, կիսատ մտածումներ թունդ կ՚ելլէին ուղեղիս մէջ, իրար դէմ կը պայքարէին կամ աննպատակ կը թափառէին, ինչպէս մկնիկներ՝ անբնակ տան մը ձեղնայարկին մէջ: Քանի մը անգամներ ուզեցի բռնել անոնցմէ մէկը, որոշապէս հասկնալ թէ ի՞նչ բան է որ ինձ մասնաւորապէս մտատանջ կ՚ընէ, բայց հազիւ թէ միտքս կը սեւեռէի գաղափարի մը վրայ, անհամար ուրիշ գաղափարներ կը խուժէին անծանօթ անկիւններէ եւ կը խուսափէին ամէն ուղղութիւններով:

Թերթերը երէկ կը ծանուցանէին որ ներքին գործոց նախարարը եւ Ճէլալէտտին պէյ մեկնեցան Տարտանէլի ճակատը, քննութեան համար: Իրենց վերադարձին պիտի այցելեն նաեւ Կէլիպոլուի հիւանդանոցը:

Մինչեւ առաւօտ անդադար տանջուեցայ: Քանի ամիսներէ ի վեր այստեղ եմ եւ առաջին անգամն է որ ոտքի չեմ կանգնիր, երբ զարթեցնող ժամացոյցս կը հնչէ: Մեր յարկաբաժնի աղախինը եկաւ ինձ մօտ, թէյ բերաւ եւ քիչ մը կազդուրուեցայ: Ուզեց անմիջապէս բժիշկը կանչել, բայց մերժեցի: Ըստ ինքնեան հիւանդ չեմ, բայց գլուխս ծանր է ինչպէս եթէ բեռնաւոր ըլլար ճնշիչ հոգով մը:

Ճէլալէտտին գիտէ՞ արդեօք որ Կէլիպոլուի հիւանդանոցն եմ: Գիտէ կամ չի գիտեր... Այն ժամանակ հանդիպեր էր հօրս Կարմիր Մահիկի կեդրոնական բիւրոն եւ իմ մասիս խօսեր էին: Հայրս յայտներ էր որ պիտի մտնեմ զինուորական հիւանդանոցի մը մէջ: Ճէլալէտտին ըսեր է հօրս.

— «Մելիհա Նուրի Հանըմ ամէն տեսակ արիութեան կարող կին է. ինձ չէք զարմացներ: Բայց այն ատեն ես ինքս չէի գիտեր դեռ թէ ո՞ր ճակատը պիտի ղրկեն ինձ. այնպէս որ...»

Սատանան իրեն հե՜տ... ահա՛ դարձեալ փոքրիկ մկները սկսան վազվզել ուղեղիս մէջ...

Նախաճաշի միջոցին անշուշտ լսեցին որ հիւանդ եմ եւ զարմանալի է որ բժշկապետը չշտապեց ինձ մօտ. իր փոխարէն այցելութեան եկաւ հանդերձարանի վերակացուն, Սաֆիյէ Հանըմ: Կը զարմանամ որ վուլթը[*] հետը չի բերաւ: Տարօրինակ կին է Սաֆիյէ Հանըմ եւ ինծ մեծապէս կը հետաքրքրէ: Թէեւ վարձկան աշխատող, իրեն յանձնուած գործը կը կատարէ խնամքով եւ անձնուիրութեամբ: Նախկին պալատական կին, կ'ապրի ամբողջովին հին յիշողութիւններով եւ փառքերով, բայց աննկատելի ճարպիկութեամբ այդ բոլորը կը կապէ ներկային: Տարիները իր վրայէն սահեր են առանց փոխելու իր հոգեկան տրամադրութիւնը: Թէեւ այլեւս ծերացած է եւ իր չպարով յոգնած դէմքը աւերակի մը կը նմանի, բայց պահած է իր կեցուածքին խրոխտութիւնը եւ իր շարժումները զուրկ չեն այն շնորհէն որ նազենի կիներուն յատուկ է: Սաֆիյէ Հանըմ կը հաւատայ որ պատերազմը պիտի վերջանայ մեր զէնքերու յաղթութիւնով: Անիկա դեռ կը լսէ մեր հեծելազօրքի յաղթական տրոփը Ռումէլիի տափաստաններուն մէջ, իր թառամած շրթները ընտանեբար կ'արտասանեն *գահրամաններու*[†] եւ *ղազիներու*[‡] անուններ, ինչպէս եթէ դեռ ապրէին, ինչպէս եթէ ներկայ ըլլային սենեակին մէջ: Երբ անոնց նուիրուած հին *տեսթաններ* կ'երգէ, բուռն յուզումը արցունք կը ժայթքեցնէ աչքերէն: Անմիջապէս որ պահ մը ազատ ունենայ, կը վազէ իր սենեակը եւ *վուլթը* կը նուագէ: Այս միջոցին վերին աստիճանի ոգեւորուած է որ բարձրաստիճան հիւրեր պիտի այցելեն մեր հիւանդանոցը: Երկարօրէն ինծ խօսեցաւ այդ մասին: Կը սիրէ բոլոր հանդիսութիւնները եւ օրուան տիրողները միշտ քաջեր եւ յաղթականներ են իրեն համար: Ինծ խոստացաւ լաւ քէֆ մը սարքել, երբ պատերազմը վերջանայ եւ վերջանայ յաղթանակով: Սիրտս նեղուած էր եւ գոչեցի զայրոյթով.

— «Թո՛ղ միայն վերջանայ. ինչ փոյթ թէ ի՞նչպէս պիտի վերջանայ: Որո՞ւ պիտի ծառայէ այդ յաղթութիւնը. քանի մը պէյերու եւ էֆէնտիներու համար տօն եւ խրախճա՜նք… ուրիշ ինչ»:

Սաֆիյէ դեռ սենեակս էր, երբ բժշկապետը, Րէմզի պէյ, եկաւ ինծ մօտ: Բազկերակս նայեցաւ, սիրտս քննեց եւ պահ մը մտածկոտ մնաց: Աչքերս յառած իր թուխ դէմքին կը նայէի ուշադրութեամբ: Մեր նայուածքները չեշտակի իրարու հանդիպեցան եւ անիկա յօնքերը պռստեց:

---

*. Լարային գործիք մը

†. Դիւցազն

‡. Յաղթական

— «Քանի օրերէ ի վեր չարաչար յոգնած է խեղճը», ըսաւ Սաֆիյէ Հանըմ, կարծես ընդհատելու համար մեր ծանր լռութիւնը:

Րէմզի պէյ սթափեցաւ, յայտնապէս ինքզինքը զսպեց —ինչո՞ւ էր այդպէս խռովուէր— եւ աթոռ մը առնելով նստեցաւ մահճակալին քով. զուսպ բայց մեղմ ձայնով հարցուց.

— «Վաղո՞ւց է որ յոգնութիւն կը զգաք»:

— «Րէմզի պէյ, այս սուսկալի օրերուն ո՞վ յոգնած չէ, յոգնութեան խօսքն իսկ ընել ամօթ է: Երէկ յանկարծ սարսուռներ զգացի, կարեւորութիւն չտուի: Գիշերը պառկեցայ ուշ, զբաղած էի, ոտքի վրայ... ա՜յ ձեզ հետ էի գործողութեան սրահին մէջ. խնդիրը այն է որ գիշերը չեմ գիտեր ինչո՞ւ անհանգիստ անցուցի, բնաւ չի քնացայ: Առաւօտուն ուզեցի ելլել սովորական ժամուս, բայց անկարելի եղաւ. գլխու պտոյտ ունէի եւ անյաղթելի տկարութիւն...

Վերջին խօսքերս չէի աւարտած երբ Րէմզի պէյ թղթապանակը հանեց եւ սկսաւ դեղագիր մը գրել. յետոյ, աւելի հանդարտ գլուխը բարձրացուց եւ նայուածքը անորոշ կէտի մը յառած, ըսաւ մեղմութեամբ.

— «Անհրաժեշտ է որ հանգստանաք, գոնէ երկու շաբաթ...»

— «Ի՞նչ կ՚ըսէք, պէյ էֆէնտի, անկարելի է այս օրերուն», ընդմիջեց Սաֆիյէ Հանըմ:

Րէմզի դէպի պատուհանը դարձաւ բայց առանց ոեւէ ուշադրութիւն դարձնելու շարունակեց.

— «Լաւագոյն է նոյնիսկ որ քանի մը շաբաթով հեռանաք հիւանդանոցէն»:

— «Պէյ էֆէնտի՜», աղերսեց Սաֆիյէ Հանըմ, դող ելած:

Զգացի որ բան մը պիտի պայթէր եւ բուռն յուզմունք մը ինձ գրաւեց: Շրթներս կը դողային երբ ըսի.

— «Կը նախընտրեմ մնալ այստեղ»:

Սաֆիյէ Հանըմ գլխով հաստատական նշաններ կ՚ընէր ինձ եւ կ՚ուզէր խօսիլ:

— «Քու ի՞նչ բանն է, քաւթառ պառա՛ւ», գոռաց յանկարծ Րէմզի պէյ բուռն զայրոյթով: Տեսայ որ ձեռքերը կը դողային յանկարծական բարկութենէն:

Սաֆիյէ Հանըմ բան չէր հասկնար եւ հակառակ բժշկապետի խիստ, գրեթէ դաժան դէմքին, պնդեց.

— «Մելիհա Նուրի Հանըմը մեր փառքն ու պատիւն է, մեր հիւանդանոցին զարդը… Ի՞նչպէս կրնայ հեռանալ ճիշդ այն օրերուն, երբ մեծաշուք հիւրեր պիտի այցելեն մեր հիւանդանոցը»:

Րէմզի պէյ ընդոստ դարձաւ եւ մեր նայուածքները կրկին իրարու հանդիպեցան. մեղմօրէն, գլխով ժխտական շարժում մը ըրի:

— «Րէմզի պէյ», ըսի հազիւ զսպելով յուզմունքս, «կը մնամ հիւանդանոց, բայց կը հանգստանամ: Որքան օր որ հրամայէք, չեմ անցնիր սենեակիս սեմէն»:

— «Իրիկունը կրկին կ'անցնիմ», մրթմրթաց բժշկապետը եւ մեկնեցաւ հազիւ ուրուագծելով զինուորական բարեւ մը:

Երբ կը մտածե՜մ… ի՜նչ տարօրինակ անակնկալներ կը վերապահէ մեզ կեանքը: Արդարութեան անողոք սկզբունք մը կայ, որ գործադրութեան կը մտնայ մեր կամքէն անկախ եւ նոյնիսկ հակառակ մեզի եւ երբեմն մեր իսկ ձեռքովը: Րէմզի մեր պարտիզպանին որդին է եւ այսօր ինձ կը հրամայէ… Հայրս պաշտպանեց զինքը, դպրոց դրաւ. անգամ մը որ ուսմունքի համը ունեցաւ, այլեւս կանգ չառաւ, մտաւ բժշկական համալսարան եւ ինքնիրեն հասաւ ուր որ ուզեց: Այսօր Րէմզի մեր հիւանդանոցին բժշկապետն է. իր ընկերները կ'ակնածին իրմէ, իր ստորադասեալները կը դողան իրմէ. երբ ձայնը կը լսուի, շարժումները կը դադրին, ամէն մէկը ուշադիր կը դառնայ, երբ սրահներէն կ'անցնի… Օ՜հ, ճշմարտապէս, իրա՞ւ է թէ երազ. եւ այդ բժշկապետը, այդ շուքը ծանր գլխաւորը մեր Րէմզի՞ն է, մեր սեւուլիկ եւ անտաշ Րէմզին… եւ ոչ ուրիշը…

Որոշուեցաւ որ գոնէ երկու շաբաթի չափ հանգստանամ: Ուշ ատեն, երբ այլեւս յոյս չունէի, Րէմզի եկաւ ինձ մօտ եւ քաղցր մտերմութեամբ խօսեցաւ ինձ հետ: Ո՞ւր մնացեր էր իր առաւօտեան խիստ ու զայրացկոտ երեւոյթը: Խօսեցանք անցած օրերու մասին: Մեր Գանտիլլիի բնակարանը, պարտէզը, յետոյ Գատըգիւղ՝ Մոտա, երբ արդէն ուսանող էր, հայրս, ժամանակին ըսուած խօսքեր, ուրախութեան եւ տխրութեան պահեր, միասին վերյիշեցինք եւ կարծես թէ երկուքով կը տեսնէինք շարժապատկերներու յաջորդութիւն մը: Բայց այդ բոլոր խօսակցութեան միջոցին մէկ անգամ Ճէլալէտտինի խօսքը չեղաւ: Թէեւ երկուքս ալ կը մտածէինք իր վրայ: Եւ ի՞նչպէս կրնայինք չի մտածել, քանի որ մեր ռեւէ յիշողութեան մէջ անիկա կար եւ, աւա՜ղ, երբեմն անիկա առաջնակարգ դեր մը կատարած էր։

Կը կարծէի որ Րէմզի պիտի դժգոհէր երբ վերջնականապէս յայտնէի որ չեմ փափաքիր տուն վերադառնալ հանգստանալու համար։ Ընդհակառակը՝ Րէմզի գոհ մնաց եւ իր ընտանի շունի խելացի ու բարի նայուածքը քաղցրութեամբ դարձաւ վրաս։

— «Լա՛ւ ուրեմն, Մելիհա հանըմ», ըսաւ մեկնած միջոցին, «կը մնաք այստեղ, ձեր սենեակին մէջ եւ կը հանգստանաք։ Օրուան զով ժամերուն պատշգամը կ'ելլէք, բայց ոչ աւելին։ Ձեզ կը ղրկեմ գիրքեր, կարդացէ՛ք եւ ուսումնասիրեցէ՛ք. քիչ մը մտաւոր աշխատութիւնը ձեզ չի վնասէր, ընդհակառակը, կը զբաղիք»։

Զզուելի գիշեր մը անցուցի կրկին։ Չեմ գիտեր ի՞նչ է պատահեր ինծի։ Այնքան ջլատուած եմ որ երբ առանձին կը մնամ, կ'ուզեմ անմիջապէս պառկիլ։ Ինծի կը թուի որ ծանր քունով մը պիտի քնանամ։ Կարծես գինով եմ կամ թունաւորուած։ Բայց հազիւ թէ լոյսը կը մարեմ եւ գլուխս կը դնեմ բարձին, անիմաստ եւ կցկտուր պատկերներ կը ներկայանան մտքիս. ասոնք պատկերներ ալ չեն այլ վիճակներ։ Գիշերն ի բուն կը տանջուիմ կէս քուն, կէս արթուն, ինչպէս եթէ իմ ուժէս վեր ֆիզիքական աշխատութիւն մը կատարէի։ Անքնութենէս տանջուելով ելայ անկողնէս եւ միտքս զբաղեցնելու համար ձեռք առի Րէմզի պէյին ղրկած գիրքերը։ Զարմանալի է. այս մարդը իր պատանեկան տարիներէն որոշ գաղափարի ծառայած է եւ մինչեւ հիմա վազ չէ անցած։ Րէմզին առեղծուած մըն է բայց արդեօք անոր բանալին այս գիրքերուն մէջ չէ՞։ Կ'ուզեմ քեզ ճանչնալ Րէմզի՛, կ'ուզեմ հասկնալ թէ քու վեհանձն ու բարի սիրտդ ի՞նչ կ'ուզէ, ի՞նչ բանի կը ձգտի։ Ինչո՞ւ կ'ատես եւ կ'արհամարհես բաներ, որ մենք յառաջդիմութիւն, լուսաւորեալ եւ ազատական գաղափարներ կը համարենք… Ինչո՞ւ քու բուռն եւ անհաշտ ատելութիւնը ճէլալէտտինի եւ անոր ընկերներուն դէմ… Կ'ուզեմ գիտնալ եւ բաժնել քու զգացումներդ, բայց արդեօք ուշ չէ՞։

Այսօր կը հասկնամ որ ճշմարիտ երջանկութիւնը ինծի մօտ էր, ինծի կ'երկարէր իր բազուկները, բայց ես չի տեսայ եւ չի ճանչցայ ու հիմակ արդէն ուշ է, ուշ է…

Վերցուցի այդ խոժոռ գիրքերէն մէկը եւ ջանացի կարդալ. միտքս ցրուած է եւ չեմ կարող ամփոփուիլ։ Յետոյ, այդ բոլորը ինծի կը թուին անհիմն, անժամանակ: Մեզ, զարգացած Թրքուհիներուս, վէպ պէտք է, Րէմզի պէ՛յ. մեր ապականած միտքը կը փնտռէ զառամած Եւրոպայի մոլութիւնները ներկայացնող պատկերներ… Մենք իսկական «հիասթափուածներ» ենք եւ ինչքա՜ն կը փառաւորուինք որ մեզ նման կը գտնեն փարիզեան աշխարհիկ կամ կիսաշխարհիկ ցոփուհիներուն: Մենք վայրենիներ էինք եւ մեզ շլացուցին կեղծ գոհարներով… Մեզ դարձուցին նման իրենց փափաքած պատկերին եւ կը կարծենք որ քաղաքակրթութեան ճամբուն մէջ մտանք, որովհետեւ մենք ալ սկսանք հագնիլ նեղ կիսազգեստներ եւ մեր սնարի գիրքերը դարձուցինք Փարիզի պոռնկագիրնե՜րը. մե՜ղք մեզի…

Ահա թէ ինչո՛ւ չեմ կրնար կարդալ, Րէմզի, քու ղրկած ծանր եւ իմաստալից գիրքերը:

Չեմ կրնար կարդալ, ոչ թէ միայն այդ պատճառով. ի՞նչպէս կարդալ այս դժոխքին մէջ: Օրն ի բուն կը լսենք թնդանօդաձգութեան խուլ որոտումը, երբեմն հեռաւոր, երբեմն աւելի մերձաւոր: Ամիսներէ ի վեր ականջներս վարժուեցան այդ անվերջ դղրդիւնին եւ թնդիւնին: Երբեմն երբ քունէս կ՚արթննամ, կը մոռնամ որ անիկա թնդանօդաձգութիւն է եւ ինծ կը թուի լսել Մարմարայի ալիքները Մոտայի ժայռերուն վրայ, հարաւային քամիի օրերուն: Ահա թէ ի՛նչ կը ղրկեն մեզ «մեր բարեկամները» իրենց թունաւոր եւ քայքայիչ գրականութենէն յետոյ… աւե՜ր, աւերածութիւն… Անատոլուն կը պարպուի եւ կու գայ այս ճակատին վրայ, բնաջինջ ըլլալու համար եւ դեռ կը խորհինք վերջնական յաղթութեան մասի՜ն… Ինչի՞ պիտի ծառայէ այդ յաղթութիւնը ամայացած երկրին համար. անիկա ռեւէ արժէք ունի՞ այն թշուառ գիւղացիներուն համար, որոնք մեռան եւ ալ աւելի թշուառ այն հարիւրաւորներուն, հազարաւորներուն համար, որոնց սրունքը կամ բազուկը կը կտրենք *տանջանքի սենեակին* մէջ…

Ճէլալէտտին գիտէ՞ արդեօք, որ Կէլիպոլուի հիւանդանոցն եմ… հաւանական է: Կրնայ ըլլալ, որ կրկին հանդիպեցաւ հօրս Կարմիր Մահիկի կեդրոնական բիւրոյին մէջ եւ տեղեկութիւն ստացաւ իմ մասիս:

Պէ՛տք է սպաննեմ Ճէլալէտտինը… իմ ուղեղիս մէջ: Պէտք է ազատիմ իր յիշատակէն, այդ անարգ գերութենէն: Որքան ատեն որ անիկա կայ իմ մտքիս մէջ, շղթայակապ ստրուկ մըն եմ, անկենդան դիակ մըն եմ ե՛ս… Անիկա դարձեր է իմ մտածումներուս խորքը, անիկա բռնաբարեր է իմ խղճմտանքս ու բանականութիւնս, անիկա իմ տէրս դարձեր է Հակառակ ինծի:

Անցեալ օր, գործողութեան սրահին մէջ, նոյնիսկ Հայ բժիշկը Համարձակեցաւ ինծի դիտողութիւն ընել իմ մէկ անուշադրութեանս Համար… Մահիճին վրայ պառկեր էր վիրաւոր զինուոր մը, որուն փեռեկտուած զիստին մէջէն ռումբի բեկորները պիտի Հանէին. անիկա եզան պէս կը բառաչէր ցաւէն. քլորոֆորմ չի կայ, ոչ ալ ոեւէ թմրեցուցիչ: Ուրիշ Հիւանդանոցներու մէջ եղած քիչ մը քլորոֆորմը կը պաՀեն գերմանացի վիրաւորներու Համար: Մեր քով այդքանն ալ չի կար: Երբ մեր բաժինը ստանանք, երեք-չորս շաբաթը անգամ մը, Րէմզի պէյ կը գործածէ առաջին պատաՀած ծանր վիրաւորներուն: Վերէն եկած Հրամանները ոեւէ կարեւորութիւն չունին իրեն Համար: Աչքերէն շանթեր ժայթքեցին երբ Հրջուն քննիչը այդ մասին դիտողութիւն ըրաւ իրեն:

Այդ օրը ուրեմն, դրսէն ռմբակոծութեան խուլ որոտումը, ներսէն խեղճ զինուորին աղաղակները… գետինը լերդացած արիւն… ներբաններս եբբեմն կարմիր են երբ դուրս կու գամ այդ սրաՀէն. անդին խումբ մը վիրաւորներ, ոմանք մաՀամերձ, որ իրարու կրթնած կը Հեծեծեն: Հերթապահ բժիշկը, մինչեւ արմուկները սօթտած, արիւնաթաթախ, մսագործի պէս կ՛աշխատի կենդանի մարմնին վրայ, քրտինք թափելով. յանկարծ ունելիներ կ՛ուզէ ինծմէ. դարակին մէջ են, գիտե՛մ… «Շո՛ւտ, չո՛ւտ, Հանըմ էֆէնտի, Աստծոյ սիրոյն…»

Բայց ես դարակին առաջ կեցած կը տատամսէի եւ չէի ըմբռներ թէ խնդիրը ի՞նչ բանի վրայ է. կը Հետապնդէի մտածումս, վերյիշելով ճէլալէտտինի մէկ խօսքը:

Բժիշկը եկաւ, ինծի անդին Հրեց, դարակը բացաւ եւ գործիքները առաւ: Ամէն բան կեղտոտեցաւ. պէտք է կրկին մաքրել դարանը եւ մնացեալ գործիքները:

— «Կոշտ ու կոպիտ արարած», ըսի ակռաներս սեղմելով. բայց անիկա ինծի նայեցաւ խոր արՀամարՀանքով եւ գործը շարունակեց անշշուկ:

Իրիկունը Րէմզի պէյ ինծի Հարցուց.

— «Ի՞նչ է պատաՀեր ձեր եւ Հերթապահ բժիշկին միջեւ»:

Պատմեցի մանրամասն, առանց ըսելու սակայն, որ մտացիր էի դարանին առաջ:

— «Գործի տենդոտ աճապարանքի մէջ», ըսաւ Րէմզի համոզիչ ձայնով, «բնական է երբ բժիշկը կը ջղագրգռուի. պէտք է համբերող ըլլալ»:

— «Թո՛ղ շատ լեզուն չերկնցնէ այդ դաւաճանը», ըսի Րէմզիին, «յանցանքը որո՞ւնն է որ սրահները լիքն են վիրաւորներով: Իրեն նմանները չէ՞ն, որ թշնամին կ՚առաջնորդեն մեր երկրին մէջ»:

Րէմզի չի պատասխանեց, բայց ինծ նայեցաւ երկար եւ հետաքրքրուած նայուածքով:

— «Կ՚ատեմ պետութեան այդ թշնամիները»:

— «Ա՜հ», ըսաւ Րէմզի հեգնութեամբ:

— «Միթէ դուք ալ չէ՞ք ատեր հայերը»:

— «Ո՛չ», ըսաւ Րէմզի կտրուկ կերպով:

— «Սրտի խորքէ՞, անկեղծութեա՞մբ»:

— «Այո՛, խոր անկեղծութեամբ»:

— «Հապա ի՞նչպէս կը հանդուրժէք որ միանան մեր թշնամիներուն հետ»:

— «Այդ հարցերուն լուծումը ատելութեան մէջ չէ՛», ըսաւ Րէմզի համոզուած շեշտով, «բայց ժամանակը չէ երկար խօսելու այդ մասին»:

— «Երկու կարծիք չի կրնար ըլլալ», բողոքեցի եռանդով:

Րէմզի խոժոռեցաւ եւ այլեւս խօսեցաւ առօրեայ ծառայութեան վերաբերեալ խնդիրներու վրայ:

Մէկ-մէկ կը թղթատեմ Ճէլալէտտինի արտասահմանէն ինծ ղրկած նամակները եւ ինծ կի թուի որ խզեր եմ մանեակի մը թելը եւ մարգարիտները մէկիկ-մէկիկ կ՚իյնան գետին եւ կը կորսուին:

«Այս անգամ, սիրելի՛ս Մելիհա՛, Սթամպոլը իրապէս երջանկութեան դուռն է ինծ համար: Ոչ մէկ յաղթական զօրավար, ոչ մէկ կայսր, այնքան խրոխտ հպարտութեամբ չէ անցած այդ քաղաքի սեմէն, որքան ես, երբ պիտի անցնիմ երկու օրէն, քանի որ ոչ թէ փառքի կամ գահի տիրանալու համար պիտի գամ, այլ աւելի թանկագին բանի մը, քեզի՛, սիրելի՛ս, սուլթանուհի՛ս…»

«Պիտի աշխատինք միասին, Մելիհա՛, եւ պիտի ջախջախենք բռնապետութեան հազար գլխանի հրէշը: Ինծ հարճ պէտք չէ, այլ կեանքի ընկերուհի: Դուն ես իմ ընտրեալս եւ քեզի հետ անբաժան պիտի պայքարինք ու վայելենք կեանքը… Մենք ձեռք ձեռքի պիտի ըլլանք փառքի առաջ եւ եթէ հարկ ըլլայ՝ մահուան առաջ…»

Կեղծ էր ուրեմն այն մանեակը որ քու խօսքերով կազմեցի եւ կապեցի վզիս եւ որը կը համարէի իմ ամենէն փարթամ զարդեղէնս: Բոլորը, բոլորը պէտք է ջնջել, որպէս զի հոգիս ազատագրուի: Պէտք է նաեւ սիրտս թեթեւցնել այն ատելութենէն, որը չի չիչեցաւ երբեք: Այդ ատելութիւնը տակաւին շղթայ մըն է: Ես հարճ մը չեմ, Ճէլալէտտի՛ն, որ կարելի է առնել ու արձակել ըստ կամս… Ես կը զարմանամ միայն թէ ի՞նչպէս կարող են դեռ ոեւէ տեսակի զգացում ունենալ մէկու մը համար, որ վարուեցաւ ինչպէս աւազակ, գրեթէ բռնի կնութեան առնելով իր եւ իր ընկերներու վճիռով աքսորի դատապարտուած պալատականի մը օրինաւոր կինը:

Հանգիստի օրեր չեն այս օրերը ինծ համար, այլ տանջանքի օրեր: Այս իրիկուն իսկ պիտի խնդրեմ Րէմզիէն որ թոյլ տայ ինծ ծառայութիւնս վերսկսիլ հիւանդանոցին մէջ:

Րէմզին հիանալի է իր անխոնջ եռանդին եւ անձնուիրութեան մէջ: Տեսայ զինքը հապճեպով անցած միջոցին եւ սիրտս դղրդեցաւ անբացատրելի զգացումով մը: Անիկա անխնամ եւ ինքզինքին լքուած, կրկին դարձեր է այն վաղեմի անտաշ գիւղացին, որուն թարմ ուժը եւ մեծ արժանիքները չի կարողացանք գուշակել: Դէմքը կնճռոտ է եւ խորշոմած, բայց սեւ աչքերը կը վառին հրայրքով: Կարծես մեզ անծանօթ յոյս մը եւ համոզում մը կը փայլատակեն անոր հոգւոյն մէջ: Իր տխրութիւնը մակերեսային է, անմիջական տպաւորութիւններու հետեւանք: Բայց իր խորքին մէջ ուրախութեան վառարան մը կայ: Րէմզին կը նայի յաղթութեան մը. բայց անիկա, վստահ եմ, մեր ամենուս ակնկալած յաղթութիւնը չէ:

Հետզհետէ ինծ հաճելի կը դառնայ նոյնիսկ իր թերութիւններով. իր դիմագիծերը, որ առանց չափազանցութեան կարելի է տգեղ համարել, իմաստ մը կը ստանան… Ի՞նչ հարկ բարակը փնտռել: Երբ կ'երեւայ դուռն պահու մը, սիրտդ կ'ամրանայ եւ պատրաստ կը զգաս ամէն բանի: Իր պարզ ներկայութիւնը ապահովութիւն մըն է. իր ձեռքը բռնած կարելի է մեռնիլ անշշուկ:

Եւ այս մեր Րէմզին է՜… Երբ կը յիշե՜մ այն առաջին օրը, երբ տեսայ զինքը իր հօրը քով գեղջուկ Անատոլցիի տարազով… Այդ նոյն օրը Ճէլալէտտին…

Կար ժամանակ որ երբ նայուածքս դարձնէի Րէմզիի վրայ, երբ ուզէի ժպտիլ իր նորահաս երիտասարդի դիւրաւ շառագունող դէմքին, բուռն յուզումը տեսանելի սարսուռի պէս կ՚անցնէր իր անձին վրայէն: Ամէն ինչ էի իրեն համար եւ իր կեանքը պլպլացող լոյսի մը պէս կը դողդողար իմ քայլերուս հետքերուն վրայ:

Եւ հիմակ այլեւս ուրիշ բան է: Երբ ինձ հետ կը խօսի, երբ ինձ մօտ կը նստի լուռին, երբ իր աչքերը խուսափուկ ակնարկով կը հանդիպին իմ նայուածքիս, կարծես երբեք մինակ չէ եւ իր մօտ ունի բռնաւոր եւ աններող կրկին մը որ արգելք կ՚ըլլայ իրեն անկեղծութեամբ եւ բարութեամբ մօտենալու ինձ: Եւ այդ անբաժան ու անտեսանելի ընկերը իր վիրաւորուած հպարտութիւնն է:

Ճէլալէտտին մեզ բաժնեց, թերեւս եւ անիկա մեզ պիտի միացնէ: Կ՚ուզեմ իր այցելութեան օրը ոտքի վրայ ըլլալ, իմ պաշտօնիս գլուխը, եւ թո՛ղ Րէմզին տեսնէ թէ որքան խոր արհամարհանք եւ ատելութիւն կայ իմ մէջս Ճէլալէտտինի համար:

Ինչո՞ւ, չեմ գիտեր, հասայ զայրոյթի այդ գերագրգռութեան: Գրեթէ ֆիզիքական խայթող ցաւ կը զգամ, երբ Րէմզիի ակնարկէն մէկը կ՚որսամ, որոնք այնքան արհամարհական հեգնութիւն ունին ինձ համար: Ան չի հասկցաւ թէ ինչո՞ւ ուզեցի վերսկսիլ ծառայութիւնս. արդեօ՞ք կը խորհի թէ ամէն գնով կ՚ուզեմ հանդիպիլ Ճէլալէտտինի: Ես կ՚ատեմ զինքը եւ այդ իսկ պատճառով կ՚ուզեմ դիմագրաւել իր ներկայութիւնը: Մեր խզումէն եւ իր անարգ ամուսնութենէն ի վեր առաջին անգամն է որ պիտի հանդիպինք իրարու եւ կ՚ուզեմ որ Րէմզին իր աչքերով տեսնէ եւ ըմբռնէ իմ վարմունքիս իմաստը:

Ճաշի միջոցին Րէմզի ըսաւ սուրիացի բժիշկին որ կը խօսէր Դամասկոսի գեղուհիներուն վրայ:

— «Երբ կին մը կը փորձէ արուեստական ոեւէ միջոցաւ սիրուն երեւալ, ատով իսկ կ՚ապացուցանէ որ գերուհի մըն է»:

Թեւիս վրայի ոսկի ապարանջանը դողաց… ու այդ պարզ զարդը ինձ թուեցաւ անարգութեան շղթայ մը. հանեցի եւ նետեցի սեղանին վրայ:

— «Կարմիր Մահիկի՞ն համար…», ճչաց սուրիացի բժիշկը, «պռաւօ՜…»

Րէմզի շեղակի ինձ նայեցաւ: Ինչպէս դանակի հարուած ընդունեցի այդ ակնարկը. շառագունեցայ եւ շրթներս դողացին:

Սեղանէն ելանք երկուքս ալ, առանց բառ մը ըսելու, միւսերուն զարմացական նայուածքին տակ:

Կէս գիշերը անց է. կ՚երթայի հիւանդներու սրահը մահամերձի ներարկում ընելու: Կ՚անցնէի բժիշկներու ննջասենեակներու առաջքէն, երբ լսեցի ցած խօսակցութեան շշուկ: Կանգ առի. լռեցին: Պահ մը յետոյ լսեցի առնական ձայն մը որ կը հեծեծէր, որ կը խօսէր արցունքներէն խեղդուելով: Սա ի՞նչ մղձաւանջ է… ո՞վ է լացողը. ի՞նչ կրնայ ըլլալ այս ժամուն: Րէմզի՜ն… անոր դուռը կիսաբաց է եւ լամբը կը վառի, դողացող քայլերով մօտեցայ եւ դուռը հրեցի. սենեակը պարապ էր: Բայց քայլ մը անդին հարեւան սենեակին մէջ, ահա իր ձայնն է որ կը լսեմ անսպասելի քաղցրութեան եւ բարութեան շեշտով մը: Երբեք Րէմզի այդպէս չէ խօսած ոչ ոքի: Կարծես խանդակաթ հայր մըն է իր հիւանդ երեխային սնարին մօտ: Րէմզի…… դուն կարող ե՞ս ուրեմն…

— «Հանդարտէ՛ եղբայր, եղբայր…»

Ակամայ աչքերս կը լեցուին. կարծես մատներ կը դպին բաբախուն սրտիս եւ ինձ անծանօթ զգացումներ կը խլեն անկէ:

Ինչպէս արբեցութենէ բռնուած, աչքերս մթագնելով, կը լսեմ կրկին Րէմզիի քաղցր ու սրտագին ձայնը.

— «Եղբա՜յր, եղբա՜յր…»

Բայց որո՞ւ հետ է. դռները փակ են եւ այլեւս լռութիւն կը տիրէ ամէն կողմ. իմ քայլերս կը լսուին հակառակ զգուշութեանս եւ ահա հարեւան դուռը կը բացուի եւ Րէմզի կ՚երեւայ, լամբը ձեռքը բռնած: Անիկա տժգոյն է մեռելի պէս եւ դէմքը աւերուած է ինչպէս եթէ անձնական վիշտ մը զինքը գալարէր տանջանքով. ինձ տեսնելուն մոլորուած նայուածքը յառեց վրաս եւ ըսաւ մեղմ ու յոգնած ձայնով:

— «Դո՞ւք էք Մելիհա հանը՛մ, ի՞նչ կայ»:

— «Այսօրուան վիրաւորներէն մէկը վատ է, մահամերձ է, պէտք է քափուրի իւղ ներարկել. դեղատունը չկայ… եկան ինձ մօտ… դեռ տուփ մը ունէի. ուզեցի ես ինքս ներարկել»:

— «Լա՛ւ, կ՚ընկերանամ ձեզ»:

Րէմզի կրկին մտաւ սենեակ, լամբը դրաւ սեղանին վրայ. մտած եւ ելած միջոցին կիսաբաց դռնէն լսեցի ծանր եւ տաժանելի շնչառութեան մը հեւքը, ուրիշ ոչինչ:

Պատրուակ մը տալու համար իմ բուռն յուզումիս, ըսի Րէմզիին հատկտեալ ձայնով.

— «Մարդիկ իրար յօշոտող արիւնարբու գազան են դարձեր, անյագ ծարաւի են դարձեր իրարու արիւնի… Ալլա՜հ, ե՞րբ վերջ պիտի գտնէ այս թշուառութիւնը»:

Րէմզի լուռ կը քալէր. նրբանցքին աղօտ լոյսին մէջ իր տժգոյն դէմքը, սեւ թուացող մօրուքով, անօրինակ արտայայտութիւն ունէր:

— «Մահամերձը կեսարացի է», ըսի, լռութիւնը խզելու համար:

Րէմզի ցնցուեցաւ եւ ինձ նայեցաւ, շրթները բացխփեց կարծես բան մը ըսելու համար, բայց լռեց:

— «Գործողութեան միջոցին հասկցանք որ չպիտի ազատի. վէրքը նեխած էր… ափսո՜ս, դուք այնտեղ չէիք, թերեւս կը փրկէիք…»

Րէմզի տարակոյսի շարժում մը ըրաւ:

— «Հայ բժիշկը կատարեց գործողութիւնը. ո՞վ գիտէ, թերեւս անուշադիր եղաւ»:

Րէմզի քայլերը արագացուց, բայց կանգ առաւ:

— «Առաւօտեան ժամը հինգէն մինչեւ կէս գիշեր անընդհատ աշխատեցաւ», ըսաւ ինձ յանդիմանական եւ դառն ձայնով մը, «եւ այսպէս՝ երեք ամիսէ ի վեր որ այստեղ է: Այլ սակայն, երկու օրէ ի վեր գիտէ որ իր երիտասարդ կինը, ծերունի հայրն ու մայրը անհետ կորած են աքսորի ճամբուն վրայ…»

Հիւանդներու կիսախաւար սրահին մէջէն կ՚անցնէինք անշշուկ: Շարքով մահճակալները դագաղներ են կարծես եւ վիրաւորները՝ ճերմակ սաւաններու մէջ պատանքուած մեռելներ: Մեռելներ, որ կը տառապին եւ կը ճչեն եւ քունի մէջ թէ արթուն յարատեւ կը պայքարին անծանօթ եւ թշնամական զօրութեան մը դէմ:

Կանթեղները կը պլպլան եւ մեր զոյգ շուքերը կ՚երկարին բեկ-բեկ, մահիճներու շարքերուն վրայ: Մեր անցքին, անքուն հիւանդներ աւելի բարձր կը հեծեծեն, անակնկալ օգնութեան մը յոյսը կ՚արծարծուի իրենց կարկամած դէմքերուն վրայ: Ուրիշներ ընդոստ կ՚արթննան ու գաղտագողի կը դիտեն կամ կը ցցուին իրենց անկողիններուն մէջ՝ թեւերնին կապուած, ձեռատ կամ գլուխնին բեռնաւոր վիրակապերով: Խուլ մռնչիւններ վերմակներու ծալքերուն տակ թաղուած վէրքերու համար, հատկտեալ բառեր, անորոշ վանկեր, ու ահա անուն մը.

— «էմինէ՜, էմինէ՜, էմինէ՜...»

Կը հետեւիմ զառանցող հիւանդի մոլորուն նայուածքին, մինչ շրթները կը կրկնեն.

— «էմինէ՜, էմինէ՜...»

Այս ժամուն բժշկապետին այցելութիւնը անսովոր է եւ հիւանդները կը հասկնան որ իրենցմէ մէկը Ազրայէլի այցելութիւնը ընդունած է: Սուր եւ հետազօտող աչքեր մեզ կը հետեւին. ո՞ւր կանգ պիտի առնենք, արդեօք: Այդ բոլոր թուխ եւ վտիտ դէմքերը, նման իրարու, նման՝ ցաւի եւ մտավախութեան կծկումներով, այսահարի երեւոյթ ունին եւ կարծես իրենց դէմքերուն վրայ կը կրեն անջնջելի կերպով այն սոսկումը, որ պատերազմի տեսիլքներ յառաջ բերած են իրենց մէջ:

Մեր հիւանդը առաջին ակնարկով ոչինչ ունի արտասովոր, հանդարտ պառկած է եւ կիսախուփ աչքերէն մէկուն մէջ բիբը կ'երեւայ, ինկած ստորին արտեւանունքին վրայ, ինչպէս անկենդան սեւ ուլուն մը, անլոյս, անփայլ: Րէմզի վերմակը բարձրացուց եւ բազուկը փնտռեց. հազիւ թէ բժիշկին մատները կպած էին բազկերակին, հիւանդը ունեցաւ կարճ եւ կտրուկ ցնցում մը: Րէմզի կրկին ծածկեց վերմակը եւ իր թաշկինակը հանելով գրպանէն, մեղմութեամբ սրբեց հիւանդին քրտնաթոր ճակատը. յետոյ նշանացի ինծի պատուերեց որ լոյսը մօտեցնեմ հիւանդի դէմքին: Շրթունքի անկիւնէն արիւնախառն դեղնորակ լորձունքը յամրօրէն կը հոսէր սեւ մօրուքին մէջ. բժիշկը արտեւանունքը բարձրացուց. բիբը մնաց կախուած, կարծես գետին պիտի իյնար: Ցոյց տուի ներարկու գործիքը Րէմզիին, բայց անիկա ձեռքով մերժողական շարժում մը ըրաւ:

Մահիճին քով, սեղանին վրայ ստկուած նարինջ մը կար, որմէ քանի մը շերտ կը պակսէր. հասկցայ որ մնացեալը այլեւս իրեն համար չէր:

Մեկնեցանք վիրաւորին քովէն ինչպէս յանցաւորներ: Գիշերապահը մօտեցաւ բժշկապետին եւ փորձեց բան մը հասկցնել, բայց Րէմզի շրթունքին դրաւ մատը լռութիւն հրամայելով:

Երբ դուրս ելանք, նրբանցքին մէջ երկուքս մէկ կանգ առինք: Պաղ քրտինք մը կ'ողողէր ճակատս եւ ծունկերս կը կթոտէին: Րէմզի այդ պահուն ինծի նայեցաւ ներուժ նայուածքով մը: Կարծես թէ ինքն էր աւելի տկարը եւ նեցուկ մը կը փնտռէր: Հասկցայ որ զինաթափ կը զգար ինքզինքը եւ տեսակ մը դառն փոհունակութիւն զգացի:

Կարծես թափ տալու համար մեր խռովայոյզ զգացումներուն, աւելի ուժեղ կերպով լսելի եղաւ հրետանիին թնդիւնը եւ ապակիները ցնցուեցան ճարճատելով:

Րէմզի դէպի ինծ հակեցաւ եւ դէմքը ստացաւ խորհրդապահ երեւոյթ մը. կարծես ծանր եւ անխոստովանելի գաղտնիք մը ունէր հաղորդելիք. բնազդական շարժումով մը աջ և ձախ նայեցաւ, բայց ահա անմիջապէս սթափեցաւ եւ արագ քայլերով հեռացաւ նրբանցքին մէջ:

Ցերեկուան ճաշին Րէմզի իր սովորական երեւոյթը ունէր. քիչ մը աւելի տժգոյն թերեւս եւ աչքերը աւելի յոգնած: Սուրիացի բժիշկը կարդաց պատերազմական հաղորդագրութիւնները եւ յաղթանակի ստուգութիւնը պարզեցին բոլոր դէմքերը: Մեր դաշնակից գերմանացիները յաղթական են բոլոր ճակատներուն վրայ: Կը բաւէ որ գրաւեն Վարշավան եւ ահա վերջացա՜ւ... Պատերազմը կը վերջանայ կեդրոնական պետութեանց յաղթանակով: Սա անտարակուսելի ճշմարտութիւն մըն է եւ այլեւս մնացեալը մանրամասնութիւններ են: Ամէնքս ալ երջանիկ էինք եւ հպարտ բացի Րէմզիէն, որ անուշադիր մնաց ընթերցման պահուն եւ չի հասկցաւ կարծեմ թէ խնդիրը ի՞նչ բանի վրայ է: Խօսքը չեմ ըներ հայ բժիշկին, որ իր սգեղ եւ խոշոր քիթը չի բարձրացուց պնակին վրայէն: Երկուքին ալ վարմունքը ջիղերուս դպաւ, թերեւս ուզեցի պարզապէս Րէմզիին ուշադրութիւնը գրաւել: Դէմ է պատերազմին, գիտեմ, այդքանը գուշակած եմ. ես ալ դէմ եմ, բայց այդ ինծ չարգիլէր որ սիրտս ուռի հպարտութեամբ, երբ լսեմ մեր թշնամիներուն ջախջախիչ պարտութիւնը: Թո՛ղ անգամ մը յաղթենք, յետոյ կը խօսինք... Իմ զգացումներս մէկ անգամէն արտայայտելու համար գոչեցի եռանդով.

— «Վա՜յ յաղթուողին...»

Սուրիացի բժիշկը ծափահարեց, յետոյ աչքերը արագ թարթելով ինծ նայեցաւ եւ ըսաւ.

— «Պէտք է գութով ըլլալ պարտուողներուն համար: Թուրքը ասպետական է եւ վստահ եմ որ...»

— «Ի՞նչ է գութը», ընդհատեցի խօսքը, «ես այդպէս բան չեմ ճանչնար: Դուք բժիշկներ էք, եւ ամէնքդ ալ գիտութեան հետեւած էք: Մի՞թէ գութ կայ բնութեան մէջ: Թէ՛ բուսական եւ թէ՛ կենդանական աշխարհներու մէջ իրար կը լափեն, իրար կ'ոչնչացնեն ապրելու, տեւելու եւ զօրանալու համար... ո՞ւր կը գտնէք գութ որ ես իմ մէջս ունենամ: Այդ ձեր գուժ ըսածը ջղային հիւանդութիւն մըն է եւ փա՜ռք Աստծոյ, իմ ջիղերս հիւանդ չեն»:

— «Ինչքա՜ն պաշտելիօրէն սոսկալի էք», մրմնջեց սուրիացի բժիշկը:

Րէմզի նայուածքը ինծ սեւեռեց եւ մնաց այդպէս: Այդ թափանցող ակնարկին տակ արիւնս մտրակուեցաւ եւ աւելի եռանդով ըսի.

— «Ես չեմ որ հաստատեր եմ աշխարհիս օրէնքները. պատասխանատու չեմ եթէ բնութիւնը մեզ հրամայաբար կը պատուիրէ լափել ապրելու համար: Կա՛մ պիտի յօշոտես, կա՛մ պիտի յօշոտուիս: Մարդոց մէջ ալ գառնուկներ կան եւ գայլեր: Ես գառնուկ չեմ, վստահ եղէ՛ք, ես գայլ եմ եւ ինչ որ աւելի բան մըն է՝ է՛գ գայլ մըն եմ ես»:

— «Պռաւօ՜, պռաւօ՜...», գոչեցին սեղանին զանազան անկիւններէն:

Յետոյ յանկարծ լռեցի: Նշմարեցի որ Րէմզի հայ բժիշկին նայեցաւ արագ եւ խուսափուկ ակնարկով մը եւ իր վարի շրթունքը ստացաւ ծաղրական արտայայտութիւն մը:

Ճէլալէտտի՜ն... սիրելի՛ս... Թո՛ղ այդպէս ըլլայ... ես քու գերիդ եմ, արժակած հարճդ... Ճէլալէտտի՛ն... Միայն այնքանին վստահ ըլլայի որ գիտես թէ այստեղ եմ եւ Կէլիպոլուի հիւանդանոցը պիտի այցելես ինծ տեսնելու յոյսով, որպէս զի իմ սեւ օրս ուրախութեան փոխուէր եւ այս դժողքը ինծ համար դառնար երջանկութեան պարտէզ մը...

Ճէլալէտտի՜ն... միայն գիտնայի որ գիտես թէ այստեղ եմ:

Երեկոյթը անցուցի Սաֆիյէ հանըմին սենեակը: Սիրտս անձկութեամբ լեցուն էր: Երբ վութին ողբական հնչիւնները կը պայթէին անոր ճարտար մատներուն հպումով, ինծ կը թուէր որ տարածութեան մէջէն ճակատագիրս էր որ ինծ վանկ առ վանկ կը յայտնէր կեանքիս գաղտնիքը:

Ես հասկցայ թէ ինչո՞ւ առաջին օրէն թագուն համակրութիւն մը ունեցայ այդ նախկին պալատականին համար: Ամէն հաշիւ ընելով եւ զեղջելով արտաքին տարբերութիւնները, մենք իրարու նման ենք հոգիով: Ան արդէն պառաւեր է, բայց դեռ կը սպասէ... Կը սպասէ որ մի ինչ որ անծանօթ ձիաւոր իրեն բերէ լիաբուռն երջանկութիւն եւ բարիք: Ան համոզուած է նոյնիսկ որ այդ ձիաւորը ճամբայ ելած է եւ օր մը պիտի հասնի ու իր դրանը զարնէ...

Որպէս զի իրապէս կարենայինք ինքզինքնիս համարել ազատ, պէտք է որ փնտռէինք մեր երջանկութիւնը մեր սեփական ուժերով եւ մեզմէ բխող միջոցներով: Մենք ի՞նչ ենք մենք մեզմով: կինե՜ր որոնց կը ցանկան կամ կ'արժակեն... եւ երկու պարագային ալ կրաւորական ստրուկներ:

Երբ մեր գլխուն վերեւ մարդ մը չի կայ, անտէր շան նման ողորմելի եւ շուարած կը մնանք եւ ասոր անոր կը քսուինք, որպէս զի վերջապէս տէր մը գտնենք:

Րէմզին կարող էր ինծ փրկել, բայց կը զգամ որ հետզհետէ կը հեռանայ ինծմէ: Անջրպետը որ կայ մեր երկուքին միջեւ, հետզհետէ կը լայննայ: Վերագտնելու համար մեր միացման կէտը, պէտք է վերադառնանաք անդարձ անցեալին: Անոր կեանքը կը բացուի իր առաջ մայիսեան լուսաշող օրուան մը պէս: Իր աստղը փայլուն է եւ իր աչքերը կը ժպտին անծանօթ, բայց ստոյգ երջանկութեան մը: Զինքը կը տեսնեմ գալիք օրերուն մէջ ամուր եւ յաղթական, բայց ես բացակայ եմ այդ օրերէն:

ՎԵՐՋԻՆ ԼՈՒՐ

«Ներքին գործոց նախարարը պիտի մնայ դեռ քանի մը օր ճակատ, իսկ ճէլալէտտին պէյ կը վերադառնայ մայրաքաղաք: Մէկ օր կանգ պիտի առնէ միայն կէլիպոլու, հիւանդանոցը այցելելու համար»:

Օրն ի բուն պատրաստութիւններ կ'ըլլան ականաւոր հիւրը ընդունելու համար: Յոյս կայ որ ճէլալաէտտինի այցելութիւնը զուգադիպի ջախջախիչ յաղթանակի մը, ինչպէս Վարշավայի գրաւումը, որու համար կ'ըսեն թէ ժամերու խնդիր է: Նոյնիսկ լուսազարդութեան պատրաստութիւններ կ'ըլլան: Ողորմելի բան է տեսնել այդ գոյնզգոյն թուղթէ լապտերները նրբանցքներուն մէջ, ուր նոր հասած վիրաւորներ կը հեւան եւ կը հեծեծեն ու իրենց քալած տեղերը արիւնի հետքեր կը թողուն:

Րէմզին ա՛լ աւելի լռակեաց է եւ խոժոռ. կ'ուզէի իրեն հետ խօսիլ մտերմութեամբ, բայց ինծ կը թուի որ այս օրերուս իմ պարզ ներկայութիւնս անհանդուրժելի է իրեն: Այլ սակայն եթէ գիտնար թէ որքա՜ն յուսացի իր վրայ... Երկուքս ալ ցաւագինօրէն կ'ուզենք իրարու մերձենալ, բայց անողոք բան մը մեզ կը բաժնէ:

ծէլալէտտի՛ն, դուն իմ կեանքիս դաՀիճը եղար եւ սրտիս խորքէն կ՚ատեմ քեզ: Կ՚ատեմ Հրայրքով եւ սիրելով եւ կը տանջուիմ սիրելով ու ատելով: Կ՚ուզեմ ազատագրուիլ քու լուծէդ, բայց սիրտս տերեւի մը պէս կը դողայ քեզ տեսնելու յոյսով եւ ուշադիր ականջ կը դնեմ ՀեռզՀեռէ դէպ ինծ յառաջացող քայլերուդ աղմուկին, որը կը Թնդայ սպասման ժամերուս լուին անՀամբերուԹեան մէջ:

Սաֆիյէ Հանըմ Հնարամիտ եւ ճարտար կին է եւ քանի մը օրերէ ի վեր ինծ կ՚օգնէ իմ արդուզարդիս մէջ:

Վաղուց մոռցեր էի այն Հրճուանքը եւ վստաՀուԹիւնը որ Հայելիին մէջ պատկերս կը ներշնչէր ինծ: Սաֆիյէ Հանըմ սքանչացման մրմունջով կը խօսի իմ սամոյր եւ Թաւ յօնքերուս, աչքերուս փայլին եւ շրԹներուս ԹարմուԹեան վրայ: Կարծես անձնական շաՀ մը ունի իմ գեղեցկուԹեանս մէջ: Ինքը ինծ սորվեցուց դնել Հիւանդապահուհիի ճերմակ քօղս մասնաւոր ծալքով մը, որ ըստ իրեն աւելի պատշաճ է իմ դէմքիս:

— «Դուն սիրուն եւ գողտր կին մը չես», ըսաւ ինծ, «այլ Հրամայական գեղեցկուՀի մը: Պէտք է արժեցնել այդ Թանկագին յատկուԹիւնը: Ցեղ ունեցող մարդիկ զգայուն են քեզի պէս կիներուն. պայքարի կը մտնեն քեզ Հետ, բայց կը մեռնին քեզ Համար»:

Մինչեւ առաւօտ Հիւանդանոցը Հեւքոտ գործունէուԹեան մէջ էր: Վիրաւորներու սայլերը անվերջ շարաններով կանգ կ՚առնէին մեր դրան առաջ եւ կը պարպէին իրենց բեռը: Այլեւս չէինք Հասներ նոյնիսկ նախնական խնամքներ տալու ամէն մէկին: Բոլոր ծառայողները ոտքի վրայ էին եւ իրարու կ՚օգնէինք Հապճեպով: Միջոց մը աշխատեցայ Հայ բժիշկին Հետ եւ մինչ անիկա ցնցոտիի կտորներ կը Հանէր, որոնք Թանցրացած արիւնով կպած էին ցաւագին միսերու, մեր աչքերը իրարու Հանդիպեցան նոյն անկեղծ վշտակցուԹեան զգացումին մէջ:

Րէմզի տարօրինակ երեւոյԹ մը ունի: Անոր դէմքը դարձեր է չար եւ անԹափանց: Անիկա երբեմն ինծ երկիւղ կը պատճառէ: Կարծես գերբնական ճիգով մը մեր ՀասողուԹենէն վեր մտածումի մը վրայ կեդրոնացուցած է իր բոլոր ուժը: Բայց այս բոլորն ալ խուսափուկ տպաւորուԹիւններ են, որովՀետեւ շունչ առնելու ժամանակ չկայ: Այլեւս չի պատաՀիր որ գոնէ ճաշի ժամերուն Հաւաքուինք: Երկուքով, երեքով կը ճաշենք արագուԹեամբ եւ կ՚երԹանք մեր գործին: Թերեւս սոսկալի աղէտներ կը սպառնան մեզ: Ի՞նչ պիտի պատահի, եթէ թշնամին հասնի մինչեւ կէլիպոլու:

Հայրս ինծ հեռագրեր է որ քանի մը օրով վերադառնամ Պոլիս… անշուշտ այնտեղ գիտեն իրականութիւնը եւ այդ է հեռագրին թագուն իմաստը: Բայց մի՞թէ հայրս չի մտածեր որ ես զէնքի հաւատարիմ ընկեր եմ եւ դասալիք չեմ ըլլար այս ճգնաժամային օրերուն:

Լուր կայ որ հիւանդանոցը պիտի փոխադրեն թիկունքը… ուրեմն…

Ինչո՞ւ ուշացաւ ծէլալէտտին: Թերթերու մէջ այլեւս ոչ մէկ լուր կայ իր մասին:

Զորս հոգի կը ճաշենք: Հայ բժիշկը սովորականէն աւելի մռայլ էր. յանկարծ ճաշը ընդհատեց եւ մեկնեցաւ սրահէն: Րէմզին երկար նայեցաւ ետեւէն եւ սուրիացի բժիշկը քաջալերուած բժշկապետի այդ ցուցարար հոգածութենէն՝ հարցուց.

— «Կարծեմ կեսարացի է»:

Րէմզին գլխով հաստատական նշան մը ըրաւ:

Կրկին լռութիւն: Սուրիացին իր սովորութեան համեմատ ուզեց խզել այդ ծանր լռութիւնը եւ սկսաւ խօսիլ տեղահան եղած հայերու կարաւաններու վրայ, որոնք անցեր էին Դամասկոսէն: Րէմզին ուշադրութեամբ կը լսէր: Սուրիացին ի միջի այլոց պատմեց թէ աքսորականներու կարաւանի մը ընկերակցող ժանտարմ մը, որ չէր խնայած ո՛չ ծերերուն եւ ո՛չ հիւանդներուն, յանկարծ օր մը կանգ կ'առնէ ճամբուն վրայ լքուած երեք ամսու մանկիկի մը առաջ: Պահ մը մտածկոտ կը մնայ, յետոյ կը վերցնէ երեխան գետնէն, կ'առնէ գիրկը եւ կը նայի: Ի՞նչ կը պատահի իրեն այդ պահուն, սատանան միայն գիտէ: Ժանտարմը կը դանդաղի, ետ կը մնայ կարաւանէն եւ կրկնօցին ծայրովը կը ծածկէ լքուած մանկիկին մերկ անդամները: Առաջին հանգրուանին իսկ կը դիմէ կարաւանին մէջ երեխայ ունեցող կիներուն եւ կ'աղերսէ որ յօժարին դիեցնել մանկիկը: Այդ նոյն կիները կը պատմէին որ այդ արիւնարբու գազանը օրէ օր կը փոխուէր: Մեղմութեամբ եւ նոյնիսկ քաղաքավարութեամբ կը խօսէր իրենց հետ եւ սիրտը կը դողար որ պիտի մերժէին իր խնդիրքը: Միւս ժանտարմները կը ծաղրէին զինքը բայց անիկա կը հանդուրժէր ամէն բանի եւ նոյնիսկ երբեմն գաղտագողի հաց եւ ճմեռուկ կու տար դիեցնող կիներուն եւ երեխաներուն:

Սուրիացին տեսեր էր այդ ժանտարման իր աչքերով։ Անիկա հարազատ հօր գուրգուրանքը ունէր այդ մանկիկին համար, ահով եւ վախով կը հետեւէր անոր առողջութեան եւ դէմքը կը ստանար անսահմանելի երանութիւն մը, երբ մանուկներու յատուկ անգիտակից ժպիտը ուրուագծուէր երեխային դէմքին վրայ։ Երբ կարաւանը Դամասկոսէն պիտի մեկնէր ժանտարման խնդրեր էր տեղւոյն իշխանութենէն որ զինքը արձակեն։

Մտադիր էր տնակ մը վարձել եւ երեխային հետ բնակիլ այնտեղ։ Իշխանութիւնը մերժեր էր իր խնդիրքը եւ ժանտարման բեկուած սրտով միացեր էր կարաւանին, մանկիկը թեւերուն վրայ, գլուխը կախ եւ մտահոգ, ինչպէս եթէ ինքն ալ աքսորական մը ըլլար։

— «Ա՜յ, եթէ կրնաք, լուծեցէք մարդկային սրտի գաղտնիքը», եզրակացուց սուրիացի բժիշկը։

— «Այդ կը նշանակէ, որ հրէշը իր խորքերուն մէջ մարդկային զգացումներու կայծ մը պահած էր», ըսաւ Րէմզի ներշնչուած ձայնով, «եւ թէ ինչ որ ալ պատահի, պէտք չէ յուսահատիլ»։

Յետոյ աւելցուց եռանդով.

— «Պէտք է հրահրել այդ կայծերը որպէս զի մեզ խեղդող խաւարը փարատի»։

— «Այո՛, որպէս զի իժեր սնուցանենք մեր ծոցին մէջ», ըսի ես, ալ չեմ գիտեր ինչո՞ւ, որովհետեւ այդ չէր մտադրութիւնս եւ ինքս ալ յուզուած էի սուրիացիին պատմութենէն։

Րէմզի ընդոստ դարձաւ ինձ եւ կզակը սեղմած, սպառնական նայեցաւ։ Յետոյ ձեռքի դանակը նետեց սեղանին վրայ եւ ուսերը ցնցեց արհամարհանքով։

Ուզեցի մեղմացնել խօսքերուս ազդեցութիւնը, բայց յանկարծ ուրախութեան աղաղակ մը պոռթկաց նրբանցքներուն մէջ։ Սրահին դուռը բացուեցաւ եւ նոր հասած թերթի յաւելուածներ ինկան մեր ամենուս ձեռքը.

«Գերման բանակը գրաւեց Վարշավան»։

Վստահաբար, վաղը, ծէլալէտտին կը հասնի Կէլիպոլու։

Ինչո՞ւ Րէմզին պղտորեց ուրախութիւնս։ Ի՞նչ գերագոյն նպատակ կրնայ ըլլալ իր հայեցակէտին մէջ, որ զինքը անտարբեր կը դարձնէ մեր ամենուս ուրախութիւններուն եւ արդար ցասումներուն։ Մտադրեցի յանկարծ որ երթամ տեսնեմ զինքը եւ ընկերներս չի վերապահեմ ցերեկուան ջղագրգիռ ժամերուն երբ՝ մեր լսած ու տեսած սոսկումներէն գրգռուած, չենք գիտեր այլեւս թէ ի՞նչ կ՚ընենք, ի՞նչ կ՚ըսենք:

Գիշերապահը ինծ առաջնորդեց հնամենի շէնքին մութ նրբանցքներէն լուսազարդութեան յատկացուած նարնջագոյն թուղէ լապտեր մը ձեռքը: Մղձաւանջի մէջ ե՞նք, թէ իրաւ է այս բոլորը: Կարծես ամէն մէկս անձամբ մենք չենք, այլ մեր ուրուականները՝ որ կը շարժին, կը սահին, կը խառնուին ուրիշ ստուերներու: Դեռ ո՞ղջ ենք, ի՞նչ բանի համար… եւ այս անիծեալ ու անդադար թնդիւնը, որ խորքը կը կազմէ մեր բոլոր մտածումներուն եւ զգացումներուն:

Ե՞րբ պիտի հասնի այն օրը երբ լռութիւնը պիտի բզզայ այս աշխարհատարած աւերակներուն վրայ:

Րէմզին չի զարմացաւ ինծ տեսնելով. կարծես ժամադրուած էինք եւ ինծ կը սպասէր:

Արմուկները սեղանին վրայ, գլուխը՝ ափերուն, խորասուզուած էր մտածումներու մէջ: Թերեւս կը քնանար: Երբ դուռը բացի, գլուխը բարձրացուց, ինծ նայեցաւ եւ ըսաւ յոգնած ձայնով.

— «Լաւ որ եկար, Մելիհա՛»:

Առաջին անգամն էր որ այդքան քնքուշ մտերմութեամբ Րէմզի կ՚արտասանէր անունս: Անմիջապէս խորհեցայ որ հիւանդ է. դէմքը տժգոյն էր եւ իր սեւածիր աչքերը կը վառէին տենդով: Կարծես բարոյական սասանումի մը ենթարկուեր եւ ջախջախուեր էր: Անսահման երկիւղ մը ինծ գրաւեց:

— «Արդեօ՞ք վատ լուրեր կան ճակատէն», հարցուցի, փութալով դէպի զինքը:

Գլխով ժխտական նշան մը ըրաւ:

Կը շարունակէի հարցական ակնարկս սեւեռել իր աչքերուն բայց ահա զգացի որ Րէմզի բուռն ցաւով մը կը տանջուէր: Ուզեցի անմիջապէս կազդուրել զինքը.

— «Եթէ վատ լուր չի կայ, ի՞նչ փոյթ մնացածը… շուտով մենք եւ մեր զինակիցները կը յաղթենք: Մեր փայլուն մահիկը կը բարձրանայ երկնակամարին վրայ…»

Իմ ոգեւորուած խօսքերուս միջոցին Րէմզի հետզհետէ աւելի տանջալի կը դառնար:

— «Ինչ որ ալ ըլլա՛յ, ես քեզ կը հաւատամ», աւելցուցի եռանդով, «բայց դուն կը կարծես թէ չարժէ ինծի հետ խօսիլ սրտակցութեամբ»:

Րէմզի կը շարունակէր ինծի նայիլ այլայլած դէմքով: Երբեմն յօնքերը կը խոժոռէին, յետոյ կը պարզուէին:

— «Այսօր», պնդեցի, «ուրախութեան օր մըն է մեզ համար: Մեր թշնամիները կը պարտուին…»

Րէմզի գլուխը ցնցեց դառնութեամբ.

— «Մեր բուն թշնամիները», ըսաւ ակռաները սեղմելով, «յաղթական են այս միջոցին»:

— «Ո՞րն է քեզ համար թշնամին: Ես այլեւս բան չեմ հասկնար: Վայրենիները եկեր են մինչեւ մեր մայրաքաղաքի դուռը…»

— «Թշնամին միայն այնտեղ չէ՛… վստահ եղի՛ր, Մելիհա՛»:

Ոտքի ելաւ եւ սկսաւ պտտիլ սենեակին մէջ: Յանկարծ կանգ առաւ իմ դէմս, երկու ձեռքերը դրաւ ուսերուս վրայ եւ նայուածքը սեւեռելով աչքերուս՝ ըսաւ անձկալի ձայնով մը.

— «Կարո՞ղ ես արդեօք դաժան ճշմարտութեան մը բեռը կրել»:

Այդ պահուն ճշմարտապէս սարսափեցայ իրմէ: Ինծի թուեցաւ, որ խելքը գլուխը չէ, զառանցանքի մէջ է: Սթափեցնելու համար զինքը՝ փութացի ըսել.

— «Րէմզի՛, աղի հացի հախ կայ մեր մէջը. մեր տունը ապրած, հօրս թեւին տակ մեծցած ես, ինչո՞ւ քու սիրտդ կը փակես ինծի: Կ՚ըմբռնեմ շատ լաւ որ դուն մեզ հետ չես, ի՞նչ է պատճառը… Րէմզի՛, գերմանները գրաւեցին Վարշավան եւ շուտով այս անիծեալ պատերազմը վերջ կը գտնէ. ի՞նչպէս կ՚ըլլայ որ անտարբեր կը մնաս մեր յաջողութիւններուն համար»:

Րէմզի ցնցուեցաւ, քայլ մը հեռացաւ եւ ափը մօտեցնելով շրթունքին՝ փչեց վրան ըսելով.

— «Այդ բոլորը, ահա՛… քիչ մը ոսկեզօծ փոշի, ուրիշ ոչինչ»…

Պահ մը լուռ նայեցանք իրարու. յետոյ կարծես նոր մտաբերելով, աթոռ մը տուաւ ինծի եւ խնդրեց որ նստիմ: Դուռը կիսաբաց մնացեր էր. գնաց փակեց եւ երկրորդ աթոռ մը առնելով եկաւ քովս, նստաւ սեղանին առաջ. յետոյ խոր հառաչելով ըսաւ.

— «Իրաւամբ, պէտք է մտածել, Մելիհա՛, որ թերեւս անպատշաճ է որ այս ժամուս առանձին ինծ մօտ ըլլաս»:

Իմ կարգիս փչեցի ափիս վրայ եւ ըսի.

— «Այդ բոլորը ա՛լ աւելի քիչ մը փոշի, ուրիշ ոչինչ»:

Ուզեց ժպտիլ, բայց դէմքը յանկարծակի լրջացաւ:

— «Դժուար էր ինծ համար այս իրիկուն», ըսաւ մեղմ ձայնով, «մինակս տանիլ հոգւոյս բեռը, շնորհակալ եմ որ եկար»:

Գլուխը ցնցեց, վանելով անհարկի մտածում մը, յետոյ ըսաւ ինչպէս եթէ առանձին խօսէր.

— «Քիչ առաջ կը մրափէի եւ երազ մը տեսայ. Գանտիլլիի տունն էինք, պարտէզին մէջ. հայրս կ'աշխատէր ածուի մը մէջ եւ ես կը խաղայի մինակս: Ինծ ղրկեց որ գործիք մը բերեմ: Քանի մը քայլ անդին կանգ առի շլացած. ծաղկած աքասիաներու ստուերին տակ ճերմակ եւ քօղարկուած սիլուէդ մը կ'անցնէր. ինծ այնպէս թուեցաւ որ սա աշխարհային էակ մը չէր, այլ դրախտէն իջած հուրի մը: Ոչինչ կը յուսայի եւ ոչ մէկ բանի իրաւունք ունէի, բայց իմ ուրախութիւնս մաքուր էր եւ զօրեղ արեւի ճառագայթի մը պէս»...

— «Սա երազ չէ, Րէմզի՛», ըսի դողդողացող ձայնով, «սա երջանիկ յիշողութիւն մըն է...»

Րէմզի ընդոստ ինծ դարձաւ եւ աչքերը փայլատակեցին:

— «Երազ էր, բայց սթափեցայ. եւ ո՞վ էր որ աղարտեց իմ պատանեկան երազս... Համիտի սպասաւոր, Րիզա փաշայի որդին, Ճէլալէտտի՜նը...»

— «Րէմզի՛...»

— «Այլեւս ոչի՜նչ... ես վճռեցի սպաննել Ճէլալէտտինը...»

— «Օ՜հ, Րէմզի... դուն գլուխդ կորսնցուցեր ես... հիմա այն էր պակաս ո՞ր...

— «Ոչ հիմակ, Մելիհա՛, ես այնատեն վճռեցի եւ ինծ համար մեռած է արդէն»:

Անկեղծօրէն կը մտածէի որ Րէմզի զառանցանքի մէջ է եւ իր տժգոյն դէմքը, սեւ խոր աչքերը, որոնք կը փայլատակէին ատելութեամբ, ինծ սոսկում կը պատճառէին. ոտքի ելայ եւ ուզեցի փախչիլ, բայց Րէմզի ձեռքս բռնեց եւ հարկադրեց մնալ: Զգացի որ ինքն ալ կը դողար յուզումէն:

— «Այս խօսքերը քեզ չեմ ըներ», ըսաւ Րէմզի խուլ ձայնով մը, «այն նպատակով որ կը կարծես. ո՛չ, ո՛չ, հազար անգամ ո՛չ: Բայց լսէ՛ եւ այս մէկը: Անձրեւոտ եւ մթին իրիկուն մըն էր, հակառակ որ տենդ ունէի, կը թափառէի փակ փեղկերուդ առաջ: Հեռուէն լսեցի ձիու մը սմբակներուն աղմուկը. յառաջացայ դէպի պարտէզին մուտքի դուռը. քանի մը րոպէէն ձին կանգ առաւ դրան առաջ: Ճանչցայ ձայնը որ հրամաններ կու տար ձիապանին, ճանչցայ եւ իր քայլերուն ձայնը… Երբ դէմ եկանք, անիկա նախ զարմացաւ եւ յետոյ զայրացաւ: Նոյն միջոցին հօրդ ծառան լապտեր մը բերաւ եւ բարձրացուց մեր դէմքին: Ճէլալէտտին տժգուններ էր ցասումէն եւ աչքերը կարծես ինձ պիտի լափէին. մատները անհամբերութեամբ կը շարժէին մտրակին կոթին վրայ:

— «Շա՛ն լակոտ», ըսաւ ինձ ակռաները սեղմելով, «ի՞նչ բան ունիս այս ժամուն, այստեղ» եւ մտրակը բարձրացուց:

— «Այդ պահուն ատեցի զինքը իմ հոգւոյս բոլոր զօրութիւնովը, բայց ինչ որ այդ ատելութիւնը դարձուց տեւականօրէն գործօն, իմ վատութիւնս էր. որովհետեւ զգուշանալու համար իր հարուածէն, փախայ իր առաջքէն… ողորմելիօրէն փախայ, Մելիհա՛…»

— «Այո՛, Մելիհա՛, պէտք է հասկնալ այս բանը, իմ այդ պահու ստորնութիւնս էր որ թունաւորեց իմ ատելութիւնս եւ նաեւ այդ պահու կրած վիրաւորանքս էր որ ինձ հասկնալի դարձուց աշխարհիս բոլոր խոնարհներու եւ նախատուածներու դառն եւ խայթող թշուառութիւնը… Յետոյ, իմ դժուարին կեանքի ընթացքին ամէն օր հանդիպեցայ Ճէլալէտտիններու… Ճէլաէտտինները մի՛շտ բարձրացուցեր են արհամարհանքի մտրակը մեր գլխին եւ մենք փախեր ենք իրենց առաջքէն… Երբ այդ թշուարականներուն մեր մէջ կուտակուած թոյնը եւ ատելութիւնը օր մը պայթին, աշխարհս պիտի սասանի իր հիմունքներէն…»

Հեծեծագին կ'արտասուէի եւ այլեւս բան չէի լսեր: Րէմզի յանկարծ կանգ առաւ եւ ըսաւ.

— «Մելիհա Նուրի Հանըմ, կը փափաքի՞ք թերեւս ձեր սենեակը վերադառնալ: Ժամանակը ուշ է եւ վաղը մեծ դեր մը ունիք կատարելու…»

Քանի որ մեր զէնքերու յաղթութիւնը այլեւս ապահով է, քանի որ նոր եւ բեղուն կեանք մը կը բացուի մեր առաջ, ինչո՞ւ մնալ խռով, եւ ի՞նչ ոչինչ պատճառներու համար, կը մտածէի անքուն երկար ժամերու, *գիշերուան ղըրղացող խաւարին մէջ: Յետոյ երկարօրէն անդրադարձայ Րէմզիի առեղծուածային խօսքերուն վրայ եւ եկայ այն եզրակացութեան որ անիկա ուեւէ եղանակով ուզեց ինծ հաւաստիացնել թէ ճէլալէտտինի մասին իր ունեցած ատելութիւնը նախանձի արդիւնք չէ: Զարմանալի չպիտի գտնէի որ Րէմզի սկսեր է ինծ ատել բուռն կերպով, որովհետեւ տկարութեան մը րոպէին ինծ պատմեց իր պատանեկան զգացումներուն մասին:*

Այն օրը ինծ հրայրքով կը սիրէիր դեռ, ճէլալէտտի՛ն, երբ մտրակդ բարձրացուցիր յանդուգն երեխային վրայ, որ համարձակեր էր աչք բարձրացնել քու ընտրեալիդ…

… Իմ հրամայական գեղեցկութիւնս…

… ճերմակ քօղարկուած հուրի մը կ՚անցնէր ծաղկած աքասիաներուն ներքեւէն…

Րէմզի՛, կրնայի քեզ սիրել քու արի հոգւոյդ համար, կրնայի կրթնիլ քու ամուր բազուկիդ, բաժնել քու սէրերդ եւ ատելութիւններդ: Ի զուր կը կարծես թէ չեմ հասկնար քեզ… իմ մէջս ալ եղած են կայծեր, որոնք կրնային բռնկիլ, հրդեհ դառնալ: Բայց դուն օգնական չես կրնար ըլլալ ինծ, որովհետեւ մեր կեանքերը տարբեր ժամանակներու մէջ տարածուեցան եւ դուն կը գլես կ՚անցնիս իմ գերագոյն սահմաններս…

ԱՌԱՒՕՏԵԱՆ ԹԵՐԹ

«Եպերելի ոճիրի մը զոհ գնաց ճէլալէտտին պէյ: Դաւաճան գնդակ մը վերջ տուաւ անոր հերոսական կեանքին: Այս բախտորոշ օրերուն, երբ մեր երկրին ճակատագիրը կը վճռուի, մեր ամենէն յանդուգն եւ անխոնջ հայրենասէրին մահը անդարմանելի կորուստ մըն է:

ճէլալէտտին պէյ գիշերը անցուց Հ…ի բանակատեղիին մօտ, իրեն համար յատկապէս պատրաստուած վրան մը: Դասալիք զինուորներ…»

Մատենագիտութիւն

«*Նաշմաքը – Արեւելքի կեանքէ*», *Անահիտ* (Փարիզ), *Խմբ. Արշակ Չօպանեան, Նոյ. – Դեկտ.* 1899, *էջ* 11 – 13։

«*Իր Աստելութիւնը*», *Տարեցոյց* (*Պոլիս*), *Խմբ. Նշան Պապիկեան, Բ. Տարի*, 1906, *էջ* 166 – 172։

«*Անէծքը*», *Ազատամարտ օրաթերթ* (*Պոլիս*), *Խմբ. Ռուբէն Զարդարեան, Յունիս* 26 – *Յուլ.* 1, 1911։

«*Սաֆիյէ*», *Ազատամարտ Շաբաթաթերթ – Յաւելուած* (*Պոլիս*), *Խմբ. Ռուբէն Զարդարեան, Թիւ* 13 (65), 9/22 *Հոկտեմբեր* 1911, *էջ* 4 (1028) – 9 (1033)։

«*Նոր Հարսը*», *Ազատամարտ Շաբաթաթերթ – Յաւելուած* (*Պոլիս*), *Խմբ. Ռուբէն Զարդարեան, Թիւ* 39, *Մարտ* 10/*Ապրիլ* 23, 1911, *էջ* 3 (601) – 5 (603)։

«*Փառքը*», *Հայ Գրականութիւն* (*Ժնեւ*), *Խմբ. Զարեհ Գազազեան, Թիւ* 6, 1/14 *Փետր.*, 1913, *էջ* 13 – 17։

«*Սպասումը*», *Ազատամարտ օրաթերթ* (*Պոլիս*), *Խմբ. Ռուբէն Զարդարեան, Յունուար* 1 – 14, 1914, *էջ* 3։

«*Թուրք Կնոջ Ազատագրութեան Հարցը*», *Ազատամարտ օրաթերթ* (*Պոլիս*), *Խմբ. Ռուբէն Զարդարեան, Յունուար* 18/31, 1914, *Թիւ* 1418, *էջ* 1։

«*Թուրք Կնոջ կեանքէն՝ Նամէհրամը*», *Ազատամարտ օրաթերթ* (*Պոլիս*), *Խմբ. Ռուբէն Զարդարեան, Յունուար* 26 – *Փետր.* 3, 1914, *Թիւ* 1425, *էջ* 1։

Երբ Այլեւս Չեն Սիրեր, Քօղը; Վէպը (*Պոլիս*), *Հայկ Կօչկարեան Գրատուն, Տպարան եւ կազմատուն Օ. Արզումա*ն, 1914։

«*Մանկան մը Մահը*», *Փիւնիկ* (*Բոստոն*), *Թիւ* 2, *Մարտ* 1919, *էջ* 903 – 907։

«*Սեմին Վրայ* (*Պատկերներ Թրքական կեանքէ*)», *Արեգ* (*Բերլին*), *Թիւ* 18, *Դեկտ.* 1924, *էջ* 1089 – 1106։

Մելիհա Նուրի Հանըմ, (*Փարիզ*), *Տպարան* «*Տարօն*», 1928։

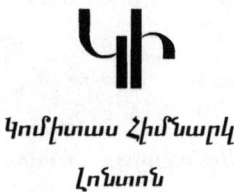

Կոմիտաս Հիմնարկ
Լոնտոն

Gomidas Institute, 42 Blythe Rd., London W14 0HA

www.ingramcontent.com/pod-product-compliance
Lightning Source LLC
Chambersburg PA
CBHW031141160426
43193CB00008B/215